Allein gegen den Ozean

Norbert Sedlacek

Allein gegen den Ozean

27.000 Meilen // 126 Tage nonstop

DIE VENDEE GLOBE

Orac

www.kremayr-scheriau.at

ISBN 978-3-7015-0522-7
Copyright © 2010 by Orac/Verlag Kremayr & Scheriau KG, Wien
Alle Rechte vorbehalten
Umschlagfotos und Fotos im Innenteil: Rosemarie Stockmar Becker, Samuel Degen, Marion Koch, Jean Marie Liot, Anita Sedlacek, Harald Sedlacek, Norbert Sedlacek
Umschlaggestaltung & Layout: Silvia Wahrstätter | buchgestaltung.at
Kartenillustration: Silvia Wahrstätter unter Verwendung einer Karte von iStockphoto.com/Julie de Leseleuc
Projektleitung: Sonja Franzke | vielseitig.co.at
Druck und Bindung: Druckerei Theiss, 9432 St. Stefan im Lavanttal

Inhalt

Von einer Vision zur Realität!.............................. 7
Prolog.. 9
Endstation Kapstadt.. 12
Rücküberstellung mit Hindernissen............. 15
Jetzt erst recht!... 18
Wettlauf mit der Zeit – Sponsorensuche 19
Die Entscheidung 20
Harald in seinem Element 22
Das sprichwörtliche blaue Auge 24
Unverhofft kommt oft: Die Halle..................... 25
Erste Winterstürme in Port Bourgenay 27
Container-Harry 29
Ein großer Augenblick 33
Alte Lady in neuem Glanz 35
Der Countdown läuft...................................... 36
Bootstaufe 39
Siegfrieds Finale 41
Start 43
Neptuns Einstiegstest 48
Glück im Unglück 58
Die Strategie 60
Seewasser unter Deck 62
Vorgeschmack auf die Westwindzone............. 65
Der Kurzzeitgennaker 66
Fliegende Fische 68
Passatpannen 69
Faszinierende Doldrums – hallo, Äquator!.....71
Willkommen auf der Südhalbkugel.................72
Südatlantik...73
Schmerzhafte Warnung 77
Ansturm auf das Kap der Guten Hoffnung..... 79
Die Ausfälle häufen sich 82
Indischer Ozean 84
Kleine Ursache, große Wirkung –
1. Schaden GE1 86
Tränen der Solidarität.....................................97
Sportliche frohe Weihnachten 99

Eine Panne kommt selten allein!..................... 102
Prosit Neujahr!... 105
Auf und ab auf allen Linien........................... 108
Der Niederschlag... 109
Halbzeit nach Meilen 111
Erste Riggprobleme....................................... 115
Ostwind 117
Die Wetterwarnung 120
Hallo, Raphaël! 121
Lebensmittelinventur..................................... 123
Happy birthday, Harald!................................ 126
Überläufer 127
Ganz normale Segeltage 139
Endlich wieder surfen 142
Nichts geht mehr! 145
Geburtstagsgeschenke................................. 149
Der wilde Ritt 152
Die Nervenprobe 155
Kap Hoorn querab 158
Rolling home 160
Wetterküche Falklandinseln 162
18 harte Stunden 164
Der 94. Fahrtag... 169
Der Tag danach 176
Zugabe 179
Jede Meile zählt... 181
Fahrtag einhundert!...................................... 182
Die Bewährungsprobe 183
Jetzt oder nie!.. 185
Die Nervenschlacht....................................... 190
Wieder auf der Nordhalbkugel..................... 193
Kapverden querab an Steuerbord................ 195
Bewegung in der Wetterküche..................... 198
Am Ziel der Träume 212
Epilog 217
Anhang 218
Glossar.. 232

Für mein Team, mit Dank und Anerkennung!

Von einer Vision zur Realität!

Ein Mensch mit einer Vision, dem Glauben an ein Projekt und einem unglaublichen Willen, gepaart mit einem engagierten und enthusiastischen Team, hat es geschafft, mit dem ältesten Boot und dem kleinsten Budget eines Feldes von 30 Open Sixties den elften Platz in der wohl forderndsten Einhandregatta der Welt zu belegen. Jeder von uns, der einen Beitrag finanzieller Natur oder durch persönliches Engagement geleistet hat, ist stolz auf die Leistung von Norbert Sedlacek auf seiner NAUTICSPORT KAPSCH. Das Faszinierende an diesem Projekt ist der Beweis, dass der Erfolg nicht allein vom Einsatz finanzieller Mittel abhängt, sondern von dem Geist, der das Projekt treibt und begleitet. Die Leistung des Skippers ist umso größer, je älter und bescheidener das Material ist. Denken wir an die erste Nacht in der Biskaya zurück, die bereits einigen Schiffen zum Verhängnis wurde und die unser Schiff durch Norbert Sedlaceks besonnene Routenwahl unbeschadet, wenn auch mit etwas Rückstand, überstanden hat. Mancher war enttäuscht, doch wer selbst als Skipper fährt, versteht diese Entscheidung, denn wer das Rennen – nach wie vielen Tagen, an welcher Position auch immer – nach Umrundung der Erde in Les Sables beendet, ist erfolgreich! Die wahre Kunst, ob in den Stürmen der Biskaya, im Südpolarmeer mit seinen Eisschollen oder den Unbillen von Kap Hoorn, ist das permanente Abschätzen des Risikos zwischen Geschwindigkeit und Gefahr für Schiff und Skipper. Team und Sponsoren konnten über Internet, Mail und zeitweise Telefonate mitleben und so an den Höhen und Tiefen dieser 126 Tage teilhaben. Für uns alle war die Rückkehr Norbert Sedlaceks in Les Sables und der Empfang, den wir ihm Meilen von der Küste der Vendée entfernt bieten konnten, als wir langsam die Segel der NAUTICSPORT KAPSCH in der Nachmittagssonne am Horizont auftauchen sahen, ein wunderbares Erlebnis, das keiner von uns je vergessen wird. Ich danke allen, die geholfen haben, diesen Traum Wirklichkeit werden zu lassen, und gratuliere dem Skipper Norbert Sedlacek, der mir in diesem Projekt auch zu einem Freund wurde.

Georg Kapsch

Prolog

Der Kursalarm des Autopiloten lässt mich hochfahren. Ich sitze eingeklemmt auf der Navibank und versuche, die wichtigsten Fakten der vergangenen Stunden ins Logbuch einzutragen. Verdammt, was ist nun schon wieder los, zische ich wütend vor mich hin, während ich versuche, aufzustehen. Ruckartig legt sich die NAUTICSPORT KAPSCH auf den Steuerbordbug, zahlreiche Gegenstände werden von Backbord nach Steuerbord katapultiert, und die Lage nimmt immer weiter zu. Ich verliere den Halt und werde erst gegen das Deckshaus und danach gegen die Tankwände geschleudert. Irgendwie rapple ich mich hoch, ich stehe auf der Seitenwand, kämpfe mich Hand über Hand zum Steuerbordniedergang und klettere hinaus. Eine Orkanbö drückt mich gegen das Freibord und die Genuawinsch. Ich stemme mich auf allen vieren dagegen und krieche hinter das Steuerrad. Jetzt muss ich nur noch aufstehen, aber meine Stiefel sind schon wieder glitschig. Ich habe wieder Speiseöl auf den Sohlen und auch der Cockpitboden schimmert in Regenbogenfarben. Der Kursalarm hämmert in mein Gehirn. Ich ziehe mich am Deckshausrand hoch. Abermals packt eine übermächtige Bö die Jacht und wirft sie abrupt nach Steuerbord. Großbaum und Großsegel werden auf den aufgepeitschten Ozean gedrückt, die Saling ist nur noch wenige Zentimeter von der brodelnden See entfernt. Ich werde mit dem Rücken gegen das Steuerrad geschleudert. Beide Beine verlieren den Halt und ich stürze der Länge nach in das Cockpit. „Ich muss steuern", dieser eine Gedanke treibt mich wieder hoch. Diesmal klettere ich einfach am Steuerrad nach oben. Die Ruderstellung ist ohnehin egal, denn die nunmehr einfallenden Orkanböen toppen alles, was ich bisher erlebt habe. Die NAUTICSPORT KAPSCH treibt in spitzem Winkel zur Windrichtung, das Rigg ist auf das Wasser gedrückt. Ich stehe auf der Seitenwand der Plicht, also 90 Grad zur eigentlichen Schwimmlage der Jacht, und kann praktisch nichts mehr tun, als den Autopiloten auf Stand-by zu schalten, zu hoffen, dass das Rigg diese Tortur übersteht, und zu warten.

Das nervende Gepiepse verstummt augenblicklich. Aber dafür dringen das Kreischen der Orkanböen und das Tosen der Brecher noch intensiver in mein Gehör. Immer wieder versuche ich abzufallen, versuche, einen raumen Kurs einzuschlagen, doch die Natur lässt nicht mit sich feilschen. Nach wie vor wird die Jacht nahezu spielerisch flach auf das Wasser gedrückt, Großbaum und Großsegel schmieren durchs Wasser und das Rigg pendelt in geringem Abstand zur tobenden See. Gleißendes Sonnenlicht, Rauschen, Zischen, Tosen. „Jetzt darf nichts brechen, sonst ist es vorbei!". 94 Tage lang habe ich während dieses Rennens mein Schicksal aktiv in die Hand genommen, aber nun befällt mich ein Gefühl der Hilflosigkeit, des Ausgeliefertseins. Seit einigen Minuten bestimmt die Natur das Geschehen, und ich hoffe, sie ist mir nicht allzu böse gesonnen.

Es werden endlos lange Minuten. Wie in Trance ziehen Erlebnisse der vergangenen Wochen durch mein Gehirn, immer wieder unternehme ich einen Versuch, die Jacht auf Kurs zu bringen, aber vergeblich. Erst nach 35 Minuten flauen die Böen etwas ab, haben nur mehr Sturmstärke, und meine gute alte Lady wagt es, den Großbaum aus dem Wasser zu heben. Behutsam fiere ich auf, lege Ruder, und tatsächlich dreht der Bug wieder nach Steuerbord, die Jacht nimmt Fahrt auf, wir haben überlebt!

In den darauffolgenden Stunden wage ich es nicht, das Ruder zu verlassen. Meine Glieder sind bleiern, ich habe schmerzende Druckstellen an Armen und Beinen. Mir ist kalt, meine Augen brennen wie Feuer, aber noch immer traue ich mich nicht, das Ruder dem Autopiloten zu übergeben. Erst gegen 20:30 Uhr Ortszeit lasse ich für kurze Zeit den Autopiloten steuern, ziehe mich um, esse hastig ein paar Bissen, trinke reichlich Wasser und stelle mich danach sofort wieder hinter das Ruder. In der Zwischenzeit hat der Wind auf 6–7 Bft abgeschwächt. Doch es läuft mächtiger, Ehrfurcht einflößender Seegang. Drohende Wassergebirge mit steilen Flanken und funkelnden Brecherkämmen erfassen die NAUTICSPORT KAPSCH, schütteln sie wild nach allen Richtungen und lassen sie tosend in tiefe Schluchten surfen. Ich versuche, mich nur auf das Steuern zu konzentrieren, versuche, einen möglichst sanften Kurs zwischen den zischenden und tosenden Wasserbergen zu finden, doch ist dies praktisch unmöglich. Immer wieder packt ein wie aus dem Nichts steil aufragender Brecher die Jacht und reißt sie zur Seite, drückt sie aus dem Kurs oder lässt dröhnende Wasserkaskaden auf das Deck prasseln. Ich stehe fest angeleint hinter dem Steuerrad und beobachte den langsam in der Abenddämmerung verschwindenden Horizont. Die ersten Sterne funkeln, grellweiße Schaumstreifen zeigen die Positionen der Brecher, verkrampft versuche ich, sie auszusteuern. Wenig später steigt der Vollmond über die Kimm. Beinahe erschrecke ich angesichts dieses mystischen Schauspiels. Das kräftige Licht erfüllt den Ozean wieder mit Leben, lässt die Sterne erblassen und mich wieder die Wellenkonturen erkennen: Ein Szenario wie aus einem Hollywoodfilm. Die Atmosphäre nimmt mich zur Gänze gefangen, lässt Glücksschauer in mir aufsteigen und die Angst und Gefahr der vergangenen Stunden vergessen. Jetzt schalte ich auf Autopilot, versuche, meine schmerzenden Glieder etwas aufzulockern, beobachte das Schauspiel und empfinde große Dankbarkeit, das alles erleben zu dürfen. Nach meinem Ausscheiden bei der Vendée Globe 2004 war meine Zukunft völlig ungewiss, und niemand konnte wissen, ob ich einen zweiten Anlauf auch tatsächlich schaffen würde.

Endstation Kapstadt

Sanft landet die Boeing 747 der South African Airways im April 2005 auf der regennassen Landebahn des Kapstadt International Airport. Unmittelbar danach setzt der Bremsschub ein und presst mich in den Sitzgurt. Ich habe es also doch noch geschafft, bin wieder hier, und was das Wichtigste ist, ich komme nicht mit leeren Händen! Nach einem beinahe viermonatigen Aufenthalt in Österreich habe ich endlich ausreichend finanzielle Mittel, um meine geschundene AUSTRIA ONE wieder reisefähig zu machen. Tatsächlich war es eine sehr harte Zeit, denn beinahe alle Sponsoren hatten sich nach meinem Ausscheiden bei der Vendée Globe 2004 vornehm, aber entschieden zurückgezogen. Mein Buchverlag wollte kein „Verliererwerk" veröffentlichen, und meine Projektbank wurde zunehmend nervös. Ich schrieb die letzten Kapitel meines Buchmanuskriptes und begann, das Foto- und Videomaterial auszuarbeiten. Parallel dazu erstellte ich Konzepte, rechnete Businesspläne und kontaktierte mögliche neue Sponsoren, um das „Unternehmen Vendée Globe 2004" vor dem Schlimmsten zu bewahren. Dies wäre zweifellos der Verlust meines Open 60 in Kapstadt gewesen, der Verlust jeglicher Sicherheiten für meine Projektbank. Aus sportlicher Sicht galt das Projekt bereits als gescheitert, es sollte nicht auch noch wirtschaftlich eine Niederlage werden. Aber schließlich war es mir mithilfe eines meiner kleinen, aber feinen Gönner gelungen, die nötige Finanzierung für die provisorische Kielreparatur und die Rücküberstellung der Jacht nach Frankreich zu bekommen.

In der Ankunftshalle erwartet mich Karo. Sie studiert in Kapstadt, lebt jedoch mit ihrer Familie in Karlsruhe. Mein Kameramann Siegfried hat sie gebeten, mir zur Seite zu stehen und mir wenn möglich ein Quartier zu organisieren. Wir fahren nach Kapstadt Downtown, wo Karo und einige Studienkollegen ein Haus gemietet haben. Dort werde ich nun zum zweiten Mal herzlich aufgenommen. Eine Woche werde ich bleiben, um die notwendigen Arbeiten am Kiel und im Rigg der AUSTRIA ONE durchzuführen. Danach muss ich noch die gesamte Ausrüstung, die bei Vic zwischengelagert ist, an Bord bringen und die Jacht für meine Freunde Andi und Andi, die am Tag meiner

Abreise eintreffen werden, startklar machen. Vic ist Mitglied im Royal Cape Yacht Club und hat mich schon bei dem Projekt ICELIMIT unterstützt.

Die beiden Andis haben zugestimmt, meine alte Lady behutsam zumindest bis zu den Kapverden zu segeln, sollte es ihre Zeit ermöglichen, auch bis zu den Kanarischen Inseln. Ich bin über dieses Angebot sehr glücklich, denn bei diesen beiden Skippern weiß ich mein Boot in den besten Händen.

Wenig später bringt mich Karo zu einem Autoverleih in der Umgebung. Ich entscheide mich für das kleinste, aber dafür neueste Modell der Angebotspalette. Immerhin hat das nach japanischen Größenmerkmalen gebaute Vehikel eine Heckklappe, und so werde ich auch meine GE1, die in den nächsten Tagen per Luftfracht eintreffen wird, transportieren. Noch ein paar Unterschriften und ein Rundgang um die verbeulte Karosserie. Die Mitarbeiterin vermerkt die zahlreichen Vorschäden in einem Formular, und los geht's. Ich erreiche den Royal Cape Yacht Club erst, nachdem ich mich zweimal verfahren habe, denn der gesamte Hafenbereich wird gerade umgebaut. Manche Straßen gibt es nicht mehr, andere sind neu hinzugekommen, aber mithilfe der Augapfelnavigation kämpfe ich mich zur Wasserfront und erreiche doch noch den RCYC. Ein gewohnt freundlicher Doorman begrüßt mich, öffnet mir den Schranken, und ich parke das Auto im „Afrikastyle" unter einer Palme. Danach schlendere ich aufgeregt in Richtung Steganlagen.

Da dümpelt sie also vor sich hin. Auf den ersten Blick sieht alles recht o. k. aus, wenngleich das Deck stark verschmutzt ist. Soweit ich mich erinnern kann, hatte ich aber die ansässige Jachtcarefirma mit der wöchentlichen Reinigung beauftragt. Bei genauerem Hinsehen bemerke ich, dass so manche Leine wohl einen neuen Besitzer gefunden hat. Nun, vier Monate sind eben eine lange Zeit, da kann man schon einmal glauben, dass der Besitzer in Europa seinen schwimmenden Untersatz vergessen hat! „Wir wollten gerade die wöchentliche Reinigung beginnen", erklärt mir ein sichtbar verlegener Vorarbeiter und scheucht die Putzkolonne aus dem Büro. Immerhin, als Geste des guten Willens borgt er mir kostenlos einen schweren Flaschenzug. Er ist für fünf Tonnen zugelassen. Dies sollte reichen, um den Kiel wieder in die richtige Position zu hieven. Wenig später vermittelt mir John auch noch zwei Schweißer. Sie sollen morgen Vormittag erscheinen und mit einigen Formrohren nach meinen Angaben eine Hilfskonstruktion in den Kielkasten einschweißen.

Tags darauf beginne ich schon frühmorgens, den Kiel einzurichten und die Kielblockade einzusetzen. Im Laufe des Vormittages erscheinen dann tatsächlich die beiden Schlosser auf dem Steg. Einige Meter rostiger Formrohre sind auch mit dabei, und nach einigen Begrüßungsfloskeln klettern schmutzige Arbeitsstiefel auf das frisch gereinigte Deck. „Mal sehen, wie wir das hinkriegen!" – Ich mache Platz, zwei neugierige Augenpaare spähen in das Kielkompartment. „Aber da steht ja Wasser!" – Ach ja, natürlich steht da Wasser, denn das Boot liegt ja im Wasser und da der Kiel durch den Rumpf ragt …! „Ausgeschlossen, völlig unmöglich, unter diesen Bedingungen kann hier niemand arbeiten!" – Ich frage den Chef dieser geschützten Werkstätte, ob er damit einverstanden ist, wenn ich im Kielraum arbeite und sie sich lediglich um den Zuschnitt der Formrohre und das Aufstellen und Einstellen des Schweißgerätes kümmern würden. Ungläubige Blicke. „Ja schon, aber wer bezahlt die …?" – „Ich bezahle den ganz normalen Stundensatz, obwohl ich die wesentlichen Arbeiten selbst durchführe!" – „Yes, man!" – Das ist eine Ansage nach ihren Vorstellungen, und schon traben die beiden los, um das Schweißgerät und diverses Handwerkzeug zu holen. In der Zwischenzeit beginne ich, die Hilfskonstruktion auszumessen.

Man könnte meinen beiden Helfern zwar Feigheit vorwerfen, Anstand haben sie aber allemal. Als sie wieder auf dem Steg erscheinen, erklärt mir der „Firmensprecher", dass sie beide sich entschieden hätten, doch auch die Schweißarbeiten selbst zu machen. Schließlich wolle man ja nicht, dass ich mich verletze, und außerdem muss die Konstruktion wirklich fachmännisch gefertigt werden, denn das Schiff segelt ja mit diesem Provisorium viele Tausend Meilen – für ihn zwar völlig unverständlich, aber bitte, wenn ich meine, dann wollen sie zumindest ihren Beitrag für das Gelingen dieses Vorhabens geleistet haben. Ich bin ehrlich gerührt, wir klopfen einander auf die Schultern und los. Die Trennscheibe beginnt zu kreischen, Funken sprühen auf das Deck des Nachbarschiffes. Ich versuche, die Arbeiten zu unterbrechen, aber: „No problem, wir waschen nachher alles wieder sauber!" – Ich gebe mich geschlagen, freue mich, dass die Konstruktion im Kielkasten der austria one Formen annimmt, der Schweißer sein Handwerk offensichtlich versteht und ich nicht selbst stundenlang bei sengender Hitze „brutzeln" muss. Somit habe ich Zeit, nebenbei mit dem Ausrüstungstransport zu beginnen, und als sich meine beiden Metallarbeiter am späten Nachmittag verabschieden, habe ich schon beinahe das gesamte Vorschiff eingeräumt.

Wenig später – ich kontrolliere gerade die letzten Schweißnähte der Stützkonstruktion im Kielkasten – vernehme ich ein entrüstetes: „Oh no!" – Es ist der Eigner der Nachbarjacht, der wutentbrannt auf dem Deck steht. Denn das Deck und der Rumpf der s/y sunshine waren vor wenigen Tagen poliert worden. Nun hatten es die beiden Metaller mit einem Funkenregen übersät, die Jacht anschließend zwar mit Wasser abgeschwemmt, doch die heißen Metallspäne blieben größtenteils am Gelcoat der Jacht kleben und beginnen bereits, nach dem Abtrocknen, zu rosten. Ich verspreche, mich um eine Reinigung im Laufe des nächsten Tages zu kümmern. An der Bar mache ich John unmissverständlich klar, dass er sich als Ersatz für die bei mir ausgefallenen Reinigungen um den Glanz der s/y sunshine kümmern müsse. Tatsächlich beginnt der Putztrupp schon am nächsten Morgen, den Glanz der s/y sunshine wiederherzustellen. Am Nachmittag hat sich alles in Wohlgefallen aufgelöst, die Jacht glänzt wie ein neuer Werftbau, mein Bordequipment ist vollzählig verstaut und die neue GE1 ist dank Alecs Hilfe angeschlagen. Auch Alec habe ich bei Projekt icelimit kennen und schätzen gelernt, und er hat sich spontan dazu bereiterklärt, mir neuerlich zu helfen. Somit steht dem Auslaufen der beiden Andis nichts mehr im Wege.

Rücküberstellung mit Hindernissen

Am nächsten Tag ist Schichtwechsel. Während ich mich auf den Heimweg mache, sitzen Andi und Andi bereits am Flughafen. Nur wenige Stunden liegen zwischen meiner Abreise und ihrer Ankunft in Kapstadt. Als ich nach etwa 20 Stunden wieder in Wien lande und mein Handy einschalte, ist das erste SMS die erfreuliche Nachricht von Andi: „Sind gut angekommen, alles o. k., hören uns morgen!" – Die Übernahme des Bootes im RCYC klappt wie am Schnürchen, und schon zwei Tage später machen sich die beiden auf den Weg. Andi beschließt, den Kurs ziemlich weit östlich, nahe St. Helena, abzusetzen, um nicht einen allzu großen Bogen zu den Kapverden segeln zu müssen. Dadurch ersparen sich die beiden zwar das harte Gegenankreuzen ab der ITC, sitzen jedoch tagelang in ausgedehnten Flautenzonen fest, die nicht nur an ihren Nerven, sondern auch am Material der Jacht zehren. Vor allem das geschundene Großsegel sorgt pausenlos für Arbeit, und so entwickelt sich das Nacharbeiten der Segelnähte zur Hauptbeschäftigung an Bord.

Die Wochen vergehen wie im Flug, die Meilen aber ticken nur sehr langsam. Endlich kommen die Kapverden in Sicht, und während sich meine erste Überstellungscrew auf den Landfall freut, suche ich immer noch verbissen nach Ersatz für sie. Die beiden Andis haben ihr Zeitfenster restlos ausgereizt und müssen von den Kapverden nach Hause fliegen, um ihren Job wieder anzutreten. In der Not senke ich mein Anforderungsprofil für mögliche Überstellungsskipper. Endlich, buchstäblich in der letzten Minute, werde ich fündig. Auf den ersten Blick habe ich das große Los gezogen: Drei gestandene Fahrtenskipper, allesamt in der „Offshoreausbildung" tätig, und der Häuptling die Gelassenheit in Person. Was kann da noch schiefgehen? Wir treffen uns und besprechen die wichtigen Details. Alles kein Problem, sie wollen den Törn gerne machen, um Erfahrung mit einer Bootsklasse zu sammeln, die sie noch nicht kennen. Das Zeitfenster passt, das Fahrgebiet passt, die verbal vorgetragenen Referenzen sind überwältigend, und zu alledem muss ich kein Honorar bezahlen, sondern übernehme nur die Reise- und Verpflegungskosten.

Einige Tage später erreichen Andi und Andi die südliche Kapverdeninsel Santiago. Die Ersatzcrew ist bereits vor Ort, ein Fischer übernimmt den fliegenden Crewtausch, und noch am selben Nachmittag sind die beiden Andis auf dem Heimweg, während die AUSTRIA ONE mit neuer Crew hart am Wind nach Norden segelt. Kurs etwas westlich der Azoren, um nicht abermals in einer Flaute, diesmal im weiträumigen Azorenhoch, hängen zu bleiben.

Etwa zwölf Stunden später läutet mein Telefon. Am anderen Ende der Leitung ein spürbar irritierter Skipper von Bord der AUSTRIA ONE, der mir seine innersten Sorgen und Ängste offenbart. Wie konnte ich ihm nur verheimlichen, in welchem Zustand die Jacht sei, nämlich schlicht und einfach ein Wrack, niemals seetauglich, und zudem: Was fällt der vorherigen Crew ein, die Jacht in einem derart desolaten Zustand zu übergeben? Sie überhaupt lossegeln zu lassen, ist unentschuldbar. Aus dem Kielkompartment kommen beängstigende Geräusche, das Rigg ist defekt, die Segel sind zum Teil unbrauchbar …! Mit einer derartigen Leiche müsste man eigentlich sofort wieder eine Kapverdeninsel anlaufen und den Überstellungstörn beenden! Ich kann nicht glauben, was ich da höre, und binnen Sekunden wird mir klar, dass ich den Bock zum Gärtner gemacht habe. Aber in dieser Situation ist guter Rat teuer. Offensichtlich haben sich die drei Profis völlig übernommen, sitzen nun auf meinem hart gegenansegelnden Open 60 und haben Angst vor dem, was noch kommt. In keinem Fall sind sie bereit, weiter nach Westen zu segeln, und somit ist das Ende ihrer Reise spätestens auf den Azoren wegen Zeitmangels absehbar. Der direkte Kurs von den Kapverden, knapp westlich vorbei an den Kanaren, führt in jedem Fall ins Azorenhoch, also in die Flaute. Ich versuche zu beruhigen, die Ängste etwas zu relativieren und „zwischen den Zeilen zu lesen". Ich kann mir absolut nicht vorstellen, dass Andi eine stark desolate, schwer beschädigte Jacht einfach übergeben hätte. Also kontaktiere ich ihn, bespreche auch mit ihm die aufgetretenen Probleme und bekomme meine Vermutungen bestätigt. Die AUSTRIA ONE ist in durchaus gutem Zustand, die Kielreparatur unverändert in Ordnung, die Segel von Andi überarbeitet und das Rigg, so man vom Spibeschlag absieht, in tadellosem Zustand. Nun, den Gennaker werden meine Helden an Bord der AUSTRIA ONE ohnehin nicht setzen wollen. Es folgen Tage mit endlosen Diskussionen über Inmarsat bezüglich Ausrüstung, Kurswahl, Wettersituation etc. Ich versuche wirklich alles, um die Crew bei Laune zu halten, doch letztlich kann ich nur erreichen, dass sie die AUSTRIA ONE nicht schon auf den Kanarischen Inseln abstellt und nach Hause fliegt. Wie befürchtet segeln sie ungeniert mitten ins Azorenhoch, lassen das Boot in Ponta Delgada an die Industriemole einschleppen und verlassen fluchtartig die Jacht. Martin, ein junger netter Skipper aus dem Berchtesgadener Land, und Gabor, einer meiner Youngsterskipper, springen in die Bresche, fliegen kurzfristig auf die Azoren und übernehmen die AUSTRIA ONE. Traurig über die noch angeschlagenen, zerrissenen Vorsegel und verärgert über die Müllberge im Inneren der Jacht, klarieren sie den Open 60, lassen sich freischleppen, setzen die Segel und bringen die Jacht ohne weitere Probleme nach Les Sables d'Olonne. Ich freue mich, das Boot endlich in Sicherheit zu wissen, die lokale Presse freut sich mit mir über die gelungene Rücküberstellung, und somit liegt es an mir, das weitere Schicksal meiner alten Lady zu bestimmen.

Jetzt erst recht!

Diese Parole hatten sich meine Freunde und Fans nach dem Ausscheiden bei der Vendée Globe 2004 zu meiner Rückkehr im Dezember ausgedacht. Egal ob auf Transparenten, Postern oder in E-Mails: Immer wieder versuchten meine virtuellen Mitstreiter, mich auf eine nochmalige Teilnahme an dieser exzessiven Regatta einzuschwören. Klar wollte auch ich es nochmals versuchen, wollte nochmals unter dem Jubel Tausender Menschen durch den Kanal von Les Sables gezogen werden und mich danach mit den weltbesten Offshoreskippern messen, aber die aktuelle Situation war nicht gerade motivierend. Ich besaß ein stark reparaturbedürftiges Boot, es fehlte an zahlungskräftigen Sponsoren und somit auch an einem brauchbaren Budget. Zudem drängte meine Hausbank auf Rückführung noch offener Mittel. Einige noch aktive Kleinsponsoren erwarteten von mir die rasche Umsetzung einer neuen Vendée Globe-Kampagne, allerdings mit einem neuen Boot und entsprechendem Budget. Natürlich würde auch ich mich über einen Millionensponsor und ein neues Boot für das nächste Rennen freuen, realistisch betrachtet lief uns aber bereits jetzt die Zeit davon. Für ein Projekt mit einem Neubau sind selbst die jeweils vier Jahre zwischen den Vendée Globe-Editionen sehr knapp bemessen. Die Alternative hierzu wäre, die AUSTRIA ONE gründlich zu überarbeiten, alle Schwachstellen auszumerzen, die Ausrüstung zu optimieren und einen zweiten Versuch mit derselben Jacht zu wagen. Natürlich könnte ich mit meiner alten Lady nicht um den Sieg kämpfen, aber mit dem sprichwörtlichen Glück des Tüchtigen wäre durchaus ein guter Platz im Mittelfeld zu erzielen. Zudem wäre die Kampagne wesentlich kostengünstiger, also auch leichter zu finanzieren, und das Boot genießt im IMOCA-Zirkus einen überaus positiven Sonderstatus. Vor allem das französische Publikum würde den neuerlichen Versuch eines Binnenländers mit kleinem Budget und viel persönlichem Engagement begrüßen. Denn genau diese Fakten entsprechen dem eigentlichen Geist der Vendée Globe. Sollte ich also diese in Frankreich gebaute Jacht doch noch ins Ziel bringen, würde man dies mit Sicherheit gebührend würdigen.

Wir entscheiden uns erst einmal, die Kampagne für ein neues Boot zu starten. Sollte dies bis Sommer 2007 nicht klappen, werden wir die Sparvariante umsetzen und einen neuerlichen Versuch mit meiner AUSTRIA ONE wagen. Wir, das sind mein Sponsor Walter und die Stammcrew Marion, Anita und Harald sowie eine Handvoll guter Geister. Wir alle haben eines gemeinsam: Wir sind von der Vendée Globe begeistert und wir glauben daran, es schaffen zu können!

Wettlauf mit der Zeit – Sponsorensuche

Bereits wenige Wochen später haben wir ein Konzept ausgearbeitet, Zeitplan und Kostenrechnungen erstellt und die Zusage einer möglichen Bauwerft. Unsere neue Homepage ist im Netz, Foto- und Filmarchiv liegen bereit, und das Buch sowie der Film zur Vendée Globe 2004 verkaufen sich gut. Letztere sind ein wichtiger Bestandteil unserer Kampagne, denn sie tragen wesentlich zur Information und Aufklärung über diese Regatta bei. Abgesehen davon repräsentieren die Veröffentlichungen zumindest die Umsetzbarkeit des Projektes in der Vorbereitungs- und Startphase. Dies ist wiederum sehr wichtig, um mögliche Sponsoren und Projektpartner zu überzeugen. Unsere Kreativität ist schier grenzenlos. Laufend erhalte ich Tipps zu möglichen Projektpartnern oder zur Optimierung unserer Unterlagen, der Durchbruch will sich jedoch einfach nicht einstellen. Wir knüpfen Tausende Kontakte, verfolgen jede auch noch so vage Möglichkeit, kämpfen hartnäckig um jeden Präsentationstermin, doch es scheint wie verhext: Egal, wie wir es auch anpacken, immer hören wir: „Ja, aber …!", „Toll, doch …!" oder „Leider nicht …!" – Trotz unseres großen Optimismus verschlechtert sich unsere Stimmung von Tag zu Tag, von Versuch zu Versuch, von Absage zu Absage. Schließlich müssen wir im Frühjahr 2007 zur Kenntnis nehmen, dass ein Neubau für die geplante Kampagne definitiv unmöglich wird. Einige Mitstreiter ziehen sich aus dem Projekt zurück und andere, die Befürworter von Plan B, werden immer aktiver.

Langsam, aber stetig gelingt es uns, Kleinsponsoren für das Projekt zu gewinnen. Unser Zeitplan sieht nun vor, ab Frühjahr 2007 mit der Reparatur des Open 60 zu beginnen. Dazu habe ich einen Werftplatz etwas südlich von Les Sables d'Olonne, in Port Bourgenay, reserviert. Jean-Pierre, der Eigentümer des ortsansässigen Werftbetriebes Polypat, ist mir bei den Kosten sehr entgegengekommen, und so scheint es nunmehr erschwinglich, die notwendigen Umbau-, Reparatur- und Servicearbeiten an der AUSTRIA ONE durchzuführen. Doch mein aktuelles Budget ist gerade einmal ausreichend, um den laufenden Betrieb zu finanzieren. Deshalb muss es mir unbedingt gelingen, einen größeren Sponsor buchstäblich mit ins Boot zu holen.

Die Entscheidung

Ein strahlender Sonntag geht zur Neige. Wie meistens seit unserem Firmenumzug in die Marina Wien habe ich auch diesen Sonntag damit verbracht, meine wochentags liegen gebliebene Büroarbeit nachzuholen und die Werkstättenaufträge für die kommende Arbeitswoche vorzubereiten. Gerade als ich im Gehen bin, läutet mein Handy. Es ist Hannes, mein kreativer, unermüdlicher Mitstreiter bei der Projektfinanzierung. „Möglicherweise haben wir einen neuen Sponsor", tönt es fröhlich aus dem Telefon, und er gibt mir einen Namen und eine Telefonnummer. „Halte mich auf dem Laufenden und mach's gut!". Noch bevor ich nachfragen kann, was, wie und warum, hat er bereits aufgelegt. Ich weiß nicht mehr, wie oft ich Kontakt aufgenommen habe, wie viele „Körbe" und vage Zusagen für eine mögliche

Zusammenarbeit ich mir geholt habe, tags darauf jedenfalls, ich bin gerade mit der Firmenpost beschäftigt, klingelt mein Telefon. Eine sehr sympathische Frauenstimme vereinbart mit mir einen Termin. Wofür? Um mein Segelprojekt vorzustellen. Wo? In der Wagenseilgasse 1, der Zentrale von Kapsch. Nach Beendigung des Telefonats bin ich hin und her gerissen. Ich weiß nicht so recht, was ich davon halten soll. Natürlich habe ich Vertrauen zu meinen Gönnern. Natürlich kann ich mir vorstellen, dass dieser Konzern mich im Projekt begleitet, aber ist dieser Termin tatsächlich meine große Chance oder würde ich wieder nur einen feinen, aber kleinen Partner finden? Meiner persönlichen Lebensphilosophie folgend, gehe ich davon aus, nach all den Rückschlägen diesmal endlich „meine Stecknadel" gefunden zu haben. Sofort beginne ich, eine Werbestrategie zu überdenken, die dann auch erfolgreich sein sollte. Bereits das erste Gespräch bei Kapsch verläuft sehr angenehm. Herr Mag. Kapsch, selbst begeisterter Segler, zeigt sich von den Unterlagen beeindruckt, stellt einige Zwischenfragen, entscheidet, das Projekt in jedem Fall zu fördern. Wir vereinbaren, dass ich für ein weiterführendes Gespräch detaillierte Vorschläge zu Layout und Sponsorvolumen ausarbeite. Während ich die Stiegen zum Ausgang gehe, macht sich ein unbeschreibliches Glücksgefühl in mir breit.

Unser zweites Meeting bringt bereits die Entscheidung. Diesmal hat Herr Mag. Kapsch auch die verantwortliche PR-Mitarbeiterin hinzugezogen. Eingangs erläutere ich etwas detaillierter als beim ersten Mal Vermarktungsmöglichkeiten, Projektkosten und Layoutvarianten. Danach, Herr Mag. Kapsch hat sich mit seinem Notizbuch zurückgelehnt, beginne ich mit der zuständigen PR-Chefin einige Details zu erörtern. Nach einigen Minuten hebt Herr Mag. Kapsch den Blick, mustert uns aus strahlenden Augen und verkündet: „Wir werden es machen!" – Die sprichwörtliche Stecknadel im Heuhaufen war gefunden, zudem aber – das sollte sich schon wenig später herausstellen, auch ein faszinierender, begeisterungsfähiger Freund. Mein wichtigster Partner teilt meine Visionen, meine Begeisterung über die vielen kleinen Projekterfolge, aber auch meine Sorgen und Nöte. In seiner Gegenwart fühle ich mich respektiert und verstanden. Allein dafür bin ich ihm unendlich dankbar!

Somit ist das Projekt bis auf etwa 7 Prozent finanziert. Bei diesem letzten Teilbetrag kommt mir der Zufall zur Hilfe. Einer unserer nettesten Kunden, selbst begeisterter Wassersportler und Miteigentümer der Shopping City Seiersberg, stimmt zu, das Projekt in seinem Einkaufszentrum zu vermarkten.

Nachdem nun das finanzielle Überleben des Projekts gesichert ist, kann ich mich wieder in die technischen Ablaufdetails vertiefen, unseren Zeitplan aktualisieren und mit meinem Sohn Harald Details zum Kranen der Jacht festlegen. Während ich mit großer Unterstützung meiner zahlreichen Helfer um die Finanzierung kämpfte, hatte Harald die AUSTRIA ONE bereits transportfähig gemacht. Die Segel und der Großbaum sind abgeschlagen und verstaut, die Reling demontiert, sämtliche Mastkabel sind abgeklemmt und das Rigg gelockert. Wir müssen die Jacht von Les Sables etwa sechs Seemeilen nach Port Bourgenay schleppen, dort aber bei ruhigem Wetter und Hochwasser ankommen. Wenn nicht, können wir wegen des großen Tiefgangs von 4,50 Metern nicht in den Hafen einlaufen. Wenn dies klappt, bleibt uns nur etwa eine Stunde, um den Mast zu legen und die Jacht zu heben. Andernfalls würde sie wegen der ablaufenden Tide auf Grund sitzen. Dennoch, der Werftplatz in unmittelbarer Nähe von Les Sables war günstig, vor allem aber scheinen Jean-Pierre und seine Mitarbeiter kompetent, hilfsbereit und liebenswürdig. Auch diese Einschätzung sollte sich bestätigen. Abermals hatten wir eine wesentliche Verstärkung für unser Team gefunden.

Harald in seinem Element

Aber es sollte klappen. Neptun hat Einsicht, schickt ruhiges Frühjahrswetter, und die SNSM schleppt die AUSTRIA ONE mit ihrem starken Seenotrettungskreuzer nach Port Bourgenay. Dort angekommen, erwarten sie bereits zahlreiche Helfer, und noch während ich das Ruder sichere und etwas Werkzeug zurechtlege, hängt die AUSTRIA ONE bereits in den Gurten, der Mast wird in Windeseile fachmännisch gelegt, die Jacht auf einen Tieflader gestellt und verzurrt. Danach heißt es Feierabend. Tags darauf fährt der Tieflader die etwa 150 Meter zu unserem Arbeitsplatz, wo Jean-Pierre schon vor Jahren eine geräumige Kielgrube gebaut hat. Somit können derartige Jachten mit ihrem 4,5 Meter langen Kiel komplett zusammengebaut abgestellt werden. Der Autokran hievt meine alte Lady genau über die Kielgrube und Jean-Pierres Mitarbeiter positionieren die provisorischen Standböcke. Später wollen wir eigens für den Rumpf geformte Stützen bauen. Meine Helfer leisten ganze Arbeit, die AUSTRIA ONE thront gut verzurrt genau über der Kielgrube, unser Servicecontainer ist eingetroffen, und somit steht dem Beginn der Reparaturarbeiten nichts mehr im Wege.

Die ersten Arbeiten bestehen darin, die Jacht in all ihre Einzelteile zu zerlegen. Dies bedeutet aber auch, dass Harald die Hilfskonstruktion im Kielkasten ebenso wie den Oberteil des Kielkopfes freischneiden und danach ausbauen muss. Nur so ist es möglich, den Kiel auszuhängen, den Rumpf zu überarbeiten und anschließend die Kielhalterung zu reparieren. Später wollen wir eine mobile Halle aufstellen, um den Arbeitsplatz gegen Wettereinflüsse zu schützen. Andernfalls könnten wir weder über den Winter durcharbeiten, noch diverse Feinarbeiten wie das Lackieren durchführen.

Für den Augenblick heißt es also für Harald einfach durchbeißen, auch wenn noch kein Ende der Arbeiten absehbar ist. Gemeinsam mit den Polypat-Mitarbeitern muss er den Racer so rasch wie möglich zerlegen, und ich bin gefordert, den Hallenbau, die Reparaturarbeiten und die zeitgerechte Indienststellung der Jacht zu gewährleisten. Harald aber wächst über sich hinaus. Hatte er uns noch vor wenigen Wochen mit seiner Gedankenlosigkeit an den Rand des Wahnsinns gebracht, wurde er nun zum „Projektrambo". Völlig eigenständig stürzt er sich Tag für Tag in das Alumonster, schneidet, schleift, bohrt und klopft. In unseren spärlichen Telefongesprächen erzählt er mir über schier unglaubliche Fortschritte. Ich weiß nicht so recht, was ich davon halten soll. Es ist Haralds erster „Fronteinsatz als Einzelkämpfer". Wenn ich mit Freunden spreche, die den Arbeitsplatz besucht haben, höre ich nur Lobeshymnen: Harald arbeitet Tag und Nacht, kommt toll voran, ist unglaublich geschickt, improvisiert einzigartig …! Langsam, aber sicher werde ich neugierig.

Das sprichwörtliche blaue Auge

Als ich Harald das nächste Mal besuche, sieht die AUSTRIA ONE tatsächlich ziemlich nackt aus. Der Kiel und die Ruder sind ausgebaut und sämtliche Decksbeschläge wie Winschen, Traveller und Stopper sind abmontiert. Fehlt nur noch das Steckschwert im Vorschiff, das ausgefädelt werden muss. Ich bitte David, uns mit dem kleinen Werftkran zu helfen, denn das Aluminiumschwert wiegt etwa 90 Kilo und lässt sich mit seiner Länge von mehr als 2 Metern manuell nur schlecht aus dem Schacht ziehen.

Wir warten, werden nach einigen Minuten ungeduldig und beschließen, schon einmal alles vorzubereiten. Während Harald an der unteren Rumpföffnung die Leinenführung kontrolliert, versuchen Alex und ich, das Steckschwert anzuheben. Na bitte, geht doch auch mit den Händen. Das einzige Problem ist noch die Länge, sprich, wir müssen das Steckschwert mehr als 2 Meter anheben, um es aus dem Schacht kanten zu können. Aber wenn uns Harald beim Umgreifen von unten etwas hilft, sollte auch das möglich sein. Also los, wir sprechen uns ab, und schon heben Alex und ich das Steckschwert etwa einen Meter an. So, jetzt aufpassen, wir verkanten den Aluteil, Harald drückt nach oben und – rums! Mit Getöse saust das Steckschwert wieder in den Schacht. Unter uns beginnt Harald zu fluchen, aus dem Fluchen wird Schreien, offensichtlich hat er sich ziemlich schwer verletzt. Ich klettere hinunter. Harald hält sich die linke Hand, schreit immer wieder „mein Finger ist kaputt" und lässt sich nur allmählich beruhigen. Ich könnte mich jetzt schon ohrfeigen, dass ich diese Aktion vorgeschlagen habe. Jetzt heißt es ruhig bleiben und die notwendigen Schritte tun. Ich laufe ins Büro, aber noch während ich David alles erkläre, hat Jean-Pierre die Lage bereits erkannt. Als ich wieder zum Bauplatz komme, ist Jean-Pierre gerade dabei, Haralds Finger mit Mullbinden einzupacken. Tatsächlich konnte dieser die Hand nicht mehr schnell genug aus dem Schwertschacht ziehen und das nach unten sausende Steckschwert hat seine Fingerkuppe an der Rumpfunterkante fast abgetrennt. Wir springen in Jean-Pierres Auto und fahren ins Unfallkrankenhaus von Les Sables d'Olonne. Ein äußerst netter Unfallarzt sieht sich die Wunde an und erklärt uns, dass Harald großes Glück hatte. Die Steckschwertkante hat Haut und Fleisch des letzten Fingergliedes abgetrennt, doch Muskeln und Sehnen wurden ebenso wie der Knochen nicht verletzt. Wir atmen auf, und die Wunde wird genäht.

Unverhofft kommt oft: Die Halle

„Wann hast du Zeit? Ich habe eine Überraschung für dich!" – Helmut, Chef des Restaurants in der Marina Wien, sieht mich aus listigen Augen fragend an. „Jetzt?", antworte ich von Neugier getrieben. „Jetzt ist leider nicht machbar, aber am Nachmittag, gegen 14:00 Uhr. Wir brauchen etwa zwei Stunden."

Mit Helmuts VW-Bus und einem kleinen Plateauanhänger fahren wir los. Zwanzig Minuten später erreichen wir das Gelände einer aufgelassenen Gärtnerei. Helmut zückt einige Schlüssel, öffnet das Einfahrtstor und lüftet seine Überraschung. In einer der drei Hallen steht, etwas verstaubt, was ich schon seit längerem suche: ein Elektroauto. Ich möchte es in der Marina als Servicefahrzeug einsetzen: leise, innovativ und zweckmäßig. Dreiganggetriebe, Ladeplattform – meine Mechaniker werden begeistert sein! Dass der fahrbare Untersatz schon ein wenig in die Jahre gekommen ist, macht gar nichts, denn wozu haben wir denn eine Werkstätte? Einem geschenkten Gaul schaut man nicht ins Maul! Also beginnen wir, Helmuts Überraschung, die ihm wirklich gelungen ist, auf den Plateauanhänger zu verladen. Anschließend durchstöbern wir noch die Stahlrohrhallen, und plötzlich kommt mir eine Idee: „Helmut, was passiert mit den Hallen, der Belüftung, und überhaupt all den Einrichtungsgegenständen wie Regalen, Tischen, Ersatzfolien?" – „Ich denke, sie werden abgerissen!" – „Abgerissen?" – Ich bitte Helmut, den Besitzer zu kontaktieren. Vielleicht dürfen wir eine Halle fachgerecht abbauen, um sie in Frankreich als Werfthalle wieder verwenden zu können. Wenn das Gelände sowieso geschliffen wird …! Tatsächlich bekomme ich die Erlaubnis, den Großteil der Gewächshallen zu demontieren. Ich kann mein Glück kaum fassen, denn gerade das Thema Witterungsschutz während der Reparaturarbeiten an meinem Open 60 hat mir so manche schlaflose Nacht bereitet.

Zwar würde uns Jean-Pierre seine Kunststoffrohre zum Überdachen der AUSTRIA ONE borgen, aber ich weiß, dass diese Konstruktion nur eine Behelfslösung ist und bereits bei anderen Einsätzen regelmäßig von Stürmen in alle Einzelteile zerlegt wurde. Hier aber handelt es sich um massive Hallen aus Stahlrohrgerüsten, die mit Kunststoffbahnen überspannt werden. Die Hallen, übrigens auch ein französisches Produkt, stehen zu Tausenden bei Landwirten oder auf Industriegeländen und sind absolut wetterfest. Blitzartig organisiere ich den Abbau. Helmut borgt uns seinen Transporter, und wir lagern das Material vorübergehend im Hochregallager der Marina. Drei Wochen später kaufe ich noch einen alten, aber völlig intakten Wohnwagen. Er soll das „Appartement" der Technikcrew in Port Bourgenay werden. Wir verladen das Hallenmaterial auf einem Bootstrailer, Harald spannt den Caddy vor den Wohnwagen, und gemeinsam fahren wir nach Port Bourgenay, um den Arbeitsplatz für die nächsten 12 Monate einzurichten.

Mit rauchender Caddy-Kupplung erreichen wir die Vendée. Jean-Pierres Mitarbeiter amüsieren sich erst einmal über unseren Konvoi. Danach helfen sie uns, den Arbeitscontainer und den Wohnwagen richtig zu positionieren. Der 20 Fuß lange Arbeitscontainer schützt die zukünftige Halle gegen Südwesten, also die Richtung, aus der schwere Winterstürme zu erwarten sind. Der Wohnwagen muss ebenfalls in die Halle eingebaut werden, da Campen auf dem Werftgelände verboten ist. Wir beginnen, die Hallenteile zu sortieren und die einzelnen Tragebögen wieder zusammenzusetzen.

Zwei Tage später steht bereits das Stahlrohrgerüst. Beinahe 29 Meter lang und 9 Meter breit ist der Hallengrundriss. Jetzt müssen wir die Hallenkonstruktion noch um 1,5 Meter erhöhen, um sowohl am Unterwasserschiff als auch an Deck gut arbeiten zu können. Danach überspannen wir das Hallengerüst mit schlauchförmigen Kunststoffbahnen, in denen jeweils 2 Stahlseile laufen. Eine schweißtreibende und heikle Arbeit, denn in der Mitte hat unsere Halle nun eine Höhe von 4,50 Metern. Einer von uns wird deshalb auf einem Gerüst stehend entlang des jeweils zu bespannenden Stahlrohrbogens quer durch die Halle geschoben. Dabei legt er die Kunststoffbahnen über die Hallenträger. Anschließend werden die Stahlseile im Inneren der Kunststoffschläuche möglichst fest gespannt. Dies ergibt einzelne doppelwandige Bahnen, die jeweils zwei Stahlrohrbögen überspannen und zugleich um die Rohrstärke der Konstruktion übereinander greifen. Die Endstücke der Halle formen wir aus starker Schrumpffolie. Sie werden danach mit einer Gasflamme erwärmt, beginnen sich zu spannen und ergeben eine stabile, glatte Außenhaut. Zu guter Letzt verstärken wir diverse Ecken und Kanten, bauen eine Tür in die Seitenwand und verlegen Stromkabel und Wasserschläuche. Nach fünf Tagen intensiver Arbeit sind die NAUTICSPORT KAPSCH, der Servicecontainer und auch der Wohnwagen unter unserer Halle verschwunden. Wir ernten bewundernde Blicke, und ich trete wieder die Heimreise an, denn mein Büro in Wien droht zu bersten.

Erste Winterstürme in Port Bourgenay

Die Zeit vergeht wie im Flug. Während ich in Wien zwischen 90 und 110 Wochenstunden für den Firmenstandort Marina Wien arbeite, versuche ich, auch die letzten Finanzierungslücken im Projekt zu schließen, Ausrüstungslisten zu erstellen und die Reparatur- und Servicearbeiten in Port Bourgenay zu koordinieren. Bleiben dann und wann noch freie Minuten, mache ich Konditionstraining, vor allem Ausdauertraining, um mir meine Vitalität zu erhalten. Meine Tage beginnen mit bleiernen Gliedern um 05:30 Uhr und enden um oder nach Mitternacht. Nicht selten träume ich dann von Kundenreklamationen, Mitarbeiterproblemen, Ersatzteillisten, Materialbestellungen oder Sponsorkonzepten. Wenn mich diese Fülle an Gedanken aus dem Schlaf reißt, stehe ich auf, trinke etwas Wasser und gehe ans Fenster meines Wohnzimmers. Von dort aus beobachte ich die menschenleere Straße und grüble. Manchmal überschlagen sich meine Überlegungen und ich brüte über plötzlichen Einfällen. Ich mache mir fahrige, stichwortartige Notizen, versuche, die aufkeimende Panik zu unterdrücken und mich zu entspannen. Meistens gelingt es mir, wieder etwas Ruhe zu finden, doch in manchen Nächten liege ich dann bis zum Morgengrauen wach. Ich versuche, Lösungen zu erarbeiten, Lösungen für mein Unternehmen und meine Mitarbeiter, für diverse Vorgaben meiner Sponsoren oder für Haralds Schwierigkeiten im Zuge der Reparaturarbeiten. Momentan ist es beinahe zu viel an sich ständig verändernden Aufgaben, die ich zu bewältigen habe. Vor allem in Momenten, wo ich übermüdet oder nicht völlig gesund bin, droht mich dieser psychische Stress zu erdrücken. In solchen Momenten konzentriere ich mich punktuell auf jeweils nur eine Aufgabe. Ich versuche, mit kleinen, überschaubaren und vor allem abgeschlossenen Schritten die komplexen Aufgaben zu bewältigen. Parallel dazu rufe ich mir positive Dinge ins Gedächtnis, zum Beispiel die Leistungen von Harald und seinem Technikteam. Trotz der spartanischen Werftverhältnisse leisten sie tolle Arbeit. Die Rumpfverstärkungen, Kielraum-, Ruder- und Steckschwertreparaturen sind großteils abgeschlossen. Das Rigg ist demontiert, Mast und Großbaum sind für die notwendigen Laminierarbeiten vorbereitet und die Schleifarbeiten an Rumpf und Deck schon weit vorangeschritten. Für Anfang Dezember plane ich meinen nächsten Werftbesuch, um Material anzuliefern und die Arbeiten wieder an Ort und Stelle zu koordinieren.

Die Schäden der ersten Winterstürme sind nicht zu übersehen. Überall entlang der Autobahn liegen umgerissene Schilder und entwurzelte Bäume. Von zahlreichen Dächern glänzen provisorische Plastikplanen, und so manches ältere Gebäude ist durch den Winddruck schwer in Mitleidenschaft gezogen worden. Als ich Port Bourgenay erreiche, bemerke ich zwei fehlende Kunststoffbahnen an unserer Halle. Nach einer freudigen Begrüßung und dem Ausladen der Material- und Ersatzteilkartons erzählt mir Harald emotionsgeladen die Geschehnisse der vergangenen Tage. In Erwartung des sich nähernden Sturmtiefs haben Harald und Alex die Stahlrohrhalle mit zusätzlichen Leinen verzurrt. Dennoch, als die Front über Port Bourgenay zog, waren die Sturmböen so stark, dass sie die Halle an der nach Südwesten gerichteten Längsseite einfach vom Boden abhoben. Es war in den frühen Morgenstunden, Harald und Alex gelang es in einem stundenlangen Kampf, die Halle gegen die immer wieder anlaufenden, von intensiven Regenschauern begleiteten Sturmböen zu sichern und Schlimmeres zu verhindern. Tags darauf kamen zahlreiche Dorfeinwohner, um nach dem Rechten zu sehen. Angesichts der schweren Flur- und Gebäudeschäden staunten sie nicht schlecht, dass unsere Servicehalle immer noch an ihrem Platz stand und nur geringe Schäden aufwies. Der stabile, gewissenhafte Aufbau hatte sich gelohnt. Die beiden vom Sturm abgedeckten Bahnen sind mit vereinten Kräften rasch wieder eingesetzt, und noch bevor ich mich auf den Heimweg mache, haben wir auch die meisten Verschmutzungen beseitigt.

Mitte Dezember fahren Harald und Alex in den wohlverdienten Weihnachtsurlaub. Ich verbringe den Heiligen Abend ebenfalls zu Hause. Anschließend mache ich mich mit Marion, meiner Lebensgefährtin, auf den Weg nach Les Sables d'Olonne, um Freunde zu besuchen und die notwendigen Kohlefaserreparaturen an Mast und Großbaum durchzuführen. Trotz der heiklen Aufgabe haben wir eine schöne Zeit, essen und trinken zu viel und verbringen einen beschaulichen Jahreswechsel. Wenige Tage nach Neujahr fahren wir, zufrieden über die durchgeführten Arbeiten, jedoch etwas irritiert über die ausgeprägten Körperrundungen nach Hause. Man sollte eben für lange Autofahrten keine frisch gewaschenen Jeans anziehen, oder liegt die Ursache für das Kneifen doch am veränderten Bauchumfang?

Container-Harry

Mitte Jänner 2008 brüten Harald und ich über den Arbeitslisten. Egal wie wir es auch drehen und wenden, die Technikcrew vor Ort muss um einen Mann aufgestockt werden. Andernfalls droht uns neuerlicher Zeitverzug, und das könnte das Projekt gefährden. Zwar hatten wir Zeitpolster eingeplant, doch das Arbeitsvolumen wuchs wegen zahlreicher, erst im Zuge der Reparaturarbeiten bemerkter Schäden stark an. Nun müssen wir das Zeitfenster für die Lackier- und Anbauarbeiten einhalten, koste es, was es wolle. Für drei Mann ist der Wohnwagen vor Ort nicht ausgelegt. Noch während unsere Mitarbeiter ihre Bedenken über den Platzmangel und das zu enge Wohnklima preisgeben, entscheidet Harald: „Ich ziehe in den Servicecontainer!

Heizung und Licht sind vorhanden, und staubig ist es dort wie da!" – Damit hat niemand gerechnet. Die Gesichtszüge unserer Mitarbeiter entspannen sich merklich, rasch ist der Caddy beladen und schon sind Harald und Werner auf der Autobahn. Ich werde in wenigen Tagen mit Alex und einer großen Ersatzteilladung nachkommen.

Februar 2008. Auch Alex und ich sind wieder in der Werft, um den Pendelkiel einzuhängen. Wir alle fiebern diesem schwierigen Arbeitsschritt angespannt entgegen. Die Lackierarbeiten sind ebenfalls bereits weit vorangeschritten. Der Rumpf erstrahlt in neuem Glanz, am Unterwasserschiff fehlt nur noch das Antifouling, und die meisten Einbauteile sind ebenfalls zur Montage bereit. Ich schleppe die beiden neuen Kieljoche in den Servicecontainer, um die Passgenauigkeit der Achsen und Bolzen zu kontrollieren. Zudem möchte ich die Kanten der massiven Niroteile noch etwas abrunden, um das Handling beim Einbau zu erleichtern. Ich wuchte das erste Kieljoch auf die Werkbank des Containers, knipse das Licht an und bin einfach überwältigt. Harald hat den Servicecontainer inzwischen sehr wohnlich gestaltet. Das durchaus bequeme Bett des mobilen Campingheimes hat er gegen eine Matratze vor der Werkbank getauscht. Anstelle der Ablage hinter einer Thermoscheibe werden Handy, iPod und Bücher im Lackregal zwischen Farbdosen, Verdünnungscontainer und Kunststoffgranulatsäckchen verstaut. Den kleinen Kleiderkasten tauschte er mit dem Volumen einer großen Reisetasche, die nun, nach wenigen Tagen in dem verstaubten Arbeitscontainer, schon wie der Sammelbehälter für Putzlappen aussieht – mehr Sauberkeit ist in einem Servicecontainer eben weder sinnvoll noch möglich. Für Harald aber kein Problem. Alex musste auf der Innenseite der Containertür einen Griff festschweißen. Somit kann diese nun auch von innen leicht geöffnet werden.

Der nächste Tag beginnt mit einem herrlichen Sonnenaufgang. Wir haben den Mittelteil der Halle abgedeckt, trinken starken Kaffee und warten. Pünktlich um 09:30 Uhr erscheint der Autokran. Wir besprechen kurz die anstehenden Arbeiten, und während der Kranwagenfahrer sein Gerät in Stellung bringt und die Stützen ausfährt, kontrollieren wir nochmals die wichtigsten Details. Alle Verzurrungen zwischen Boot und Standböcken sind gelöst, die Kieljoche, Achsen und Bolzen sind vorbereitet. Die passenden Schraubenschlüssel liegen neben den Kielkastenöffnungen. Unterstellböcke stehen in der Kielgrube und die Luftkissenfolie, die den Rumpf schützen soll, liegt an Deck. Es kann losgehen: Als erstes müssen wir die NAUTICSPORT KAPSCH an den Rand der Kielgrube stellen. Hierfür hebt der Kran das Boot an, wir verschieben die Standböcke, und danach wird das Boot wieder abgesetzt. Als nächstes muss der Kiel in dem nun zugängigen Teil der Kielgrube positioniert werden. Dies ist bereits etwas schwieriger, da gerade einmal die Breite der Kielbombe am Kielgrubenrand frei ist. Aber auch dieser Arbeitsschritt funktioniert problemlos, und somit heißt es volle Konzentration auf den schwierigsten Hebevorgang. Hierbei muss der Rumpf angehoben und millimetergenau mit der Kielöffnung über den Kielkopf abgesenkt werden. Fluchtet dieses Manöver nicht, wird der Grundanstrich gegen Korrosion an Kiel und Rumpf abgeschabt. Zudem baut sich Spannung zwischen den beiden tonnenschweren Teilen auf, die sich beim letzten Anheben des Kiels, um die Joche einzuhängen, ruckartig und somit gefährlich entladen kann.

Unser Kranführer ist ein Profi. Zentimeter für Zentimeter, gleichmäßig und präzise hebt er den Rumpf über den Kielkopf. Den leichten Winddruck gleichen wir mit Führungsleinen aus, und nachdem wir die Standböcke wieder richtig positioniert haben, setzt der Kran den Rumpf exakt über dem Kielkopf ab. Jetzt also nur noch ein letztes Mal den Kiel anheben, die Joche einhängen und nach dem Absetzen mit dem Rumpf verschrauben, fertig. Der Kiel pendelt genau auf Höhe der Montageöffnungen. Harald und Alex wollen die Achsen einfädeln, aber die Joche klemmen. Die Bohrungen zwischen Kielmechanik und der neuen Joche fluchtet nicht. Verdammt, wir haben alles kontrolliert, aber vorab keine richtige Montage durchgeführt. Die Zeit läuft, der Kranwagenfahrer raucht bereits die zweite Zigarette, uns rauchen die Köpfe. Warum lässt sich die Achse nicht einfädeln. Wir versuchen das zweite Joch, und gerade, als Harald und Alex den schweren Niroteil einfädeln wollen, fällt es mir wie Schuppen von den Augen: Wir haben beim Design der neuen Joche damit gerechnet, auch die oberen Ausnehmungen an der Kielmechanik zu erweitern. Dann aber, da dies festigkeitstechnisch nicht nötig war, haben wir auf den Umbau der Kielmechanik verzichtet, das Design der neuen Joche aber nicht darauf abgestimmt. Fragende Blicke des Kranführers. Die Zeit läuft, und mit ihr erhebliche Kosten. Ich entscheide, den Kiel in der Grube abzusetzen und den Kran nach Hause zu schicken.

Zu Mittag ist die Stimmung getrübt. Alex richtet sich in der Kielgrube einen spartanischen Arbeitsplatz ein, danach legt er los. Er muss aus den beiden 60 Millimeter dicken Nirobauteilen jeweils zwei Kreisbögen mit mehreren Zentimetern Tiefe ausschleifen. Beinahe drei Stunden röhrt die Trennscheibe und sprühen die Funken, dann hat er es geschafft. Grundsätzlich können wir den Kiel jetzt einhängen, aber das ist leichter gesagt als getan. Wir montieren die Joche, positionieren zwei kräftige Hydraulikheber unter dem obersten Unterlagspfosten der hoch aufgepackten Kielbombe und pumpen. Sobald sich die dreieinhalb Tonnen schwere Konstruktion hebt, entfernen wir den obersten Unterlagspfosten und senken den Kiel zentimeterweise ab. Nach einigen Wiederholungen bemerke ich, dass die Wand der Kielgrube immer näher kommt, und weitere drei Absenkungen später blockiert die Kielbombe an der Betonwand. Ich spüre, wie der Zorn in mir aufsteigt, Zorn über mein eigenes, stümperhaftes Verhalten. Schließlich habe ich hier das Sagen, und wenn ich schon die Panne mit den Kieljochen zugelassen habe, warum konnte ich nicht wenigstens den Kiel mit ausreichend Luft positionieren?

Ich klettere aus der Kielgrube, fluche vor mich hin und überlege. Wir müssen den Rumpf etwas nach vor versetzen, aber wie? Den Kran neuerlich bestellen, würde nicht nur wertvolle Zeit – es ist Freitagnachmittag –, sondern abermals eine Stange Geld kosten. Plötzlich kommt mir die Idee. Wir werden zuerst den neuen Standbock für den Bug schweißen. Somit steht das Boot sicher und formgerecht im Vorschiffbereich. Danach werden wir den Rumpf jeweils an Heck und Bug mit einem Hydraulikheber anheben und, sobald er zu den Standböcken etwas Luft hat, nach vorne drücken und wieder absetzen. Solcherart müssten die etwa 10 Zentimeter, die wir für die Kielmontage benötigen, zu schaffen sein. Alex sieht mich fragend an, Harald grinst, ich hole die Formrohre für den neuen Standbock. Wir flexen, schneiden und schweißen. Alex ist in seinem Element. Am späteren Nachmittag ist der Standbock fertig. Ich positioniere die beiden Wagenheber und wir unternehmen den ersten Versuch. Bugseitig anheben, o. k. Das Heck etwas anheben, den Rumpf seitlich ausbalancieren, damit er wirklich nur auf den beiden Hydraulikstempeln ruht, und nach vor drücken. Leises Ächzen, rums! Der vordere Hydraulikheber kippt zur Seite, und der Bug legt sich in den passgenauen Standbock. Tatsächlich, es funktioniert! Der Rumpf ist um etwa fünf Zentimeter nach vor gewandert. Nun klemmt die Kielflosse, also den Kiel etwas nachrücken. Danach wieder den Rumpf versetzen. Nach vier Durchgängen haben wir es geschafft. Der Freiraum für die Kielbombe ist ausreichend, und wir senken den Kiel weiter ab. Endlich, ein Zittern geht durch den Bootsrumpf und signalisiert, dass der Kiel nun in seinem Fundament hängt. Während Alex die Kieljoche festschraubt, entferne ich die letzten Holzpfosten. Dann schwingt er wieder, majestätisch pendelt die Ballastbombe nach beiden Seiten. Zwar nur wenige Zentimeter, aber diese reichen aus, um die Funktionalität der Aufhängung zu bestätigen. Die Begeisterung über den Erfolg ist uns ins Gesicht geschrieben. Ich fahre noch rasch einkaufen. Dieser Arbeitstag hat ein gepflegtes Dinner, vor allem aber einen ordentlichen Sonnenuntergang verdient. Mit der Abenddämmerung sitzen wir an dem von Alex aus Palettenholz gezimmerten Esstisch, direkt unter dem Bug der NAUTICSPORT KAPSCH. Da an der Halle noch ein Großteil der Abdeckbahnen fehlt, wird es ein Dinner unter dem Sternenzelt. Es ist beinahe Mitternacht, als wir unser Gelage beenden. Harald verschwindet in seinen „Art Design Container", und ich mache mich auf den Weg nach Les Sables d'Olonne, nehme die Küstenstraße, fahre entlang einer ruhigen, im Sternenlicht schimmernden Biskaya, freue mich über die gute Stimmung innerhalb der Crew und den letztlich sehr erfolgreichen Arbeitstag.

Ein großer Augenblick

Tatsächlich gibt es nur noch wenige Tage, an denen wir unsere NAUTICSPORT KAPSCH zu Wasser lassen können. Es ist bereits Anfang April 2008, die Zeit drängt, und ich muss noch für einige Tage nach Neuseeland. Mein letzter Charterskipper, Neptun möge ihn dafür bestrafen, hat meine treue OASE III nicht etwa, wie vereinbart, nach einer Saison in der Südsee zurück nach Europa gesegelt, sondern einfach wieder in Neuseeland abgestellt – angeblich mit völlig desolatem Rigg. Meine Aufgabe ist es nun, nach dem Rechten zu sehen und das Schiff seeklar zu machen, damit Andreas es wieder nach Tahiti segeln kann. Leider werden wir das Boot für den Start der Vendée Globe somit auch nicht vor Ort haben.

Wir studieren den Tidenkalender. Die beste Woche für das Kranen der NAUTICSPORT KAPSCH wäre leider genau jene, wo ich in Neuseeland bin. Ich bespreche mich mit Harald und Jean-Pierre. Alle würden es machen, sie würden die Verantwortung dafür übernehmen, dass die NAUTICSPORT KAPSCH ins Wasser geht, der Mast provisorisch gestellt wird und die Jacht nach Les Sables d'Olonne geschleppt wird. Leider hatte ich noch keine Zeit, den Motor und das Getriebe zu warten. Da die Maschine seit mehr als einem Jahr nicht gelaufen ist, möchten wir das Risiko, mit eigener Motorkraft zu fahren, keinesfalls eingehen. Deshalb also die Entscheidung, die Jacht abermals von unseren Freunden der SNAF schleppen zu lassen. O. k., ich stimme zu. Zwar wäre ich unsagbar gerne selbst dabei gewesen, wenn meine alte Lady in neuem Glanz wieder in ihr Element kommt, doch vernünftigerweise sollten wir diese Gelegenheit, das Boot zu kranen, nicht auslassen. Es bleibt ja ohnehin noch die Frage, ob uns der Wettergott wohlgesonnen ist und ruhiges Frühjahrswetter schickt. Andernfalls könnten wir den Hafen von Port Bourgenay nicht verlassen und somit auch nicht kranen.

In Neuseeland angekommen, versuche ich sofort, Harald zu erreichen. „Ja, ja, alles o. k., die Vorbereitungen laufen, mach dir keine Sorgen!" – Nun, er hat leicht reden. Harald findet es sicher toll, nun für „sein Baby" die Verantwortung zu tragen, er lechzt förmlich nach Selbstbestätigung. Doch ich fühle mich etwas unwohl bei dem Gedanken, dass etwas schiefgehen könnte und mein Sohn oder einer meiner besten Freunde dafür verantwortlich wäre. Ich verdränge meine Nervosität und fahre erst einmal nach Gulf Harbour. Dort erwartet mich eine sichtbar eilig verlassene, völlig lieblos und unseemännisch behandelte OASE III. Das Großsegel ist im Toppbereich zerfetzt, Beiboot und Außenborder völlig verdreckt, in den Bilgen und

Backskisten schimmert ölversetztes Wasser …! Nur die Schäden, die angeblich das Abstellen des Bootes notwendig gemacht haben, kann ich nicht finden. Lediglich an zwei Wanten sind Kardelen gebrochen. Ich bin verärgert und traurig zugleich. Was hätte ich mehr machen sollen, als einen langjährigen Skipper und Segellehrer, sowie Besitzer einer der in Österreich renommiertesten Segelschulen und auch Jachteigner um gutes Geld mit der Rücküberstellung zu beauftragen? Ich verdränge meine schlechte Laune, pilgere zur hafenansässigen Riggfirma und lasse die beiden Wanten fertigen. Anschließend bringe ich das Großsegel zum Segelmacher. Dann verbringe ich drei Tage mit Reinigungsarbeiten und kleinen Reparaturen wie dem Tauschen eines Autopilotendisplays und dem Entrosten der Ankerkette. Inzwischen ist es bereits Mittwoch. Am Freitag sollte die NAUTICSPORT KAPSCH ins Wasser gehen. Täglich telefoniere ich mit Harald, frage nach den Arbeitsfortschritten, dem Wetter, möglichen Problemen … „Alles in Ordnung, mach dir keine Sorgen!" – Ich frage nach, bohre, aber Harald lässt sich nicht aus der Ruhe bringen. Natürlich bin ich froh darüber, wenn alles nach Plan läuft, aber vielleicht ist es ja auch nicht so, und die Katastrophe bahnt sich gerade an. „Bitte, Papa, bleib cool!" – Ich bin cool! Nun vielleicht nicht ganz cool! Schluss aus, wir haben uns besprochen, die Aufgaben sind verteilt und es wird klappen! Ich klettere ins Rigg der OASE III und montiere die eben gelieferten neuen Unterwanten. Ein kalter Südwind lässt meine Finger steif werden. In wenigen Monaten werde ich dort, wo dieser Wind entspringt, Neuseeland passieren, weit unten im Süden, wo die Tiefdruckgebiete aufmarschieren.

Alte Lady in neuem Glanz

Als ich Freitag früh erwache, wähle ich sofort Haralds Nummer. Nach fünfmaligem Läuten meldet sich die Mailbox: „Bonjour, vous êtes sur …" – Ich bin genervt, rufe Thomas an. „Bonjour, vous êtes sur …", ich bin noch mehr genervt und rufe Anita, meine Exfrau und Projektpartnerin an. Sie hat keine neuen Infos, also „wird wohl alles o. k. sein!" – Was ist das nur für eine Aussage! Ich brauche Gewissheit, möchte endlich die erlösenden Worte hören, zum Beispiel: Die NAUTICSPORT KAPSCH steht wieder auf ihrem Liegeplatz im Port Olonna, alles ist planmäßig verlaufen!

Beinahe alle fünf Minuten versuche ich nun, irgendjemanden zu erreichen, aber es ist wie verhext. Egal ob Harald, Thomas, meinen Ansprechpartner bei Marinepool, Jean-Pierre oder Lionel, meinen Zahnarzt in Les Sables. Endlich läutet es bei mir. „Hallo Papa, ich habe gesehen, du hast es schon ein paar Mal probiert, aber ich hatte mein Telefon im Auto vergessen …" – Und wie im Nebel vernehme ich: „Hat alles super geklappt, wir mussten bei der Ankunft in Les Sables d'Olonne erst einmal bei der Capitanerie anlegen, um mit dem Chef de Port anzustoßen. Wir haben denselben Liegeplatz wie vorher." – Ich könnte springen vor Freude, aber angesichts der Stehhöhe von 2 m in meiner OASE III sollte ich das lieber lassen. „Super, ich wusste, auf euch ist Verlass!" – Ich möchte sie alle umarmen, meinen tüchtigen Harald, den überlasteten Thomas und den bescheidenen Jean-Pierre. Wir plaudern noch über einige Details, dann beenden wir unser Gespräch. Ich könnte fliegen, steige ins Cockpit, die Morgensonne wirft ihr Licht auf sattgrüne Wiesen und den schimmernden Ozean, einige Fallen schlagen in der sanften Südbrise, mein Stegnachbar grüßt freundlich und die Schafe auf dem an die Marina grenzenden Gelände blöken vor sich hin. Jetzt erst kann ich die Reize Neuseelands, die zum Teil einzigartige Natur, seine netten Einwohner und auch die allgegenwärtige Beschaulichkeit genießen.

Der Countdown läuft

Während ich im Jumbo über dem Pazifik sitze, ist meine Technikcrew schon wieder fleißig. Auch wenn unsere NAUTICSPORT KAPSCH jetzt schwimmt und sanft an ihren Festmachern zerrt, fertig ausgerüstet ist sie noch lange nicht. Unzählige Kleinigkeiten müssen in den nächsten Wochen erledigt werden: Das Solarsystem ist unvollständig, der Wassermacher noch nicht angeschlossen, die Navielektronik muss verkabelt werden und der Antennenträger aufgesetzt, der Schiffskocher montiert und das Frischwassersystem eingebaut werden. Danach kommen noch die neuen Segel, die montiert werden müssen. Es fehlen Leinentaschen ebenso wie das Lazy-Bag, die Zusatztreibstofftanks … Ich könnte diese Aufzählung noch lange fortsetzen, aber es ist nicht von Bedeutung, denn der Timetable ist vorgegeben, also müssen alle notwendigen Arbeiten fertig werden, koste es, was es wolle. Schließlich klappte es, und noch bevor das Racevillage eröffnet wurde, war die gute alte Lady praktisch startklar. „Unpraktisch" gesehen, mussten wir, so wie fast alle Teams, bis zur letzten Stunde schuften, um die für uns bestmögliche Ausgangsbasis zu erarbeiten. Letztlich aber liegen dann die Tücken im Detail, und das gilt auch für Open 60. Die Stars wie Golding oder Riou haben reichlich Shorecrew, um die Racer Wochen vorher auszurüsten, aber selbst an Bord der Favoriten gibt es Arbeit bis zum Starttag.

Am 18. Oktober 2008 wird das Racevillage eröffnet, und somit ist es auch vorbei mit Ruhe und Beschaulichkeit am Vendée Globe Ponton. Die angeheizte Stimmung, Nervosität und Hektik sind allgegenwärtig. Das Racevillage in Zahlen heißt, dass mehr als 1 Million Besucher in den nächsten Wochen auf die Stege pilgern werden. Mehr als 1600 Journalisten haben sich schon registriert, um laufend zu berichten. Das Département Vendée, die Stadt Les Sables d'Olonne und allen voran der Hafen sehen aus wie ein gigantisches Volksfestgelände. Zeltstädte, Übertragungswagen, zahlreiche Veranstaltungsgelände, geschmückte Alleen und Kreisverkehre und eine täglich länger werdende Blechlawine führen die Besucher in das Zentrum dieses Rennens, am Ponton der Vendée Globe, wo jetzt die 30 Racer auf den Starttag warten.

Mehr als 400 Schulklassen werden ebenfalls während dieser Tage ihre Skipper hier besuchen, um Projektarbeiten durchzuführen und zudem ihre Maskottchen zu deponieren. Auch an Bord der NAUTICSPORT KAPSCH ist eine Ablage im Deckshaus dafür reserviert. Hier werden nicht nur Charly, mein Frotteehund, sondern auch noch Little Kiwi und diverse Freunde sitzen, um mit mir das Rennen zu bestreiten. Denn wenn plötzlich dreißig Tafelklassler hier am Steg ein Liedchen kreischen, ist das „Einschiffen" diverser Maskottchen für das Rennen Ehrensache! Zumeist werden sie auch noch mit Briefen ausgestattet, damit wir wissen, für welche Klasse oder Gruppe diese „Blinden Passagiere" mit an Bord sind.

Die Tage fliegen dahin, und noch bevor wir uns besinnen, ist die letzte Vorbereitungswoche angebrochen. Während die Technikcrew sich nun der letzten Einzelheiten annimmt, bin ich von früh bis spät bei Skippermeetings, Fernsehinterviews und Autogrammterminen. Bei uns allen wird das Nervenkostüm nun merklich dünner, und nur mit sehr viel Disziplin lässt sich das Arbeiten hier auf engstem Raum ertragen. Zum Glück bekommen wir nochmals Verstärkung: Siegfried, Rosmarie, Samuel, Anita, Max, Werner und Elfi treffen ein, um im Finish mitzuhelfen und dann den Start live zu erleben. Somit sind auch die Pressearbeit hier vor Ort, das Konfigurieren der Kommunikationselektronik an Bord der NAUTICSPORT KAPSCH und die diversen Abnahmen zu schaffen. Die Kontrolleure der IMOCA sind nämlich gnadenlos, und da sich einige Genehmigungen erst hier am Steg erteilen lassen, ist es jedes Mal ein Zittern bis zum Start. An Bord der NAUTICSPORT KAPSCH sind wir gerade etwas angespannt. Der Sicherheitsinspektor hat bestimmt, dass wir die Rettungsinsel an Deck noch zusätzlich sichern müssen. Andernfalls sei der Container zu sehr dem Seeschlag ausgesetzt und könnte verloren gehen. Wir müssen ihm zugestehen, dass er nicht ganz unrecht hat, doch für uns bedeutet das erneut: „Es klingt nach wenig, ist aber viel!" – Wir müssen Aluwinkel biegen, Holzplatten zuschneiden, schleifen und lackieren, zahlreiche Löcher in das Deck bohren und die Konstruktion zusammenbauen. Schließlich wird unsere Rettungsinsel aber abgesegnet, und die „Wasserschanze", die nun ihren Container verkleidet, bietet reichlich Platz für Klebepinguine!

Der letzte Inspektionsakt kommt von der Regattaleitung. Es müssen noch die Plomben an der Motorwelle, den Treibstoffkanistern, den Ankergeschirren und auch an den Notwasserrationen angebracht werden. Während des Rennens darf der Motor nur zur Stromerzeugung verwendet werden. Wird die Plombe an der Welle gebrochen, ist der jeweilige Teilnehmer disqualifiziert. Das Gleiche gilt für alle anderen verplombten Gegenstände an Bord. Sie müssen ihren fixen Platz behalten. Andernfalls könnte sie ein Skipper auch für Trimmarbeiten einsetzen, und das ist strikt verboten. Ich möchte meiner

Mannschaft gerne bei der Arbeit helfen, doch sobald ich mich am Ponton zeige, bin ich schon von Fans umzingelt, surren Fernsehkameras oder wollen Journalisten Fotostorys ergattern. Natürlich ist es schmeichelnd, stets begehrt zu sein, aber so manches Mal würde ich auch gerne inkognito an Bord kommen.

Ab 19:00 Uhr beginnen Führungen im Racevillage. Gleichzeitig startet auch die imposanteste Openair-Filmshow, die ich je gesehen habe. In einer einzigartigen Produktion werden von leistungsstarken Beamern ganze Produktionshallen bestrahlt, bei denen diverse Schriftzüge und Fenster mit weißen Stoffvorhängen abgedeckt sind. Somit entstehen jeden Abend riesige Projektionsflächen, auf denen die Vendée Globe generell und speziell die dreißig Teilnehmer der sechsten Edition präsentiert werden – ein eindrucksvolles Schauspiel, das starke Emotionen weckt und die Besucher sichtbar fasziniert.

Endlich, mit Ausnahme der Kommunikation ist wirklich „alles" fertig. Nur Siegfried kämpft noch mit den Testversuchen für diverse Mailformate. Auch er sieht schon das Licht am Ende seines Tunnels, aber er wird wohl noch ein Weilchen brauchen, denn wie schon so oft wird dieses Thema im Finale immer umfangreicher als geplant. Ich kann ihm leider nicht mehr helfen, denn ich steige geistig aus und muss auch noch zum letzten Skipperbriefing für das Startprozedere. Der Wetterbericht ist schlecht, und alles deutet darauf hin, dass dieser Start zur sechsten Vendée Globe ein harter werden wird.

Bootstaufe

8. November 2008: Wie gewohnt treffen wir gegen 09:00 Uhr in der Servicezone zusammen. Es scheint, als würden die Wetterfrösche ins Schwarze treffen. Nach den schönen Tagen der vergangenen Woche ist die Wetterumstellung schon deutlich sichtbar. Der Himmel gibt sich bedeckt, Regenschauer ziehen über die Küste und die Temperaturen sinken langsam, aber beständig, an die 10-Grad-Marke. Für den morgigen Starttag sind definitiv schlechtes Wetter und Starkwind prognostiziert. Heute aber sollte es noch halbwegs angenehm bleiben. Wir halten alle die Daumen, denn für 14:00 Uhr ist die Taufe der

NAUTICSPORT KAPSCH anberaumt. Familie Kapsch ist bereits gestern eingetroffen, und Frau Kapsch wird heute die Ehre haben, unserer alten Lady eine überzubraten. Genauer gesagt haben wir die scharfe Deckskante des Achterschiffes auserkoren, um die Champagnerflasche daran zu zerschlagen.

Der Vormittag vergeht in Windeseile mit Stauarbeiten, und noch bevor wir's uns versehen, sind zahlreiche Freunde, Fans und Journalisten auf dem Steg versammelt. Familie Kapsch ist schon an Bord. Die NAUTICSPORT KAPSCH dümpelt friedlich an ihrem Liegeplatz zwischen ROXY und GREAT AMERICAN III. Frau Ingrid Kapsch wiederholt nochmals für sich die festlichen Worte. Wir verpassen der Champagnerflasche am Flaschenhals eine Serviette. Diese soll die Hand unserer Taufpatin schützen, falls die Flasche im oberen Bereich zersplittert. Trinkbecher für das Anstoßen werden vorbereitet, die ersten Fotoapparate klicken und die allerletzten Gäste treffen ein. Jetzt kann die Zeremonie beginnen. Ich lasse meinen Blick über den Steg schweifen. Fast zu jedem Gesicht habe ich intensive Erinnerungen. Nun, wo der Start unmittelbar vor der Tür steht, merke ich, wie meine Gefühle hochschlagen. Ich muss mich sehr beherrschen, um vor Freude nicht einfach loszuheulen. Ich halte eine knappe Ansprache, bedanke mich bei einigen der Anwesenden namentlich und gebe danach das Wort an Frau Kapsch, die bereits neben mir, mit der Champagnerflasche drohend, auf die Erlaubnis zum Zuschlagen wartet. Jetzt, Madame Kapsch, jetzt ist es so weit. Während die Taufpatin ihre guten Wünsche für ein erfolgreiches Rennen und eine sichere Heimkehr verkündet, bringen sich die letzten Fotografen in Position. Danach Stille am Ponton, nur einige Videokameras laufen. Frau Kapsch holt mächtig aus, schlägt kraftvoll zu, aber die dickwandige Flasche will nicht brechen. Wie es sich für eine professionelle Taufpatin gehört, schwingt sie zum zweiten Mal die Champagnerkeule, und diesmal mit Nachdruck. Knirschend zerschellt die Flasche an der Rumpfkante, zersplittert bis unter die Stoffserviette und spritzt ihren Inhalt bis weit über den Ponton. Tosender Applaus, Blitzlichtgewitter – die Erleichterung über die gelungene Taufe ist allen deutlich anzumerken. Sofort beginnt mein Team mit dem obligatorischen Öffnen weiterer Flaschen. Korken knallen, Becher werden gefüllt. Wir prosten einander zu, trinken auf alles, was uns gerade einfällt, motivieren uns gegenseitig und bedanken uns beim jeweils anderen. Wir sind nachdenklich und ausgelassen zugleich, lassen die vergangenen Jahre nochmals Revue passieren, verdrängen die schlechten und loben die positiven Dinge während der Vorbereitungszeit – einer Zeit, in der beinahe alle von uns den Himmel ebenso wie die Hölle auf Erden kennen gelernt haben. Letzten Endes aber waren wir erfolgreich, haben zum zweiten Mal ein Boot an den Start der Vendée Globe gebracht, und wenn ich jetzt in die Gesichter meiner Freunde und Gäste blicke, kann ich in jedem einzelnen den Stolz darüber erkennen, diese Augenblicke erleben zu können. Morgen, morgen wird es nochmals eine Steigerung geben, morgen werden die Emotionen richtig überschwappen, werden Tränen fließen; doch davor haben wir noch einiges zu tun.

Siegfrieds Finale

Noch bevor die letzten Becher geleert sind, stürzt sich Siegfried wieder in den Elektronikdschungel. Im Vergleich zu 2004 haben wir eine grandiose Kommunikationselektronik an Bord, und alle wesentlichen Arbeiten sind abgeschlossen. Doch Siegfried ist eben Perfektionist, und deshalb ist für ihn der Job noch lange nicht erledigt. Während er die letzten Programme installiert und diverse Konfigurationen optimiert, beginne ich, meine Ausrüstungscontainer an Bord zu bringen: Lebensmittel, Reparaturmaterial, Ersatzteile und persönliche Dinge wie DVDs, 2 Bücher und Schreibutensilien. Jedes Stück hat diesmal seinen Platz. Dennoch ist es eine schweißtreibende Arbeit, alles logistisch sinnvoll zu verstauen. Ein weiteres Problem, das wir leider nicht in den Griff bekommen haben, sind einige undichte Stellen an Deck. Zwar fällt nur ab und zu auf Höhe der Sitzbank ein Tropfen von den Decksspanten, doch ist dies genau in dem Bereich, wo die Bereitschaftskleidung und mein Sitzsack liegen sollten. Bedenkt man auch noch die Schräglage, fallen die Tropfen genau in den Wohnbereich. Wir kämpfen auf engstem Raum. Schließlich ist der Platz in der Navigation ja nur für maximal zwei Personen ausgelegt. Momentan aber tummeln wir uns zu viert, manchmal sogar zu fünft unter Deck. Zudem stehen offene Kunststoffcontainer für Bekleidung und Ausrüstung, Werkzeugkisten, Ersatzteilschachteln und vieles mehr herum. Wir sind uns dieser Situation bewusst, versuchen, uns nicht gegenseitig zu behindern, doch lässt sich so mancher in den Bart gemurmelte Fluch nicht ganz verkneifen.

Am frühen Abend lichtet sich die Lage, fast die gesamte Ausrüstung ist an Bord, es fehlen nur noch wenige Einzelstücke. Da erscheinen Anita und Marion. Sie bringen jede Menge Geschenkpakete, fein säuberlich für die unterschiedlichsten Anlässe beschriftet. Natürlich freue ich mich darüber, aber wohin soll ich das alles packen, damit es nicht vor dem Bestimmungsdatum durch Nässe oder direkte Sonneneinstrahlung kaputt geht? Wahrscheinlich sind unter anderem viele köstliche Süßigkeiten in den Paketen. Ich merke die Enttäuschung in ihren Gesichtern, ändere rasch meinen Tonfall und beginne einfach wieder umzuräumen. Siegfried stöhnt, Harald flucht, ich kämpfe mit Plastiksackerln, Kunststoffcontainern und wasserdichten Seesäcken. Als die Dämmerung einfällt, habe ich es neuerlich geschafft. Auch Siegfried hat die Installationen der Software abgeschlossen. Jetzt fehlen nur noch einige Probeläufe. In knapp dreißig Minuten beginnt unsere Abschiedsfeier. Lionel und meine Crew haben die Party organisiert. Ich erkläre Siegfried, dass ich nur hingehe, wenn auch er mitkommt. Angesichts meiner Drohung lässt er sich erweichen. Wir unterbrechen die Arbeiten und genießen einige unbeschwerte Stunden bei Köstlichkeiten aus der Vendée und im Kreise unserer Freunde. Gegen 22:00 Uhr kehren wir zurück an Bord. Im Racevillage laufen noch die Partys, der Wachdienst am Ponton grüßt freundlich. Leichte Regenschauer setzen ein. Während Siegfried die letzten Abstimmungen vornimmt, verstaue ich noch einige persönliche Dinge an Bord. Eine spezielle Stirnlampe, ein extra scharfes Segelmesser, den iPod und Ersatzkopfhörer, meine Lesebrille und spezielle Sonnenbrillen, eine zusätzliche Steighilfe für das Aufentern in den Mast. All diese kleinen Dinge sollten mir noch oft – in Momenten der Not und Resignation, aber auch in Augenblicken der Euphorie oder Beschaulichkeit – wichtige Dienste leisten.

Das Wetter hat sich abermals verschlechtert, Starkwindböen rütteln an der Garagentür, Regen prasselt gegen die Glasfront zur Terrasse. Die starken Laserstrahler des Racevillage sind bis hierher sichtbar. Ich verfolge die weißen Lichtstrahlen, wie sie sich im dunklen Grau der tief hängenden Wolken verlieren. In wenigen Stunden geht es los. Mein Mund wird trocken. Ich versuche, mich zu entspannen, verfolge wie hypnotisiert die Laserstrahlen, denke an das Startprozedere und versinke ins Land der Träume.

Start

Es kommt mir vor, als wäre ich gerade erst eingeschlafen. Ein Blick auf die Uhr. Tatsächlich, in eineinhalb Stunden sollten wir in der Technikzone sein. Also los, ab ins Bad, zum letzten Mal für mehrere Monate heiß duschen, danach anziehen. Die legere Segelkleidung bleibt unberührt. Lange Unterwäsche, Oberteil, Ölzeughose, Windstopper, Stiefel, Jacke, ich werde sie vertragen können. Ein Blick hinaus, die Wolkendecke ist geschlossen, Regenschauer peitschen über die Siedlung und Starkwindböen rütteln an den Bäumen. Wir verstauen die letzten Taschen im Auto. François und Nicole, meine französischen Zweiteltern, sind auch schon aus den Federn. Sie haben bereits den Frühstückstisch gedeckt, aber wir haben keinen rechten Appetit. Wortkarg trinke ich meinen Kaffee. Danach verabschiede ich mich von ihnen. Wir drücken uns, ein letzter Abschiedskuss, danach steigen Marion und ich ins Auto und fahren los.

Bereits auf der Zufahrtsstraße zum Hafen gibt es die ersten Fahrzeugkontrollen. Unsere Berechtigungskarten liegen gut sichtbar hinter der Windschutzscheibe, und wir werden durchgewunken. An der Technikzone dann die zweite Kontrolle, wir dürfen passieren. Harald bereitet die NAUTICSPORT KAPSCH schon emsig zum Auslaufen vor. Siegfried und ich gehen nochmals die wesentlichsten Punkte der Kommunikationselektronik durch. Er wirkt müde und zerfahren. Kein Wunder, denn seine Nacht war mit Abstand die kürzeste, und nun erwartet ihn ein weiterer, angesichts des rauen Wetters schwerer Tag mit der Kamera. Seine Aufgabe wird es sein, das Startprozedere auf Video festzuhalten. Erst aber erklärt er mir, wie ich Foto- und Filmmaterial am besten auf die Bordrechner überspiele. Welche Fehler könnten auftreten, wo liegen mögliche Ursachen, wo finde ich die Manuals – bei dieser akribischen Vorbereitung muss es einfach funktionieren, denke ich und verstaue die letzten Notizen in einem wasserdichten Zippbag. Siegfried hat für sich sogar eine umfangreiche Fotodokumentation aller Elektronikeinbauten angelegt, um bei Problemen jederzeit alle Einzelheiten buchstäblich vor Augen zu haben. Somit kann er im Fall des Falles gezielte Hilfe leisten und mich bei Software- oder auch Hardwareproblemen unterstützen. Schließlich erwarten Millionen Fans rund um den Globus permanenten Informationsfluss, Foto- und Filmberichte, genaue Segel- oder Wetterdaten vor Ort. Sie fiebern mit uns, mit ihren Skippern, teilen mit uns Freud und Leid, segeln ihre persönliche virtuelle Vendée Globe, und ich möchte sie dabei nicht enttäuschen.

Lionel und Thomas sind mit unseren beiden RIBs eingetroffen. Thomas wird die NAUTICSPORT KAPSCH schleppen, während Lionel für Notfälle stand-by ist und auch im Startraum Crewmitglieder abbirgt. Mit mir an Bord sind Mag. Kapsch, Siegfried, Harald, Werner und Marion. Sie werden bis in die Startzone an Bord bleiben und mich beim Schleppen und Segelsetzen unterstützen. Angesichts der lebhaften Wettersituation bin ich für jede Hand dankbar.

Im Vier-Minuten-Takt beginnen die Boote abzulegen. Ab jetzt läuft alles wie im Zeitraffer. Thomas belegt die Schleppleine. Letztes Händeschütteln am Steg, Anita schwört, mit dem Rauchen aufzuhören, wenn ich es schaffe. Lionel und ich umarmen uns ein letztes Mal, Tränen kullern über die regennassen Wangen. Der segelnde Zahnarzt hat sich für mein Projekt vor Ort engagiert wie kein anderer. Wir sehen uns in die Augen und fühlen: „Diesmal wird es klappen!" – Rich wünscht mir „fair winds", er wird mit seiner GREAT AMERICAN III gleich nach mir auslaufen. Eine harte Schauerbö kreischt durch den Mastenwald des Port Olonna, AKENA löst die Festmacher und wird in den Kanal geschleppt, jetzt bin ich an der Reihe. Ich muss erst gar nicht viel sagen. Alle fühlen wohl den Druck, der auf mir lastet. Sie arbeiten schnell und unaufgefordert, versuchen, mich zu unterstützen, wo immer es geht. Ich stehe am Steuer, Thomas fährt an, spannt die Schleppleine, ein letztes Winken. Auch an Bord der ROXY ist die Shorecrew in Bereitschaft, doch unser Manöver klappt fehlerfrei. Die NAUTICSPORT KAPSCH gleitet aus der Box, eine Bö drückt das Heck in Fahrtrichtung, Thomas nimmt mehr Fahrt auf, die Schleppleine spannt sich abermals und wir beginnen unseren Triumphzug, beinahe eine Meile durch die Hafenbecken und den anschließenden Kanal von Les Sables d'Olonne. Hunderttausende Menschen säumen die Steganlagen, die Molen und den Strand unmittelbar vor der Startzone. Diesmal empfinde ich es etwas anders als beim ersten Mal. Klar, beim ersten Mal habe ich nicht nur die Erfahrung des triumphalen Starts, sondern auch die des abrupten frühzeitigen Ausscheidens gemacht. Dieses Mal ist zwar das Auslaufen nicht mehr neu, aber ich male mir schon jetzt das Ankommen aus. Den inneren Triumph, nach wahrscheinlich mehr als hundert Tagen die Ziellinie zu übersegeln und von Tausenden Fans euphorisch begrüßt zu werden. Ich erblicke Transparente, höre den Moderator über Lautsprecher meinen Namen rufen, versuche, die Gedanken meines sichtlich bewegten Hauptsponsors zu erraten. Harald steuert und grinst dabei wie ein frisch gestrichenes Schaukelpferd. Ihm ist die Erleichterung über die erfolgreichen Arbeiten deutlich anzusehen. Es ist sein Baby, das hier gerade durch den Kanal geschleppt und bejubelt wird. Es ist seinem Fleiß und seinem aufopfernden Einsatz zu verdanken, dass unsere alte Lady in einem derart guten Zustand ist. Natürlich hat das gesamte Technikteam tolle Arbeit geleistet, aber die Verantwortung für die Umsetzung meiner Vorgaben, das Einhalten des Zeitplanes und das oft notwendige Improvisieren lag bei ihm. Weil ich nur zu gut weiß, wie schwer Verantwortung in schwierigen Situationen sein kann, hat er meine Hochachtung. Harald ist bewusst, was er geleistet hat, er ist sichtlich stolz darauf, und so soll es auch sein. Marion wirkt hingegen zerrissen. Natürlich gönnt sie mir mein Abenteuer. Angesichts der Tatsache, nun monatelang nicht nur allein zu sein, sondern auch täglich um mich zu bangen, überziehen tiefe Sorgenfalten ihre Stirn. Sie versucht, sich nichts anmerken zu lassen, aber ich kenne sie nach all den Jahren zu gut, um nicht ihre Gedanken in ihrem Gesicht lesen zu können.

„Allez, Norbeer, bravo, bonne route", ich winke nach allen Seiten, versuche, jedem die Möglichkeit für ein Foto zu geben und bin beinahe beschämt über die Euphorie, mit der mich die Leute verabschieden. Wir erreichen das Kanalende. Siegfried und Mag. Kapsch entscheiden, noch im Schutze der Südwestmole auf unser Begleitboot umzusteigen. Ich begrüße diese Entscheidung, denn das Wasser wird bereits jetzt zunehmend unruhiger, und der auflaufende Schwell lässt die Schleppleine einrucken. Später, in der Startzone, ist wirklich rauer Seegang zu erwarten, und das Übersteigen kann zu einem schwierigen Balanceakt werden. Im schlimmsten Fall müssen Marion und Harald erst ins Wasser springen, um danach von einem unserer Crewboote aufgenommen zu werden.

Die NAUTICSPORT KAPSCH beginnt zu stampfen. Ich signalisiere Thomas, dass ich die Genua 2 setze, um mich vom Kanaleingang freizusegeln. Noch weiter zu schleppen, könnte zu Schäden am Bugspriet führen. Ich rolle die Genua 2 aus. Augenblicklich greift der steife Südwest in das Tuch. Marion steuert, Harald holt die Schleppleine ein, die NAUTICSPORT KAPSCH legt sich nach Backbord und segelt los. Noch bevor wir's uns versehen, sind wir am Ende der Südwestmole angelangt. Sofort unterläuft massiver Seegang den Rumpf, lässt die NAUTICSPORT KAPSCH hart überholen. Harald und ich beginnen, das Großsegel zu setzen. Der böige Wind lässt das Tuch unklar kommen. Das Endstück der dritten Segellatte verheddert sich im Lazy-Bag. Also nochmals das Großfall etwas fieren, beim zweiten Anlauf klappt es. Das Groß steht sauber durchgesetzt zur Genua 2. Thomas und Lionel fahren voraus und geben uns die Richtung in die Startzone vor. Wir kommen rasch näher, zu rasch. Deshalb bergen wir das Vorsegel und laufen merklich langsamer nur unter Groß. Noch vierzig Minuten bis zum Start.

Das Starterfeld ist nahezu komplett. Wir beobachten die Kurse der anderen Teilnehmer und versuchen, uns sauber freizuhalten. Nur ja keine Karambolage. Die Kulisse verursacht mir Gänsehaut. Inmitten aller Großen dieser Königsklasse, das größte Teilnehmerfeld, das es bei einer Vendée Globe je gab, und ich darunter. Ich bekomme feuchte Augen, das Kreischen aus dem Handfunkgerät reißt mich aus den Gedanken. Noch 10 Minuten bis zum Start. „Norbert, wir sollten deine Leute abbergen." – „Ja, ja, natürlich", Lionel hat vollkommen recht. Ein letztes Händeschütteln, Umarmen, Harald klettert ans Heck, Marion heult los, ich suche mir einen Fixpunkt in der grauen Wolkendecke. „Also, vielen Dank für alles, macht euch keine Sorgen, ihr werdet sehen, wie schnell die Zeit vergeht", alles Floskeln, dabei würde es richtig heißen: „Ich freue mich auf dieses Abenteuer, ich kann es kaum erwarten, den Bug nach Südwesten zu steuern, aber ein bisschen würde ich auch gerne schon wieder in Zielnähe sein, und vor allem werdet ihr mir fehlen!"

Lionel steuert sein RIB entschieden gegen das Heck der NAUTICSPORT KAPSCH. Harald und Marion springen über, purzeln zwischen die Trageschläuche, und noch bevor sie wieder hochkommen, hat Lionel schon abgedreht. Ein perfektes Manöver. Nun bin ich tatsächlich allein an Bord. Noch 6 Minuten bis zum Start. Lionel und Thomas fahren parallel in Lee. Ich mache noch eine Wende und versuche, etwas Raum nach Südosten zu bekommen, verlasse den nervösen Pulk unmittelbar vor der Startlinie. Alles ist o. k., nur kein Crash!

4 – 3 – 2 – 1 – Départ! Der Startschuss ist gefallen, mir fehlt noch etwa eine halbe Kabellänge bis zur Startlinie, aber das ist in Ordnung. Raphaël, Steve und Rich segeln unmittelbar vor mir. Die Jachten arbeiten ebenso wie meine NAUTICSPORT KAPSCH schwer gegen den Seegang, werfen mächtige Wasserfontänen hoch und versinken in tiefen Wellentälern. Tatsächlich, das Wetter macht der Biskaya alle Ehre. Lionel und Thomas begleiten mich mit unserer Crew noch etwa eine Stunde lang. Dann die letzten Zurufe, ein letztes Winken, und während die Motoren der RIBs aufheulen und die Boote in Richtung Les Sables d'Olonne davonbrausen, stelle ich mich ans Ruder, richte meinen Blick starr zum Bug und versuche, mich auf das einzuschwören, was nun kommen mag. Gischt fegt über das Deck, und die Küste an Steuerbord verliert sich hinter Schauerböen. Leises Brummen wird hörbar, wird lauter, ein Pressehelikopter nähert sich, schließt zu mir auf und begleitet mich auf Masthöhe. Ich trimme sauber, winke, verrichte ohnehin notwendige Deckarbeiten. Grundsätzlich aber empfinde ich den Helikopter bereits als Fremdkörper, als Eindringling in meine soeben erst geschaffene kleine, nasse und stampfende Welt.

Ich fühle mich unwohl, weiß nicht, ob ich mich über den Besucher freuen soll oder ob ich mich einfach unter Deck verkrieche. Der Helikopter kreist knapp über mir, Journalisten winken, ich grüße zurück, und noch ehe ich meine Gedanken sortieren kann, dreht der Hubschrauber in Richtung Küste. Der Rotorlärm wird leiser, die Umrisse verschwinden am schmutziggrauen Horizont, in Sichtweite vor mir segeln Raphaël, Steve und Rich. Das Spitzenfeld kann ich nur noch an den schemenhaften Segelumrissen südlich von mir erkennen. Sie laufen sichtlich mehr Höhe, klar, sie haben alle ihre hydraulisch gesteuerten Kiele schon ausgependelt, die passenden Ballasttanks gefüllt und somit auch mehr Segelfläche als meine NAUTICSPORT KAPSCH.

Neptuns Einstiegstest

Entkräftet, triefend nass und mit schmerzenden Gliedern kauere ich zwischen Notcontainern und der „Mehrzweckliege" verkeilt auf dem salznassen, ölverschmierten Boden des Navigationskompartments. Wir Skipper nennen diesen Teilbereich unserer Open 60 passender „Überlebenszelle", denn auf diesen etwa sechs Quadratmetern befindet sich alles, was man zum Überleben braucht. Lediglich die beiden Rettungsinseln und einige Seenotbojen sind aus strategischen Gründen an Deck und in anderen Kompartments verstaut. Mir geht es schlichtweg hundeelend, ich bin durchnässt, seekrank und meine Psyche fährt Achterbahn. Zum einen überwiegt das euphorische Gefühl, es zum zweiten Mal geschafft zu haben, nun nach 2004 wiederum bei einer Vendée Globe unterwegs zu sein und neuerlich die Chance zu haben, eines meiner größten Lebensziele zu verwirklichen. Andererseits aber spüre ich Unsicherheit, Einsamkeit und Nervosität in mir keimen. „Jetzt wäre es günstig!" – Ich kämpfe mich zur Backbordtüre, um mich zu übergeben. Vielleicht kann ich ja nicht nur die drückende Übelkeit, sondern auch einen Teil meiner Ängste und Sorgen in die Plicht speien, damit sie allesamt vom Seewasser des nächsten Brechers weggespült werden. Nun, zumindest einen Teilerfolg habe ich geschafft. Die Seekrankheit wird rasch besser, meine zerrissenen

Die NAUTICSPORT KAPSCH
im Nordatlantik

Die Servicehalle in Port Bourgenay wird aufgebaut (Doppelseite)
Die neuen Kieljoche werden gefertigt (rechte Seite, oben)
Die Vorschiffkonstruktion wird verstärkt (rechte Seite, unten)

Blick durch die Servicehalle (oben), Schwere Winterstürme hinterlassen Chaos (unten)
Das fluoreszierende Antifouling wird aufgetragen (rechte Seite)

Alte Lady in neuem Glanz (oben), Der 90°-Stabilitätstest (unten)

Die Skipper der Vendée Globe 2008/09 (oben), Überfüllte Steganlagen vor dem Start (unten)

Racevillage-Dach mit den Skipperporträts (oben), Die NAUTICSPORT KAPSCH wird getauft (unten links), „Ready to go" – da hat der Skipper gut lachen (unten rechts)

Gefühle aber bleiben, wühlen in mir und lassen mich in den nächsten Stunden noch so manchen seelischen Tiefpunkt durchleben.

Inzwischen ist es 17:30 Uhr, am Horizont kann ich noch einige Silhouetten anderer Open 60 erkennen, die mit mir zur Vendée Globe 2008 gestartet sind. So wie ich segeln sie hart am Wind, mit starker Krängung wühlen sie sich durch die vom Starkwind aufgepeitschte Biskaya. Ich schreibe hier bewusst Starkwind, denn auch wenn der Südwest in harten Böen bereits Sturmstärke erreicht, liegt die durchschnittliche Windstärke bei etwa 7 Bft. Nieselregen setzt ein, ich stehe wieder hinter dem Steuer und versuche, optimale Höhe zu segeln, aber die Windanzeige hat ihren Kalibrierungswert verloren und zeigt um etwa 90° nach Steuerbord versetzte Werte an. Inzwischen ist es stockdunkle Nacht. Durch den Niedergang beobachte ich den Kartenplotter. Der Kurs könnte besser sein, aber immerhin habe ich mir in der Zwischenzeit einiges an Seeraum erkämpft. Die Küste der Bretagne ist in sicherer Entfernung, und so übergebe ich das Ruder dem Autopiloten und verkrümle mich unter Deck.

Alles ist triefend nass, offensichtlich gibt es mehr undichte Stellen als befürchtet. Die Verbindung zwischen Deckskante und Deckshaus ist an beiden Seiten undicht, diverse Ausrüstungsgegenstände schwimmen im Bilgenwasser, das schmutzig an Steuerbord über die Bodenbretter schwappt. Ich habe immer noch ein flaues Gefühl in der Magengegend, mir ist kalt und meine Knie und Finger schmerzen. Auf dem Plotter beobachte ich die AIS-Anzeigen, die mir die Kennung, den Kurs und die Geschwindigkeit anderer Schiffe angeben. War ich etwas verärgert, als die Reglementänderung in Kraft trat, die uns dieses „Automatic Identifikation System" verpflichtend vorschrieb, bin ich jetzt sehr froh darüber, ein solches Gerät an Bord zu haben. Es schafft Sicherheit, und das ist genau das, was ich gerade brauche. Irgendein motivierendes Erlebnis, irgendeinen Umstand, den ich positiv bewerten und daraus wieder mentale Kraft schöpfen kann.

Das schrille Alarmsignal des Autopiloten reißt mich aus meinen düsteren Gedanken. Kursalarm, eine harte Bö hat die NAUTICSPORT KAPSCH aufschießen lassen. Das Vorsegel knattert wie ein Maschinengewehr in der Sturmbö, während das Großsegel wilde Schleifen schlägt. Gerade als ich mich ins Cockpit kämpfe, geht die Jacht durch den Wind. Gleichzeitig ertönt eine Mischung aus Scheppern, Rumpeln und Knirschen. Lautstark fluchend erreiche ich das Steuerrad und versuche, die Jacht wieder auf Kurs zu bringen, aber auch der volle Rudereinschlag bewirkt nichts. Nach einigen Nachdenksekunden erkenne ich meinen Fehler. Natürlich, erst einmal die Großschot fieren! Kaum gebe ich lose in die Großschot, beginnt sich die NAUTICSPORT KAPSCH wieder aufzurichten. Ich fahre eine schlampige Wende, gehe zurück auf den alten Kurs und nehme das Großsegel wieder dicht. Mit eingeschalteter Stirnlampe kontrolliere ich die Segelstellung, reffe noch die GE2 und flüchte vor der fliegenden Gischt und einer hart einfallenden Regenbö wieder unter Deck.

Glück im Unglück

Bizarres Dämmerlicht beendet die erste Nacht auf See, eine Nacht, in der Neptun gleich zum Einstand der sechsten Vendée Globe seine Muskeln richtig hat spielen lassen. Die Geschehnisse der vergangenen Stunden sprechen für sich. Zahlreiche Teilnehmer mussten die Regatta unterbrechen oder umkehren und zurück nach Les Sables d'Olonne segeln, um ihre Jachten zu reparieren. GROUPE BEL mit Skipper Kito De Pavant erwischte es ganz schlimm, sein Open 60 wurde entmastet. Für ihn ist die Vendée Globe somit schon nach wenigen Stunden definitiv vorbei. Aber auch die NAUTICSPORT KAPSCH ist nicht ohne nachhaltige Schäden davongekommen. Während ich stundenlang gegen den harten, kurzen Seegang gekämpft habe, wurde die Jacht mehrmals brutal von steilen Brechern abgestoppt oder abrupt zur Seite geworfen. Dabei muss der Druck auf das Rigg, vor allem aber auf das Kielkompartment enorm gewesen sein. Während ich im Rigg beim laufenden Gut zahlreiche Scheuerstellen und gelockerte Bolzen finde, müssen die Schläge für den Kiel so stark gewesen sein, dass sich die beiden Schottwände, an denen die Kielkopfführung abgestützt ist, verzogen haben. Die nunmehr etwa 5 Millimeter Luft in der Konstruktion quittiert der Kielkopf mit dumpfen Schlägen gegen die beiden Aluminiumträger. Das ist also die Ursache für die harten, metallen klingenden Erschütterungen, die mich vor allem in der Nacht erschaudern ließen. Ich fühle, wie sich mein Magen verkrampft, und meine Gedanken rasen. Wenn schon nach wenigen Meilen der beinahe wichtigste Bauteil Schäden aufweist, wie soll das nur weitergehen? Dennoch, ich hatte Glück im Unglück. Wegen der schlechten Steuereigenschaften des Autopiloten – es fehlt eben einfach noch die Feinabstimmung – und der ungenauen Windanzeige hatte ich den Kiel sicherheitshalber nicht ausgependelt. Der Kielkopf stand also seit dem Start ziemlich mittschiffs. Ich wollte im Fall eines Aufschießers oder gar einer ungewollten Wende nicht auch noch den Kiel und somit den Ballast auf der falschen Seite haben. Deshalb wurde die Kielkopfführung erst einmal nur genau in der Mitte gedehnt. Jetzt, wo ich den Kiel ausgependelt fahre, sitzt die Kielkopfführung wieder passgenau und stabilisiert die „Achillesferse" aller Open 60. Mit dem Pendelkiel verbindet uns Skipper eine wahre Hassliebe. So effizient es auch ist, das aufrichtende Moment dieses durchschnittlich drei Tonnen schweren „Monstrums" auszunutzen, so anfällig ist diese technische Lösung auch. Leider sind die Pendelkiele oder Kantingkiele, wie sie auch genannt werden, sehr oft der Grund für das Ausscheiden von Jachten. Die Lastspitzen, die durch Seegang und hohe Geschwindigkeiten in den Surfphasen entstehen, lassen sich nur annähernd kalkulieren. Deshalb treten laufend schwere Kielbeschädigungen auf, Ballastbomben gehen verloren, Kielfinnen oder Kielköpfe brechen und die Systeme zum Bewegen des Kieles versagen. Zudem sind schwere Kielbeschädigungen auch bei nahezu allen Kollisionen mit Meeressäugern oder Treibgut unausweichlich.

Meine Kielkonstruktion hat also mit einem tiefblauen Auge überlebt. Beinahe spüre ich meine innere Vorahnung bestätigt, die mir sagt: Es wird ein sehr harter, langer und mitunter sicherlich auch gefährlicher Kampf werden. Wahrscheinlich wird es Situationen geben, wo ich nicht sofort einen Ausweg sehe, doch in solchen Momenten muss man einfach unbeirrt an seinen Zielen festhalten. Das Leben hat mich gelehrt, aus Niederlagen zu lernen, an mich selbst zu glauben und vor allem immer, egal wie dick es auch kommen mag, positiv zu denken. Natürlich weiß ich aus leidvoller Erfahrung, dass man mit dieser Strategie nicht alle Schwierigkeiten überwinden kann. Es gibt auch den Moment, wo die Mauern oder Gräben, die den Weg versperren, unüberwindbar sind. Vor fast auf den Tag genau vier Jahren hat mir das Leben gezeigt, dass ich eine meiner wichtigsten „Ziellinien" auf direktem Weg nicht erreichen kann. Mit dem Bruch des Kieljoches an Bord meiner AUSTRIA ONE hatte mir das Schicksal unmissverständlich zu verstehen gegeben, dass die Vendée Globe 2004 für mich vorbei war. Somit war ich aufgefordert, aus dieser sehr, sehr harten Niederlage zu lernen, einen neuen Weg für mein Lebensziel zu suchen. Und das habe ich dann getan, bin abermals bei einer Vendée Globe unterwegs und auf dem besten Weg, mein Lebensziel, eben vier Jahre später, zu erreichen. An uns liegt es also, stark zu sein, weiterzukämpfen und nach Lösungen zu suchen. Nur wer seine Aktivität behält, nur wer seine Ziele nicht aus den Augen verliert, auch dazu bereit ist, seine Strategien zu ändern, seine Fehler einzusehen und daraus zu lernen, wird seine selbst gesteckten Ziellinien auch erreichen.

Die Strategie

Oberstes Ziel bei einer Vendée Globe-Teilnahme muss es sein, die Regatta zu beenden. Dies entspricht nicht nur dem Geist der Gründer, sondern auch dem aller mir bekannten Skipper. Sie alle sehen im erfolgreichen Abschluss dieser mit Abstand schwierigsten Hochseeregatta ihren persönlichen Sieg. Zudem aber zählt die Vendée Globe auch mit Abstand am meisten Punkte in der IMOCA Champion Race-Serie. Wenn man also bei der Vendée Globe nicht teilnimmt oder eben das Ziel nicht erreicht, ist ein vorderer Platz in der IMOCA Open 60-Jahreswertung unmöglich. Meine Strategie für dieses Rennen war es deshalb, die Regatta gemäßigt zu beginnen. Wir hatten nur die notwendigsten Probeschläge gemacht, um Decklayout, Rigg, Segelgarderobe und Navigationselektronik zu testen. Manche neuen Ausrüstungsteile, zum Beispiel die Leichtwindsegel, kamen deshalb noch gar nicht zum Einsatz, liegen jungfräulich im Vorschiff und warten auf ihre Premiere. Die Navigationselektronik wie Autopilot oder Windmessanlage sind konfiguriert, doch die Feinabstimmung der Geräte muss ich jetzt noch durchführen. Der Start und die erste Nacht auf See hatten gezeigt, wie gefährlich es ist, bei sehr harten Verhältnissen voll loszulegen. Da ich also keinesfalls zu denen gehören wollte, die das Rennen vorzeitig beenden, hielt ich meine Regattaambitionen im Zaum. Ich musste mich erst richtig einleben und mit den Details an Bord vertraut werden. Wieder ein Gefühl dafür entwickeln, wann und wo ich mich festzuhalten habe, wie ich am besten diverse Manöver durchführe, welche Mastkrümmung die optimale ist und wie stark die neuen Backstagen knirschen müssen, um ausreichend gespannt zu sein. Einfach gesagt, ich musste erst noch Vertrauen zu meiner Umgebung und Ausrüstung bekommen, bevor ich mich noch weiter an die Grenzen wagte. Denn auch wir Profisegler befinden uns nicht 365 Tage im Jahr an Bord einer Rennjacht, jagen über die Ozeane und machen nichts anderes, als die Eigenschaften unseres Materials auszuloten. Genau betrachtet, verbringen wir die wenigste Zeit voll austrainiert auf der Jagd über die Weltmeere. Viel mehr Zeit verbringen wir mit völlig anderen Tätigkeiten. Somit ist auch unser Körper vor jedem Rennen etwas entwöhnt, muss sich erst wieder an die spezifischen Belastungen anpassen, und auch unser Geist braucht seine Zeit, um sich einzuschwingen. Nur so ist man in der Lage, die gefährlichen Situationen an Bord rasch und richtig einzuschätzen und das Material optimal einzusetzen. Die Tatsache meiner sehr geringen praktischen Vorbereitung ist ebenfalls rasch erklärt: Sie war gewollt, denn jede gesegelte Meile bedeutet Materialverschleiß. Wenn man also, so wie ich, ein sehr kleines Budget hat, ist man froh, die Ausrüstung überhaupt finanzieren zu können. In keinem Fall möchte man schon vor einem derart langen und anspruchsvollen Rennen wie der Vendée Globe Materialausfälle riskieren, da aus Kostengründen wichtige Teile, etwa ein Großsegel, einfach kein zweites Mal gekauft werden könnten. Zudem hat die Vendée Globe eine Gesamtdistanz, bei der einige schwächere Tage, an denen die letzten Abstimmungen vorgenommen werden, nicht ins Gewicht fallen. Was ich wollte, war ganz einfach, ein erfolgreiches, sympathisches Rennen mit den Mitteln umsetzen, die mir zur Verfügung standen. Endlich auch einmal im deutschsprachigen Raum Interesse für dieses unbeschreibliche Abenteuer, eines der letzten wirklich großen für Mensch und Maschine, zu wecken. Und das ist mir, im Nachhinein betrachtet, auch gelungen!

Seewasser unter Deck

Wasser, Wasser, Wasser. Aber nicht nur rund um meine kleine stampfende und krängende Welt, sondern auch im Inneren der NAUTICSPORT KAPSCH plätschert Seewasser in den Bilgen, tropft es von Decksstringern oder sickert es an mehreren Ecken durch die Deckshausfenster. Im Vorschiff, im Kielkompartment und auch im Achterschiff habe ich die Leckstellen rasch lokalisiert. Auch die kleinen Haarrisse im Deckshaus kann ich ausmachen und sofort mit Klebeband provisorisch abdichten. Lediglich das Deck im Navigationsbereich, vor allem hinter dem Navigationstisch, gibt mir, wie schon vor dem Start, Rätsel auf. So sehr ich mich auch bemühe, ich kann an Deck keine undichten Stellen erkennen. Dennoch tropft es von der Decke, über die Elektropaneele sickert Seewasser, die Tankwände sind nass, und auch die Rückseite der wasserdichten Bord-PCs schimmert nass. Zum Glück gibt es Menschen wie Herrn Engelbrecht, denke ich, während ich die Steckkontakte zu den PCs auf ihre Dichtheit überprüfe. Spontan hatte sich der Maschinenbauer aus Karlsruhe auf Siegfrieds Anregung bereit erklärt, zwei spezielle, völlig wasserdichte und stromsparende Rechner für mich zu bauen. Jetzt, nach 20 harten Stunden in der Biskaya, wo das Leckwasser von den Ablagen tropft, bin ich unsagbar glücklich darüber, diese PCs an Bord zu haben. Ich verschicke meinen ersten Tagesbericht, die ersten Fotos und teste den Videolivestream. Alles funktioniert wie geschmiert, sofern man von den gelegentlichen Fehlfunktionen infolge meiner falschen Bedienung absieht. „Der größte Fehler sitzt vor der Tastatur", höre ich Siegfried sagen. Wie recht er doch hat!

Am vierten Fahrtag peile ich Lissabon in etwa 110 Seemeilen querab an Backbord. Das Wetter hat sich gemäßigt, ist wechselhaft und bietet mir die Möglichkeit, etwas auszuruhen. Ich habe starke Schmerzen im linken Knie. Vielleicht ist es meine Krampfader oder es sind überlastete Bänder. Ich versuche, mich abzulenken, beginne aufzuräumen und überdenke dabei meinen Stromhaushalt. Entweder mein Verbrauch ist zu hoch oder das Ladesystem defekt. Seit dem Auslaufen muss ich viel zu oft den Motor starten. Klar, bei den wenigen Sonnenstunden bin ich auf die Maschine angewiesen, aber trotzdem stimmt da irgendetwas nicht! Am frühen Nachmittag werde ich fündig. Der Keilriemen an der Lichtmaschine rutscht lautlos vor sich hin. Somit lädt diese nur einen Bruchteil ihrer Leistung. Zwanzig Minuten später habe ich zwar ölverschmierte, schwarze Finger, aber der Motor läuft wieder, und nun wandert auch die Bordspannung schon nach wenigen Minuten nach oben. 13,2 Volt, 13,4 Volt, 14,0 Volt. Jawohl, genau so soll es sein. Ich stoppe den Motor. Kaum verstummt das nervende Rumpeln und Rattern, vernehme ich wieder eines meiner Lieblingsgeräusche an Bord: das sanfte Rauschen des am Rumpf vorbeiströmenden Wassers. 4 Bft aus NE, also raumer Wind, mäßiger Seegang, Vollzeug und tolle Musik aus dem iPod. Endlich, zum ersten Mal seit der Abfahrt, bin ich entspannt und zufrieden. Rich segelt 170 Meilen vor mir, aber inzwischen sind bereits vier Jachten ausgeschieden.

Autopilot steuert, Atlantik spurt, schreibe ich übermütig ins Logbuch. Tags darauf: Der Wassermacher läuft, die Solarzellen pullern – ich verpasse mir die erste Körperpflege, freue mich schon auf die warmen Breiten, bin über eine Stunde im „Büro" und trinke köstlichen Tee. Der Wassermacher ist tatsächlich eine große Verbesserung des Bordklimas, wenngleich er nach einigen Litern plötzlich kein Frischwasser mehr liefert. Ich beginne mit der Fehlersuche, studiere die Service- und Reparaturanleitung, zerlege das Gerät bis ins Detail und baue es wieder zusammen. Der einzige defekte Bauteil, den ich finden kann, ist ein verriebener Bolzen am Pumpengehäuse. Beim Versuch, ihn mit Gewalt wieder festzudrehen, reißt er ab. So, jetzt ist das Maß aber voll. Natürlich weiß ich, dass man Bolzen nicht einfach mit Gewalt festzieht. Ich spüre den Zorn in mir aufsteigen, will lostoben, aber da besinne ich mich und unterdrücke meinen Wutausbruch. Der Kopf kühlt wieder ab, kleinlaut beginne ich, den abgerissenen Bolzen auszubohren und die Gewinde nachzuschneiden. Glücklicherweise hat mir Harald einen passenden Ersatzbolzen eingepackt, und so kann ich die Pumpe wieder verschrauben und den

Wassermacher montieren. Leider hat sich durch meine Fehlersuche keine Besserung ergeben. Immer noch kommen nur sporadisch einige Tropfen Frischwasser aus der Membran. Genervt lehne ich mich gegen die Segeltuchpritsche im Kielraum, da fällt mein Blick auf den Seewasserfilter. Auf den ersten Blick ist er voll, aber was, wenn der Filterkopf …? Ich drehe den Filterkopf um 180 Grad und siehe da, jetzt fehlen am oberen Ende des Schauglases etwa 3 Zentimeter des Wasserniveaus, und der Wassermacher verändert sofort den Arbeitston. Er bekommt nun hörbar ausreichend Seewasser, denn schon nach einigen Pumpenhüben sprudelt wieder Frischwasser aus dem Membranausgang. Augenblicklich bin ich wieder guter Laune, fixiere den Seewasserfilter, der nunmehr auf dem Kopf steht, aber dafür funktioniert, und klettere in die Navi. Dort erwartet mich ein Chaos aus Werkzeugen und Ersatzteilen, aber ich bin angesichts der erfolgreichen Reparatur bester Laune und beginne, zur Musik der Ärzte aufzuräumen. „Lass die Leute reden und" – … autsch! Die NAUTICSPORT KAPSCH holt weit über, ich knalle mit dem Kopf gegen den Gaskocher. Im Hochgefühl habe ich beinahe vergessen, dass ich mit mehr als 10 Knoten über den Nordatlantik segle. Bis ich endlich wieder alles verstaut habe, ist es bereits dunkel. Ich ziehe noch ein Fleece unter das Ölzeug und klettere ins Cockpit. Vollmond, Sterne, ein ruhiger Atlantik, und der sanfte Nordwind schiebt die NAUTICSPORT KAPSCH nach SSE. Ich übernehme das Ruder, genieße es, den leichten Druck der angeströmten Ruderblätter in meinen Händen zu spüren und den im Mondlicht schimmernden Ozean zu beobachten. Gegen Mitternacht bekomme ich klamme Beine, und ein leichtes Hungergefühl macht sich bemerkbar. Der Nordwind ist noch etwas flauer geworden. Ich übergebe an den Autopiloten, mache noch eine tolle Videoaufnahme des geheimnisvollen Vollmondszenarios und gehe danach unter Deck. Wie sehr habe ich mich danach gesehnt, endlich wieder auf meiner Navigationspritsche zu liegen, das leise Summen des Autopiloten zu hören, in die Sterne zu blicken und vom sanften Wiegen des Ozeans in den Schlaf geschaukelt zu werden! Piep – piep – piep – schon wieder sind 15 Minuten vorbei, der Weckmodus kennt keine Gnade. Also aufstehen, hinausspähen, Wolken, Wind und Seegang beobachten, Barometer und Radar kontrollieren, und schon rolle ich mich wieder auf meiner Liege zusammen, drücke mein Hinterteil gegen den Navitisch und schließe die Augen. Hoffentlich kommt mir kein Treibgut in die Quere, denke ich, während ich wieder einnicke.

Vorgeschmack auf die Westwindzone

Samstag, 15. 11. 2008. Mit dem Sonnenaufgang kommt auch wieder der Wind. 4 Bft aus NE, also raum und gerade ausreichend. Der Vormittag vergeht mit Routinearbeiten wie Wassermachen, kleiner Körperpflege, E-Mails abrufen und aufräumen. Apropos kleine Körperpflege. Bei der kleinen Körperpflege, die ich täglich zumindest zwei Mal mache, werden die Zähne geputzt, Gesicht und Hände werden gewaschen und eingecremt. Bei großer Körperpflege rasiere ich mich zusätzlich, säubere die Ohren und kontrolliere Finger und Zehen sowie Fußsohlen. Es ist sehr unangenehm und auch gefährlich, wenn Fingernägel abgesplittert sind, Zehennägel einwachsen oder die Fußsohlen sich bei kleinen Verletzungen, zum Beispiel Abschürfungen, entzünden. Meine Haare werde ich wohl etwas stiefmütterlich behandeln müssen, denn ich habe jegliche Frisierutensilien wie Kamm oder Bürste ebenso wie meine Bordschuhe in Les Sables d'Olonne vergessen. Aktuell sind meine Haare ja nur fünf Millimeter lang, doch in einigen Wochen werde ich mir etwas ausdenken müssen, um meinen ergrauten Kopfschmuck zu bändigen.

Gegen 16:00 Uhr brist es merklich auf. Ich bin vor die Wahl gestellt, zu reffen oder einfach selbst Ruder zu gehen. Da ich mit den Bordarbeiten soweit fertig bin, stecke ich mir noch zwei Müsliriegel in die Ölzeugtasche und stelle mich ans Ruder. Einfach toll, wie meine NAUTICSPORT KAPSCII dahinsurft. Das Log pendelt zwischen 12 und 19 Knoten, Delphine kommen zu Besuch, begleiten uns ein Stück des Weges, spielen mit dem Jachtrumpf und verschwinden wieder in den endlosen Weiten des Atlantiks. Am späteren Nachmittag brechen zwei Blöcke in der Lazy-Bag-Konstruktion. Leider sind es ausgerechnet jene, die an der Saling die Justierleinen für das Bag an Deck umlenken. Nun, die Leinen sind sehr leistungsstark, und bei nächster Gelegenheit werde ich die Rollen austauschen.

Mit dem Sonnenuntergang brist es weiter auf. In den Böen erreicht der NE bereits satte 7 Bft. Ich habe etwas eingerefft und bin vom Segel-, genauer gesagt vom Surfverhalten meiner alten Lady einfach begeistert. Somit steuere ich Stunde um Stunde über einen lebhaften, von Sternen beschienenen Atlantik. Zweimal springe ich rasch unter Deck, um etwas zu trinken und zu essen. Noch ehe ich's mich versehe, bekommt der Ozean wieder Konturen. Im Osten zeigt sich erstes Dämmerlicht, lässt die Sterne verblassen, aber dafür die Wolkenumrisse sichtbar werden. Meine Augen brennen vom Salzwasser und von zu wenig Schlaf, meine Finger und Knie schmerzen, aber ich bin rundum glücklich, diese Szenarien wieder erleben zu dürfen; inmitten unbändiger Natur dahinzubrausen, eine breite Gischtwalze im Kielwasser zurücklassend, die sich rasch im lebhaften, auflaufenden Seegang verliert. 22,3, 22,6 Knoten. Grellweiße Gischt schießt über den Bug, findet ihren Weg über Deck und verwendet das Deckshaus als Sprungschanze. Ich kann gerade noch abtauchen, bevor sich die Gischt mit Getöse ins Cockpit ergießt. Ich tauche wieder auf, wische mir übers Gesicht, die nächste Surfphase beginnt, das Heck wird angehoben, die Bö greift in die Segel, los geht's!

Ich bekomme die aktuellen Positionsmeldungen der Mitbewerber. Na bitte, 80 Meilen habe ich auf Rich aufgeholt. Also Logbuch schreiben, Müslifrühstück und wieder ans Ruder, um die günstige Wetterlage auszunützen.

Der Kurzzeitgennaker

Inzwischen steuere ich bereits mehr als 40 Stunden, bis zur Nordseite der Kanareninsel La Palma fehlen mir nur noch 45 Seemeilen, aber der Wind hat stark abgenommen. Nur noch 3 Bft aus NE, und so entscheide ich mich, die Inselgruppe zwischen La Palma, La Gomera und El Hierro zu durchsegeln. In den frühen Morgenstunden peile ich La Palma querab an Steuerbord. Ich freue mich, wieder einmal da zu sein. Zwar kann ich während der Vendée Globe nicht fischen, um eine schimmernde Golddorade oder einen schmackhaften Yellowfin aus diesen fischreichen Gewässern anzulanden, aber allein die

Tatsache, hier zu sein, beflügelt mich. Ich versuche, Ilse anzurufen. Sie ist Österreicherin, lebt aber seit vielen Jahren im Südwesten Gran Canarias. Leider kann ich keine Verbindung bekommen.

Der NE wird immer flauer, 1–2 Bft raum sind für meine Genua 1 einfach zu wenig. Ich setze den neuen Gennaker. Kaum ziehe ich den Bergeschlauch nach oben, entfaltet sich leise raschelnd das imposante weiß-blau gestreifte Leichtwindsegel. Die NAUTICSPORT KAPSCH bekommt wieder etwas Leben, nimmt merklich an Fahrt zu und segelt sanft über die immer flacher werdende Dünung. Ich gehe unter Deck, schreibe das Logbuch und studiere die Wetterkarte. Leider liegt im Süden der Kanaren gerade ein ausgedehntes Flautengebiet. Entsprechend bescheiden sind die Windstärken. Die Inselgruppe jedoch weit im Westen zu umsegeln, kostet ebenso Zeit, und deshalb entscheide ich mich, die zu erwartenden Leichtwindtage optimal zu nutzen und zugleich ein bisschen zu regenerieren. Die ersten 8 Renntage waren durchaus anspruchsvoll und haben ihre Spuren hinterlassen. Jetzt, wo auch das Klima mild und angenehm ist, muss ich wieder psychische und physische Kräfte sammeln. Die psychischen erst einmal für die Doldrums rund um den Äquator, die physischen, um für die südlichen Ozeane gerüstet zu sein.

Knapp eine Stunde später stehe ich wieder an Deck, beobachte den friedlichen Atlantik und meinen herrlichen Gennaker. Das Segel erzeugt nicht nur viel Vortrieb, es ist auch sehr schön anzusehen. Meine Blicke wandern zum Masttopp, ich überlege, ob ich den Trimm noch optimieren könnte, da erspähe ich entlang der untersten Naht im Segelkopf einen Schlitz. Nicht sehr lang, ich schätze ihn auf 30, maximal 50 Zentimeter. Moment, der Schlitz wird ja stetig länger: Ich muss das Segel bergen, fährt es mir durch den Kopf, doch noch während ich wie gelähmt dastehe und hinauf starre, hat der Riss bereits zu beiden Seiten die Lieken erreicht. Das darf doch nicht wahr sein! Nach nur einer Stunde und bei so friedlichen Verhältnissen – ratsch! So, als würden sich zwei Reißverschlüsse öffnen, bewegt sich der Riss nun entlang des Vor- und Achterlieks nach unten. Das Segeltuch klappt wie eine riesige blau-weiß gestreifte Zunge zwischen den Lieken nach Lee. Was übrig bleibt, ist ein Segelgerüst, durch das ich das Südhuk von La Palma ausmachen kann. Alle möglichen Gedanken jagen mir durch den Kopf, von Resignation bis Mordlust ist so ziemlich alles dabei, aber bevor ich diese Gefühlsspitzen auslebe, sollte ich wohl in aller Ruhe den völlig zerstörten Gennaker bergen. Ich ziehe den Bergeschlauch an Deck. Ist doch noch nie so leicht gegangen, versuche ich mich aufzuheitern. Die Arbeit tut gut. Als ich das Segel wieder unter Deck gestaut und die Genua 1 gesetzt habe, ist auch der Großteil meiner bösen Gedanken verraucht. Ich versuche, mich auf die nun notwendigen Arbeiten zu konzentrieren, die da lauten: Zerrissenen Gennaker umpacken und den alten, doch völlig intakten Ersatzgennaker in den Bergeschlauch einfädeln. Während ich mich unter Deck durch Hunderte Quadratmeter Segelstoff wühle, entfährt mir zwar so mancher Fluch, doch grundsätzlich bin ich wieder guter Dinge. Ich hoffe nur, dass der alte, aus Nylontuch gefertigte Gennaker bis zum Schluss durchhält.

Fliegende Fische

10. Fahrtag. In den frühen Morgenstunden sichte ich ein imposantes Kreuzfahrtschiff auf Kurs nach Südamerika. Ich habe gerade meine „Gute-Laune-Tasse", ein Geschenk von Marion, mit herrlich knusprigem Schokolademüsli gefüllt. Jetzt, wo die Lichter des Ozeanriesen nahezu querab an Steuerbord herüberstrahlen und sich gleichzeitig an Backbord das erste Morgenrot zeigt, frage ich mich, wem es wohl gerade besser geht: Den friedlich schlummernden Passagieren oder den diensthabenden Offizieren an Bord des Liners oder mir, dem abenteuerlichen Segler, der mit feuchten Fingern und in klammes Ölzeug eingepackt sein knuspriges Schokomüsli löffelt? Ich vertage die Entscheidung, mampfe gutgelaunt vor mich hin und lasse meine Blicke über das Deck meiner NAUTICSPORT KAPSCH schweifen. Dabei hoffe ich, zumindest einen gestrandeten fliegenden Fisch zu erspähen. Aber immer noch nichts. Für mich haben fliegende Fische eine große Faszination. Ich kann ihnen stundenlang zusehen, wenn sie sich teils ungeschickt, teils graziös oder einfach kräftig aus dem Ozean katapultieren, um danach ihrem Fluchtinstinkt folgend weite Strecken knapp über der Wasseroberfläche zurückzulegen. Dabei nutzen

sie auch zumeist geschickt die Seegangsverhältnisse, um möglichst lange Flüge zu vollbringen. Beim Landen unterscheiden sie sich abermals, doch nur mehr in zwei Gruppen. Nämlich in die Geschickten, die nahezu unmerklich wieder eintauchen, und in die Bruchpiloten, die sich teilweise völlig konfus, mit einigen Aufsetzern, spritzend und platschend wieder in ihr Element wühlen.

Es wird der erste typische Segeltag im Passat. Der Wind wandert zwischen NNE und ENE, lässt tagsüber etwas nach, um abends bei Sonnenuntergang wieder aufzufrischen und im Laufe der Nacht wieder abzuflauen. Gegen 22:00 Uhr, ich stehe am Ruder und freue mich über das Meeresleuchten, ist es so weit. Mit einem deutlich hörbaren Knall prallt der erste fliegende Fisch gegen das Großsegel und landet danach neben mir im Cockpit, wo er vor sich hinzappelt. Ich knipse meine Stirnlampe an, um den potenten Selbstmörder auszumachen, da attackiert mich einer seiner Artgenossen. Er springt mir mit solcher Wucht gegen die Brust, dass die Schuppen spritzen. Ich weiche erschrocken zurück, spüre etwas Glitschig-Weiches unter meinem linken Fuß, möchte ihn zur Seite heben und verliere dabei das Gleichgewicht. Während meine Stirnlampe ihren Lichtkegel über die Segel tanzen lässt, lande ich auf dem Allerwertesten. Sofort kämpfe ich mich wieder hoch, greife nach dem Steuerrad, um das Boot wieder sauber auf Kurs zu bringen, da kommt eine wahre Welle von Kamikazefischen. Einige landen ebenfalls im Cockpit, andere höre ich über das Achterschiff platschen. Ich aktiviere den Autopiloten, schalte die Stirnlampe aus und weiche vor der ziemlich streng riechenden Übermacht. In der Steuerbordkuhle, unmittelbar am Niedergang sitzend, beobachte ich noch lange das faszinierende Meeresleuchten. In unregelmäßigen Abständen prallen nach wie vor „Tiefflieger" an Deck, purzeln ins Cockpit, verklemmen sich unter dem laufenden Gut oder platschen über die Deckkante wieder ins Wasser.

Passatpannen

Das Wetter bleibt angenehm und gleichmäßig. Die Meilen ticken. Am 12. Fahrtag peile ich die östlichen Kapverdeninseln Sal, Boavista und

Maio querab an Steuerbord. Während mich tagsüber ein Heer weißer Passatwolken begleitet, weisen mir nachts Tausende Sterne den Weg. Allmählich erkenne ich wieder zahlreiche Sternbilder, freue mich darüber und fühle, dass sich mein Lebensrhythmus an das Bordleben angepasst hat. Ich verspüre eine innere Ruhe, Sicherheit im Umgang mit Fallen und Schoten, beobachte aus den Augenwinkeln den Segeltrimm und werde selbst auf die zartesten Vibrationen im Rigg oder an den Achterlieken der Segel aufmerksam. Allesamt eindeutige Zeichen, dass sich mein Körper, mein Geist und meine Sinne wieder an das Leben auf See gewöhnt haben. Lediglich an die zahlreich auftretenden kleinen und mitunter auch großen Pannen will ich mich nicht gewöhnen. Egal, ob es lockere Schrauben in den Lattentaschen des Großsegels oder in der Sitzplatte des Ruderquadranten sind, egal, ob der Autopilot aus unerklärlichen Gründen Fehlermeldungen anzeigt oder die Scharniere des Steuerbordniederganges blockieren: Jedes technische Problem, ist es auch noch so klein, versetzt mir einen Schlag in die Magengrube. Zu gut habe ich noch mein Ausscheiden bei der Vendée Globe 2004 vor Augen. Damals war es ein Paukenschlag, ein plötzlicher, mit Bordmitteln nicht reparabler Materialschaden an der Kielaufhängung. Doch auch harmlos beginnende Pannen können mit Fortdauer des Rennens beträchtliche Probleme verursachen oder im schlimmsten Fall auch das Aus bedeuten.

Noch 800 Meilen bis zum Äquator. „Think positive", schreibe ich mir mit fetten Buchstaben ins Logbuch, nachdem zusätzlich zu meinem Inmarsat-Mini-M nun auch das Inmarsat-B ausfällt. Somit ist meine leistungsfähigste Kommunikationsverbindung an Bord unterbrochen. Offensichtlich liegt es an der Konfigurierung zwischen Satellit, Modem und Antenne. Mein Problem ist aber, dass es für dieses mehr als 20 Jahre alte System weder Handbuch noch technischen Support gibt. Somit muss ich mich also durch alle Menüpunkte surfen und versuchen, die Abstimmung der einzelnen Komponenten manuell vorzunehmen. Eine wahre Sisyphusarbeit, wenn man, so wie ich, keinerlei Anhaltspunkte für die Vorgangsweise hat. Wenigstens der Inmarsat-C-Terminal sowie das Iridium-Telefon arbeiten fehlerfrei, und auch das schöne, ruhige Passatwetter bleibt mir treu. NE 2–4 Bft, Sonnenschein, sternenklare Nächte, Meeresleuchten.

Am 14. Fahrtag sichte ich den ersten Gewitterturm. Die ITC lässt grüßen, entwickelt sich für mich aber sehr günstig, und wenn mir der Wettergott nicht im letzten Moment ein Schnippchen schlägt, sollte es ein nahezu stufenloser Übergang in das südliche Wettersystem werden.

Faszinierende Doldrums – hallo, Äquator!

Die Tagesetmale werden kleiner, aber die ersten 3000 Meilen über Grund sind abgesegelt – erst etwa 10 Prozent der Gesamtdistanz, durchfährt es mich. Ich suche mir sofort ein positiveres Zahlenspiel und werde fündig. In 3 Tagen werde ich die erste Äquatorparty feiern. So, jetzt fühle ich mich wieder besser und beginne, um die Tendenz beizubehalten, mit großer Körperpflege. Die Bartstoppel müssen weichen, eine Kübeldusche lockert die hartnäckigsten Salzkrusten, und zahlreiche Wattestäbchen sorgen für ungewohnten Hörkomfort. Zudem dufte ich wie ein Kosmetikkoffer. Die NAUTICSPORT KAPSCH segelt unter Autopilot einen sauberen Kurs, und so schicke ich mich an, meine Kletterausrüstung für das Aufentern in den Mast vorzubereiten. Als ich alle Einzelteile in richtiger Reihenfolge auf die eigens dafür geriggte Vektranleine aufgefädelt habe, schnalle ich mir Bootsmannstuhl und Lifebelt an, um einige Testmeter zu klettern. Bei weit über 30 Grad im Schatten ist das eine schweißtreibende Arbeit, und da ich meine erst kürzlich erworbene Duftnote nicht sofort wieder mit strengem Schweißgeruch übertönen möchte, beurteile ich das kurze Kletterexperiment als erfolgreich und staue die Utensilien wieder unter Deck.

16. Fahrtag, die ITC hat mich fest im Griff. Mächtige Schauerzellen sorgen für sintflutartigen Regen, aber die Windverhältnisse bleiben annehmbar. Natürlich wechseln Stärke und Richtung mit jedem Zellendurchzug, aber es sind keine Sturmböen dabei, und so kann ich die kurzzeitigen Veränderungen einfach aussegeln. Die Schwüle aber droht mich zu erdrücken, die Sonne brennt wie Feuer auf der Haut, und an allen Ecken und Enden unter Deck bilden sich Schimmelpilze. Völlig ausgelaugt versuche ich nach wie vor, das Inmarsat-B

auf einen passenden Satelliten zu konfigurieren, und plötzlich, durch Zufall, werde ich fündig. Die Antenne beginnt wieder ein Netz aufzubauen, stimmt sich ab, und als ich einen Testanruf mache, höre ich das heißersehnte Freizeichen. Gleich danach meldet sich Siegfried. Er freut sich mit mir, dass der Datenhighway wieder läuft, hilft mir beim Leeren der Mailbox, und danach sende ich gleich einen weiteren Livestream von Bord.

Gegen 17:00 Uhr wird der Wind unregelmäßig und dreht langsam auf SSE. Konfuser Seegang setzt ein. Stundenlang bin ich an Deck und kämpfe um jede Meile. Erst lange nach Sonnenuntergang werden die Böen zu einem stetigen SSE mit 4–5 Bft. Am 27. 11. 2008 überquere ich um 02:26 UTC auf 024°58' westlicher Länge den Äquator von Nord nach Süd. Trotz der lebhaften Bootsbewegungen meiner hart am Wind segelnden NAUTICSPORT KAPSCH fühle ich mich einfach toll. „Danke an alle, die mir geholfen haben, wieder hier zu sein", schreibe ich ins Logbuch, dann öffne ich die kleine Rotweinflasche, die mir Anita für diesen Anlass eingepackt hat, und nehme einen kräftigen Schluck. Zusammen mit den Salzcrackern schmeckt er formidabel. Ich drehe noch ein kleines Video, danach verkeile ich mich auf der Navipritsche und schaue in die südlichen Sterne, auf die ich mich bereits seit vier Jahren freue!

Willkommen auf der Südhalbkugel

Wenige Stunden später hat Neptun schon die nächste Panne auf Lager. Diesmal ist sie aber hausgemacht, denn ich habe schlicht und einfach meinen Dieselverbrauch unterschätzt, den Tagestank nicht kontrolliert und die Treibstoffleitung leer gefahren. Folglich ist der Motor plötzlich abgestorben, und ich habe während des Nachtankens völlig hektisch durch Überdruck in der Tankbelüftung Diesel verschüttet, und das in der Motorraumbilge. Die aber ist zugleich auch die Navigationsbilge, und somit sitze ich wieder einmal in einer nach Diesel stinkenden und sehr glitschigen Aluhöhle. „Selber schuld", sage ich mir immer wieder laut vor, während ich den kleinen Hilfsgenerator ins Cockpit stelle und starte. Wenigstens der läuft ordentlich. So, nun, wo die Stromversorgung gesichert ist, kann ich mich an das Belüften der Treibstoffleitung machen. Eine sehr unangenehme Aufgabe, denn es ist noch dunkel und ich muss im Schein der Handlampe arbeiten. Mit jedem Mal, wo ich eine Entlüftungsschraube an Treibstofffiltern, Einspritzpumpe oder Düsenstöcken öffne und zugleich den Motor durchdrehe, spritzt, sobald die Luft entwichen ist, Diesel. Er läuft mir über die Hände, über den Motorblock und in die Bilge. Natürlich versuche ich, den Großteil des austretenden Treibstoffes sofort mit Reinigungspapier aufzuwischen, dies ist wegen der Dunkelheit und der abrupten Bootsbewegungen allerdings sehr schwierig. Endlich: Mit dem Morgengrauen macht der Motor seinen ersten Huster. Wie ein Bronchitispatient stottert er los, stirbt wieder ab, hämmert erneut los, ändert abrupt die Drehzahl und beginnt schließlich, nachdem auch die letzten Luftbläschen entwichen sind, wieder rund und sauber zu laufen. Ich spanne noch den Keilriemen der Seewasserpumpe, reinige, so gut es geht, den Motorblock und verstaue danach das Werkzeug. Die Sonne ist inzwischen aufgegangen, ich stoppe den Generator, setze mich ins Cockpit und beobachte das morgendliche Farbenspiel. Als ich wieder unter Deck gehe, empfängt mich intensiver Dieselgestank. Ich greife mir eine Flasche Allesreiniger und beginne, die Bilge zu säubern. Zuerst muss ich das mit Diesel vermischte Bilgenwasser auspumpen, danach den letzten Rest mit einem Schwamm aufsaugen und erst dann mit Reinigungsmittel nachwischen. Im Laufe des Vormittags verbessert sich die Luftqualität unter Deck, doch sollte mich die Mischung aus Zitrusduft und Dieselgestank noch tagelang begleiten.

Südatlantik

Nach dem übel riechenden Empfang verlaufen auch die ersten Tage im Südatlantik wie erwartet ungemütlich. Die NAUTICSPORT KAPSCH kämpft sich hart gegenan nach SSW. Ich versuche, so hoch wie möglich am Wind zu laufen. Drückende Hitze, Regenschauer, Gischt fliegt übers Deck und das Bilgenwasser steht in Lee bis über die Bodenbretter. Der Autopilot macht seine Sache recht gut, doch das böige Schauerwetter sorgt für reichlich Arbeit mit dem Segeltrimm.

Sonntag, 30. 11. 2008, 21. Fahrtag: Die ersten 3 Wochen sind abgesegelt. ESE 5 Bft, „Ein toller Segeltag", schreibe ich ins Logbuch, wenngleich meine Reparaturversuche am Ruderstock scheitern. Das obere Lager des Backbordruderstockes hatte sich verrieben und knirscht bei jeder Drehung. Deshalb muss ich die Grundplatte lockern und neu einrichten. Doch beim Festschrauben in der neuen Lage passen nur mehr drei der vier Bohrlöcher. Somit versuche ich, das vierte nachzubohren. Als ich es beinahe geschafft habe, knallt ein Brecher gegen den Bug. Die NAUTICSPORT KAPSCH wird abrupt nach Steuerbord gedrückt, ich verliere das Gleichgewicht, „knacks" – der Hartmetallbohrer zersplittert in drei Teile. Einer davon bleibt im Bohrloch stecken. Ich überlege kurz und entscheide, die Situation einfach so zu belassen. Drei Schrauben sitzen ausgezeichnet und auch das abgerissene Bohrerstück klemmt passgenau im vierten Loch. Mal sehen, wie lange es dort festsitzt.

Ich lenze noch die beiden Achterschiffkompartments, dann kämpfe ich mich wieder in die Navi und rufe meine E-Mails ab. Tatsächlich bin ich wegen der Ausfälle nun bereits an fünfundzwanzigster Stelle. Dinelli muss einen Reparaturstopp einlegen, und der mit Abstand schwierigste, materialmordende Teil dieser Vendée Globe liegt noch zur Gänze vor uns. Ich rechne mir aus, dass ich mit einer beständigen Leistung durchaus im guten Mittelfeld landen könnte. Der Gedanke daran beschwingt mich. Gut gelaunt beginne ich, mein Mittagessen vorzubereiten. Dabei fällt mir ein, dass ich möglichst bald meine 30 Strafminuten wegen der ausgelassenen Startboje absitzen sollte. Ich werde es morgen machen. Jetzt heißt es erst einmal, Supernudeln essen. Zweieinhalb Blöcke, denn heute ist ein anstrengender Tag und ich muss bei Kräften bleiben. In Summe habe ich dreißig Kilo dieser schnell kochenden Teigwaren eingepackt. Einweichen, zwei Minuten kochen, würzen – und schon füllt sich meine Gute-Laune-Tasse mit herrlicher Chinapasta à la NAUTICSPORT KAPSCH. Besondere Geschmackmerkmale sind abwechselnd viel Chili, Pfeffer und Curry. Danach gibt es Schokolade oder Müsliriegel – Mahlzeit!

Endlich, mit dem Wochenbeginn dreht auch der Wind auf Ost, später sogar auf Nordost. Der Wetterbericht verspricht 4–5 Bft, aufgelockerte Bewölkung und mäßigen Seegang. Die Etmale sind brauchbar, der Pannenteufel scheint sich ein paar Tage frei genommen zu haben, nur mein rechter Fuß macht mir etwas Sorgen. Ich habe starken Fußpilz. Nahezu alle Zehen und die Sohle sind mit roten, nässenden und stark juckenden Bläschen übersät. Der Pilzbefall ist sehr plötzlich aufgetreten. Ich behandle ihn, indem ich meine Füße täglich zumindest zwei Mal mit Reinigungstüchern säubere, etwas abtrocknen lasse und mit passender Salbe eincreme. Doch sobald ich wieder meine Neoprenstiefel anziehe, stehen die Füße im „eigenen Saft", und der ist sicher nicht gerade keimfrei!

Am 3. Dezember überholt mich Derek Hatfield mit seiner SPIRIT OF CANADA. Somit bin ich leider wieder glorreicher Letzter der noch im Rennen befindlichen Skipper. Da Derek nur mit 17 Seemeilen Abstand an Steuerbord vorbeizieht, versuche ich, die Jacht mit Radar oder AIS zu orten, aber das klappt nicht. Ich rufe noch über Iridium, aber auch mein Telefonanruf bleibt unbeantwortet und so lasse ich es sein. Noch ist es stockfinstere Nacht. Weder Mond noch Sterne sind zu sehen, der lebhafte NE sorgt für zügiges Segeln. Ich öffne das 3. Türchen meiner beiden Weihnachtskalender und genieße die Schokoladestücke. Danach starte ich den Motor. Das hierfür notwendige Kurzschließen des Starters ist schon zur Gewohnheit geworden. Auch am neuen, erst eingebauten Starter funktioniert der Magnetschalter nicht. Nach einigen Versuchen bin ich dahintergekommen, dass er zumindest 12,3 Volt benötigt, um anzuschlagen. Leider ist die Starterbatterie schon jetzt kaputt, und die Systembatterien bringen im entladenen Zustand, also unmittelbar vor dem Motorstarten, nur zirka 11,8 Volt. Jeder Startvorgang beginnt also mit dem markerschütternden Pfeifen der Ladekontrolle, sobald ich den Hauptschalter aktiviere. Danach klettere ich, mit einem großen Schraubenzieher bewaffnet, kopfüber unter meine Minipantry und schließe den Starter kurz. Knistern, brutzeln, Funkensprühen, und in der Regel rattert der Diesel dann los. Manchmal benötige ich aber auch mehrere Versuche, um die Kontakte ausreichend zu überbrücken und den Starter zu aktivieren. Sobald ich mich wieder aus dem Motorkasten gewunden habe, schalte ich auch das 24-Volt-System für den Inmarsat-B-Terminal auf Laden und kontrolliere Motordrehzahl und Keilriemengeräusche. Ich habe mir ausgerechnet, dass ich diese Prozedur bis ins Ziel nur noch etwa 550 Mal durchführen muss.

So weit, so gut, der Motor rumpelt, und ich sitze in der Navi, um meinen Tagesbericht zu schreiben. Plötzlich meine ich, einen ungewohnten Geruch wahrzunehmen. Riecht das nicht wie …? Natürlich, so, als ob die Maschine heiß läuft. Jetzt bemerke ich auch den etwas veränderten Klang. Wie von der Tarantel gestochen, springe ich auf und stoppe den Motor. Das Rumpeln erstirbt, leises Zischen bleibt. Als ich den Motorkasten öffne, schlägt mir ein Hitzeschwall entgegen. Immer wenn sich eine Motorpanne einstellt, geistern mir zwei Dinge durch den Kopf, nämlich „zu wenig Strom" und „das könnte Ausfall bedeuten"! Genervt beginne ich mit der Fehlersuche und werde rasch fündig. Der Keilriemenspanner für die Seewasserpumpe hat sich zusammengeschoben, somit fehlt die Riemenspannung und die Pumpe kann kein Kühlwasser fördern. Nun, das sollte kein Problem sein, einen Gabelschlüssel, Spannschraube lockern und …! Etwas irritiert will ich die Wasserpumpe wieder spannen, aber der Abstand zum Motorfundament ist zu gering. Nach ein paar Schrecksekunden beginne ich scharf nachzudenken. Wenn der Abstand fehlt, muss sich der Motor auf seinem Fundament bewegt haben. Ich kontrolliere die Schrauben der Backbordfundamente, sie sind alle fest, aber die beiden Gummiblöcke, auch Selenblöcke genannt, auf denen der Motor sitzt, wirken stark verzogen. Bei genauerem Hinsehen bemerke ich unzählige Risse. Offenbar hat sie das harte Gegenansegeln weich geklopft und nun können sie den harten Querbeschleunigungen nicht mehr standhalten. Ich überlege, wie ich den Motor wieder einigermaßen in seine Position bringen könnte. Natürlich, mit Spanngurten. Diese Fixierhilfen sollen sich noch als wahre Allrounder bei der Pannenbekämpfung entpuppen. Vorerst aber verbinde ich mithilfe eines Spanngurtes den Motorrahmen mit einem Lenzrohr und beginne, ihn fest zu spannen. Tatsächlich wandert der Motor wieder Millimeter für Millimeter auf seine alte Position zurück. Jetzt kann ich auch den Keilriemen der Seewasserpumpe wieder durchsetzen. Ich starte den Motor, und zu meiner Freude sprudelt wieder Atlantikwasser in den Seewasserfilter, bevor es weiter in den Wärmetauscher gesaugt wird und schließlich den Auspuff als mit Abgasen versetztes Warmwasser verlässt.

NE 2–3 Bft, wolkenlose Sternennacht, NNE 4–5 Bft, Vollzeug, ein traumhafter Segeltag, ein gutes Etmal, ich stehe stundenlang am Ruder und beobachte den lebhaften Ozean, seine Farbenspiele und Wellenbilder. Das Jucken in meinen Stiefeln hat deutlich nachgelassen, mein Fußpilz bessert sich dank der regelmäßigen Behandlung rasch. Hoppla, diese Gischtfahne hab ich zu spät bemerkt. Mein Gesicht, die Augen, der Jackenkragen – alles ist in Salzwasser getränkt. „Ich wollte ohnehin unter Deck gehen", sage ich zu mir selbst. Aus brennenden Augen mache ich noch einen Rundumblick, aktiviere den Autopiloten und klettere unter Deck. Ausziehen, Katzenwäsche, Duftspray, wie herrlich sich doch das trockene, neue Fleece anfühlt. Ich male eine Sonne ins Logbuch, danach koche ich mir einen Weihnachtspudding. Vanillepudding, Milchpulver, Rosinen, Zucker – es wird der ekligste, den ich je gekocht habe!

Schmerzhafte Warnung

26. Fahrtag, Pos. 30°20'S 017°59'W, N 7 Bft böig, Nieselregen, Frontendurchzug.

Die NAUTICSPORT KAPSCH erklimmt auflaufende Wassergebirge und schießt mit wilden Surfphasen in schäumende Wellentäler. Tosen, Dröhnen, Zischen, Rauschen – die Geräuschkulisse geht an die Nerven. Zusätzlich drücken die aktuelle Position und meine erste „Bruchlandung" ein wenig aufs Gemüt. 1400 Seemeilen trennen mich von der südamerikanischen Küste, knapp 1800 Seemeilen von der Küste Westafrikas. Ich segle somit in einer sehr exponierten Lage, und vor wenigen Minuten hat mich meine alte Lady zum ersten Mal „abgeworfen". Ich wollte gerade vom Backborddeck zurück ins Cockpit steigen, als eine Welle kräftig zupackt. Das Heck dreht abrupt nach Backbord, ich werde um die eigene Körperachse geschleudert, lande mit dem Rücken am Deckshaus und stürze noch ehe ich's mich versehe über die Deckshauskante ins Cockpit. Dabei knalle ich mit dem linken Oberschenkel genau auf die Winschkurbel. Als ich mich wieder aufrapple, weiß ich nicht, was mich mehr beschäftigt: der Schreck über den Absturz oder der stechende Schmerz in Rücken und Oberschenkel. „So schnell kann es gehen", denke ich, klettere auf allen vieren unter Deck und ziehe mich aus. An meinem Oberschenkel ist bereits jetzt ein starker Bluterguss sichtbar, der Rücken oberhalb des Steißbeines fühlt sich etwas taub an, die Wirbelsäule schmerzt bei der leichtesten Berührung. Ich atme einige Male tief durch, trinke einen halben Liter Wasser und ziehe mich wieder an. Danach versuche ich, mich mit Weihnachtsschokolade und Lebkuchen zu trösten.

NNW 6 Bft, 8/8 Bewölkung, Nieselregen. Das Wetter bleibt rau und anspruchsvoll. Die Windanzeige hat abermals ihre Konfigurierungswerte verloren, zeigt also irgendwelche Fantasiedaten. Zudem befindet sich Kondenswasser im Display, keine rosigen Aussichten. Nach mehrmaligem Kalibrieren passen die Werte wieder einigermaßen. Ein einsamer Seevogel begleitet mich im Kielwasser, noch etwa 1860 Meilen bis zum Kap der Guten Hoffnung.

Zwei Tage später segelt die NAUTICSPORT KAPSCH unter Vollzeug hoch am Wind in einer Leichtwindzone. SE 1–2, lediglich die tief hängende Bewölkung ist unverändert. Noch 640 Meilen bis zu Gate 1, 1360 Meilen bis zum Kap. Mein einsamer Seevogel hat Begleitung bekommen. Ich nutze das ruhige Wetter für zahlreiche Bordarbeiten, denn in wenigen Tagen wird es merklich kälter und auch wieder lebhafter werden. Bis dahin müssen meine Vorbereitungen für den tiefen Süden abgeschlossen sein. Ich versuche, die Verbindung zwischen Deck und Deckshaus abzudichten, kontrolliere die Kielkopfführung und die Kielleinen, spanne die Steuerleinen der Ruderanlage und ziehe die Ruderkopfplatten nach. Dann beginne ich, die Navi umzustauen, die Tropenkleidung hinunter, Thermounterwäsche und Fleeceoverall hinauf. Die Wassertemperatur beträgt nur mehr 12 Grad. Es ist der 2. Adventsonntag. Ich versuche, meine Arbeiten unter Deck auf Video festzuhalten, nasche diverse Süßigkeiten, freue mich über den zarten Lebkuchenduft und ärgere mich über den anhaltenden, fürchterlichen Gestank meiner Neoprenstiefel. Mit den Stiefeln sollte mich bis zum letzten Tag eine mustergültige Hassliebe verbinden. Ihre Passform ist ausgezeichnet, der Sohlengrip exzellent und auch der Isolierwert angenehm. Lediglich die Geruchsnote, die die permanent nassen Stiefel trotz Frischwasserspülungen, Reinigungstüchern und Deospray entwickelt, ist an der Grenze des Erträglichen.

Während die Spitzengruppe des Regattafeldes sich permanent matcht und mit schier unglaublichem Tempo vorneweg zieht, kämpfe ich mich an Dinelli und Basurko heran. Von Dinelli trennen mich nur noch 28 Meilen. Offensichtlich habe ich die herrschende Wettersituation gut ausgenutzt. Außerdem hat Dinelli technische Probleme, aber die haben wir wohl alle, und das andauernd. Seine Pannen allerdings dürften gerade einiges an Geschwindigkeit kosten, und so nutze ich die Gunst der Stunde. Angespornt durch die sich verringernden Abstände bin ich beinahe pausenlos an Deck, versuche, den Trimm zu optimieren und gehe stundenlang Ruder. Herrliches Segelwetter, die Sonne strahlt von einem nahezu wolkenlosen Himmel, ein leichter SSW ermöglicht ruhiges Am-Wind-Segeln. Sanft gleitet meine NAUTICSPORT KAPSCH über den leicht bewegten Atlantik. Hochstimmung an Bord!

Ansturm auf das Kap der Guten Hoffnung

Seit einigen Stunden habe ich pochende Kopfschmerzen. Ich schlucke bereits die dritte Schmerztablette. Irgendwann müssen sie ja Wirkung zeigen. Tatsächlich, 20 Minuten später fühle ich mich wie in Watte gebettet, aber das markante Stechen in meiner rechten Gesichtshälfte bleibt. In meinen wilden Jahre fuhr ich öfter bei hohem Seegang Knieboard. Um den Adrenalinspiegel noch etwas zu heben, fuhr ich nicht nur sehr schnell, sondern vollbrachte mächtige Sprünge über hohe Wellenkämme. Eines Tages, das Wetter am Peloponnes zeigte sich von seiner lebhaften Seite, brausten wir wieder über die aufgewühlte See. Ich setzte zu einer engen Kurve an, komprimierte und wurde über einen quer laufenden Wellenkamm weit nach Steuerbord katapultiert. In der Luft merkte ich bereits, dass ich völlig aus der Balance geraten war. Ich konnte gerade noch die Schleppleine loslassen. Danach prallte ich mit großer Wucht quer gegen einen Wellenkamm. Als ich wieder auftauchte, brannte mein Gesicht wie Feuer, und die rechte Gesichtshälfte fühlte sich taub an. Es dauerte mehr als zwei Monate, bis sich die Gesichtsnerven wieder erholten, aber ein Andenken blieb mir: Wenn ich übermüdet bin, verliert meine rechte Gesichtshälfte etwas an Spannung, der rechte Tränensack wird schlaffer, und über meinem rechten Auge bekomme ich stechende Schmerzen. Diese breiten sich manchmal aus, ziehen in den Nacken oder hinter die Stirn und sind zumeist nur mit Schmerzmitteln wieder loszuwerden.

Heute bin ich seit einem Monat auf See. Gough Island liegt etwa 170 Seemeilen im Westen, von meinem ersten großen Kap trennen mich noch knapp 1100 Seemeilen. Der Wind bleibt schwach, aber westlich. So sollte es auch sein, denn immerhin segle ich bereits auf dem 41. südlichen Breitengrad, also in den Roaring Forties. Meine Kopfschmerzen werden zunehmend leichter, ich verstärke die Behandlung mittels einer überquellenden Nudeltasse und reichlich Lebkuchen. Mit spannender Bauchdecke verkeile ich mich in der Navi und beginne endlich, an meinem Buchmanuskript zu schreiben. Am späten Nachmittag mache ich meinen Routinegang über Deck und finde neben einigen kleinen Tintenfischen, die an Deck kleben, zwei lose Schäkel an den Backstagblöcken. Mir läuft die Gänsehaut über den Rücken. Nicht auszudenken, wenn sich ein Bolzen wirklich verabschieden würde und die Backstagen lose kommen. Die Nacht beginnt wolkenlos und sternenklar. Um das Szenario abzurunden, steigt der Vollmond über die Kimm und taucht den mäßig bewegten Südatlantik in goldgelbes Licht. Einziger Wermutstropfen: Es ist bereits lausig kalt.

In den frühen Morgenstunden erscheinen erste Böenwolken. Ich reffe das Groß, mit dem ersten Tageslicht ist die Wolkendecke geschlossen. Der WNW wird kräftiger, erreicht zeitweise 6 Bft, und ich muss weiter reffen. Die Deckarbeit zehrt an meinen Kräften. Zum ersten Mal trage ich auch wieder eine Haube und warme Handschuhe. Etwas unbeholfen watschle ich über Deck, bleibe mit den Handschuhen im Karabiner der Lifeline hängen, schwitze und öffne deshalb den Ölzeugkragen. „Platsch", die Gischtladung hat gesessen. Kaltes Atlantikwasser dringt mir unter das Ölzeug. Blitzartig schließe ich wieder den Jackenkragen. Meine Handschuhe sind ebenfalls triefend nass, und auch unter den Ärmeln der Ölzeugjacke fühle ich nasse Thermounterwäsche. Ich muss mich einfach erst wieder an den rauen Süden gewöhnen.

Zu allem Ärger rutschen mir auch noch zwei der losen Backstagen in das gereffte Großsegel. Momentan ist dies zwar ohne Bedeutung, aber sobald ich über Stag gehen möchte, müsste ich vorher die Backstagen klarieren. Deshalb mache ich es gleich. Nass bin ich ohnehin, also los. Hilfsleine vorbereiten, unter die losen Backstagen fädeln, Großfall mehr fieren, Großsegel durchsetzen und jetzt mit der Hilfsleine im richtigen Augenblick ziehen. Der richtige Augenblick lässt zwar auf sich warten, aber schließlich sind alle Leinen klariert, das Groß wieder sauber eingerefft, und die NAUTICSPORT KAPSCH läuft auf SE-Kurs einem guten Etmal entgegen.

Auf 41°55' südlicher Breite übersegle ich den 180. Längengrad und schreibe ab sofort östliche Länge. Das Barometer klettert weiter hinauf. SW 3 Bft, Vollzeug, Lufttemperatur 14 °C. Im windgeschützten Cockpit, dort wo ich auch die Sonnenstrahlen erhaschen kann, ist es angenehm warm. Ich setze mich mit meinem Länderlexikon in die Steuerbordkuhle neben dem Niedergang und betrachte die Karte der Antarktis. „Einmal rundherum und wieder ab nach Hause", so einfach sieht es auf der Landkarte aus, doch in Wirklichkeit werden es etwa zwei harte Monate im nahezu permanenten Kampf mit den Naturgewalten werden, bevor ich Kap Hoorn im Kielwasser lasse und wieder auf Nordkurs gehen kann. Ich bin hoch motiviert und guter Dinge. Trotzdem habe ich eine reale Vorstellung von dem, was mich erwartet, denke zurück an Projekt ICELIMIT, an Tage und Nächte auf einem tobenden Ozean, an haushohe Brecher, Schnee und Eisschauer, verfrorene Winschen, offene, mit Hautrissen übersäte Finger und rote, verschwollene Augen. Ich denke aber auch an Wale und Delphine, an schimmernde Eisberge und an tagelanges Segeln mit nahezu unveränderter Segelstellung. An raume Kurse und nachlaufenden Seegang, der das Jachtheck anhebt und die lebhaften Surfphasen einleitet. Tagaus, tagein das gurgelnde, zischende und fauchende Lied des südlichen Ozeans. Schäumende Heckwellen und tolle Etmale, klare Sternennächte und bizarre Wolkenspiele. Genaugenommen freue ich mich auf nahezu alles, was mir der Süden bieten könnte. Mal sehen, was er diesmal tatsächlich für mich bereit hält.

Die Ausfälle häufen sich

44°40'S 12°31'E: Echtes Heavy Weather Sailing! WSW 6 Bft, Böen 8–9 Bft, Barometer 1003 Hpa stark fallend, Luft 7 °C.

Ich bin fast 18 Stunden am Ruder gestanden und krieche jetzt in meinen klammen Schlafsack. Es ist zwar eine weitere herrlich helle Mondnacht mit Tausenden Sternen, donnernden Brechern und sprühendem Meeresleuchten, aber ich muss etwas schlafen. Meine Augen brennen wie Feuer, meine Finger sind steif und ich bin nass bis auf die Unterwäsche.

Zwei Schlafpausen später ist der Ozean unverändert rau, und ich fühle mich wieder etwas besser. Zwar steuert der Autopilot recht exakt, doch er braucht sehr viel Strom. Die NAUTICSPORT KAPSCH schleudert über die konfuse See, ich schleudere mit. Auch Charly, ein kleiner Frotteebär und mein Maskottchen der allerersten Stunde, wird bald von seinem Logenplatz hinter der Deckshausscheibe auf den Navitisch geschleudert und zeigt mir seinen salznassen Bauch. Ein unverkennbares Indiz dafür, dass es gerade wirklich rau zugeht. Das leuchtende LED des Inmarsat-C-Terminals sagt mir, dass ich Mails abzuholen habe. Ich starte den Bordrechner und die passende Software. „Verdammt", Dominique hat seinen Kielkopf zerstört, die Lage des Kieles ist praktisch nicht mehr kontrollierbar. Eine äußerst gefährliche Situation, noch dazu in diesen Gewässern. Somit ist auch für ihn das Rennen vorbei. Er wird die Kerguelen als Nothafen anlaufen. Auch Bernard Stamm hat neuerlich Probleme, diesmal mit den Rudern. Nachdem er bereits unmittelbar nach dem Start wegen technischer Probleme und einer Kollision umkehren musste, hat er sich in einer bravourösen Aufholjagd zurück ins Feld gekämpft. Nun sieht es abermals so aus, als hätte er dem Material einfach zu viel zugemutet.

Die Vendée Globe ist das Musterbeispiel einer Langstreckenregatta, bei der zwei Seelen in den Herzen der Skipper wohnen. Die eine wünscht sich für alle Teilnehmer ein möglichst gefahrloses und unfallfreies Rennen. Schließlich sind wir eine große Familie und uns des Risikos unseres Tuns voll bewusst. Grundsätzlich kann es ja jeden von uns zu jeder Sekunde auch selbst treffen, können irreparable Schäden auftreten oder unberechenbare Situationen für schwere Unfälle sorgen. Die andere Seele aber, die das eigentliche Regattaherz widerspiegelt, kalkuliert natürlich auch mit Pannen und Ausfällen der Mitbewerber. In meinem Fall scheint diese sich aus dem Materialmanko ergebende Taktik diesmal gut zu funktionieren. Durch den Leistungsdruck zwischen den Skippern, die neue Boote an den Start brachten, häufen sich die Ausfälle wegen Materialüberlastung und technischer Gebrechen. Somit wandere ich mit meiner konstanten Leistung langsam, aber sicher, im Klassement nach vorne. Meine Aufgabe ist es also, mich, so schwer es auch manchmal fällt, nicht verleiten zu lassen, mir des alten Materials bewusst zu bleiben und mein Rennen natürlich auch so rasch wie möglich, aber im Zweifelsfalle auf der „sicheren Seite der Grenze" bis ins Ziel zu segeln.

Seit gestern sind sie wieder da, die majestätischsten aller Seevögel, die Albatrosse. Gleich drei begleiten mich in meinem Kielwasser, schießen wie Torpedos durch die Wellentäler und lassen keinen Zweifel daran, dass der Süden ihr Zuhause ist. Offensichtlich ist gerade Balzzeit, denn als ich gegen Mittag ins Cockpit steige, um die Lage zu peilen, treiben zwei meiner drei Begleiter etwa eine halbe Kabellänge voraus im mäßig bewegten Atlantik. Das Barometer hat sich bei 995 Hpa eingebremst, und es weht nur mehr ein schwaches Lüftchen aus NW. Der größere der beiden Albatrosse umwirbt den zweiten, der mit stolz erhobenem Haupt herumschwimmt, auf das heftigste. Flügelschlagen, seitlich schubsen, sich in den Weg stellen und den anderen umkreisen, sind nur einige seiner Tricks, um das Herz seiner Angebeteten zu erobern. Die NAUTICSPORT KAPSCH nähert sich den beiden auf Kollisionskurs. Ich greife mir die Videokamera, bleibe in der Nähe des Ruders und warte, was passiert. Als der Bug des Open 60 nur mehr wenige Meter von den Turtelnden entfernt ist, kommt Hektik in das Liebesspiel. Der umworbene, sein Haupt immer noch stolz nach oben gerichtete Albatros erkennt den Ernst der Lage, schiebt den Hals nach vorne und leitet die Startprozedur ein. Der zweite, offenbar liebesblinde Albatros verharrt an seiner Position, versteht sichtlich die Welt nicht mehr und ordnet erst einmal sein Federkleid. Plötzlich erspäht auch er den Feind. Ruckartig paddelnd und flügelschlagend zugleich versucht er, sich vor dem heranrauschenden Jachtbug in Sicherheit zu bringen. Geschafft, die Gefahr ist vorbei. Der Feind ist ins Leere gesegelt, doch jetzt möchte er auch gleich noch durchstarten, um die Verfolgung der Geliebten aufzunehmen. Dieses Manöver geht aber sichtlich daneben. Während Madame bereits ihre Runden zieht, stolpert Monsieur unmittelbar vor dem Abheben über einen Wellenkamm, taucht beinahe zur Gänze wieder ein und verliert somit auch noch den letzten Schwung. Nun treibt er sichtlich schwer gekränkt im Kielwasser zurück. Obwohl seine Angehimmelte wieder die Landung einleitet und sich paddelnd ihrem Verehrer nähert, bleibt selbiger demonstrativ emotionslos. Ich muss herzhaft lachen und kontrolliere die Spannung der Backstagen.

Indischer Ozean

Sonntag, 14. 12. 2008: Um 05:35 UTC passiere ich auf 46°24'S die Länge des Kaps der Guten Hoffnung. Das Wetter ist angenehm ruhig, SW 4 Bft, 3/8 Bewölkung, aber mit nur 9 °C ist es ziemlich kalt. Ich fühle einen Motivationsschub, beschrifte meinen ersten Kap-Pinguin und klebe ihn an die Deckswand hinter dem Steuerrad. So, jetzt fehlen nur noch zwei, dann kann ich wieder Nordkurs einschlagen.

Nach jedem Hoch folgt ein Tief. An Bord ist es genauso wie mit dem Wetter. War ich noch gestern überglücklich, das erste große Kap passiert zu haben, kämpfe ich wenige Stunden später mit technischen Problemen. Gleich zwei Satellitenterminals, nämlich das Inmarsat-C und das Mini-M, sind ausgefallen. Beide keine Power, also wird es sich wahrscheinlich um einen Fehler in der Schaltpaneele handeln. Noch ist es dunkel, aber sobald ich ausreichend Licht habe, werde ich die Reparatur in Angriff nehmen. In der Zwischenzeit mache ich meine Logbucheintragungen und überprüfe die Navigation. Upps, ich habe doch tatsächlich vergessen, die neuen Koordinaten für Gate 3 einzutragen. Wegen des Eisbergaufkommens werden unsere elektronischen Gates laufend nach Norden verschoben. Dies soll zwar den Kurs sicherer machen, verlängert aber auch die Gesamtstrecke. Trotz der Gefahr, die von den Eisbergen, vor allem in Form der Trümmerfelder ausgeht, möchte ich sie gerne wiedersehen. Zumindest einen!

Während ich die Plotterdaten überprüfe, läutet das Iridium. Es ist Raphaël. Wir begrüßen uns freudig, aber an seiner Stimmlage kann ich erkennen, dass es ihm nicht so gut geht. Tatsächlich, Raphaël ist bedrückt. Seine Leichtwindsegel sind auf der Anfahrt in den Süden zerfetzt worden, und er kämpft noch immer mit seinem beschädigten Großfall. Raphaël überlegt, im Schutz der Kerguelen nochmals einen Reparaturversuch zu wagen und schlägt vor, dass wir ein bisschen „aufeinander aufpassen", schließlich sind unsere Jachten ziemlich leistungsgleich. Natürlich habe ich nichts dagegen, dass wir einander unter den gegebenen Umständen vor allem später im Pazifik im Auge behalten, denn gerade dort ist im Notfall Hilfe von außen nur sehr schwer und mit großer Zeitverzögerung möglich. Ich versuche, Raphaël ein bisschen aufzuheitern, und nach etwa 10 Minuten beenden wir unser Gespräch mit den besten Wünschen für den Rest des Rennens, das sind, genauer gesagt, noch etwa 20 000 Seemeilen, und die Hälfte davon in den südlichen Breiten. Ein sehr langes, schwieriges Wegstück liegt also noch vor uns.

Inzwischen ist es hell. Wind und Seegang haben mit dem Sonnenaufgang zugenommen, die Bewölkung ist geschlossen, aber die Sonne versucht bereits hartnäckig, die Wolkendecke zu durchdringen. Ich beginne mit der Fehlersuche und werde, wie erwartet, rasch fündig. Durch die allgegenwärtige Feuchtigkeit sind einige Kontakte der Sicherungspaneele, an der die Satellitenterminals angeschlossen sind, oxidiert. Ich beginne, die Kabel abzuklemmen und die Schalter und Automaten zu reinigen. Danach besprühe ich alle Teile mit Konservierungsspray und schließe die Kabel wieder an. Tatsächlich, jetzt sind die Kontakte wieder in Ordnung. Beide Terminals loggen sich ein und arbeiten fehlerfrei. Also, Zeit zum Mittagessen! Ich entscheide mich für Menü 1 von drei zur Auswahl stehenden. Die Auswahl trügt aber, denn nur Menü 1, also die Chinanudeln, sind für jeden Bordtag zumindest einmal vorhanden. Menü 2, nämlich Reis, und Menü 3, Kartoffelpüree, sind nur in geringerer Anzahl an Bord. Vor allem Menü 2 ist für die Sonntage gedacht. Für alle Menüs sind auch Zugaben wie Fisch-, Fleisch- oder Gemüsekonserven in geringer Menge an Bord. Essen motiviert eben, und so rechtfertige ich auch das bisschen Mehrgewicht der Konserven im Vergleich zu dehydrierter Nahrung wie Nudeln, Müsli oder Trockenobst. Außerdem glaube ich nicht, dass fünfzig Kilo mehr oder weniger sich wesentlich auf meine Endzeit auswirken werden. Vielmehr zählen Motivation und Kampfgeist, womit wir wieder beim guten, oder sagen wir einigermaßen guten Essen wären!

Kleine Ursache, große Wirkung – 1. Schaden GE1

Die Eissichtungen nehmen zu, und die Regattaleitung verlegt die Gates weiter nach Norden. Nur noch 21 Jachten sind im Rennen, beinahe ein Drittel ist also bereits ausgeschieden. Ich bemühe mich, den Verschleiß so gering wie möglich zu halten, doch die vergangenen 38 Renntage sind auch bei mir an Bord nicht spurlos vorübergegangen. Immer öfter entdecke ich Scheuerstellen am laufenden Gut, lockern sich Schrauben oder entstehen ganz einfach neue Geräusche, die ich nicht zuordnen kann. Zum Beispiel habe ich seit dem letzten Starkwindszenario bei Surfgeschwindigkeiten über 12 Knoten ein dumpfes Brummen und Vibrieren im Rumpf vernommen. Ich vermute, es kommt von den Rudern, bin mir aber nicht sicher, und angesichts des herrschenden Seegangs kann ich die Ruderstöcke auch nicht kontrollieren. Das Arbeiten im Achterschiff wäre sehr gefährlich, und sobald ich die Inspektionsöffnungen an Deck aufschraube, würden sich Hunderte Liter Seewasser unter Deck ergießen.

Noch eine Woche bis Weihnachten. Soeben habe ich ein neues Rekordetmal errechnet. 308 Seemeilen über Grund in 24 Stunden. Nicht schlecht, wenn man bedenkt, was meine alte Lady schon so alles im Kielwasser hat. Es ist kalt, nur noch 7 °C, aber die Sonne kämpft sich durch die Wolkendecke, gerade als ich Prince Edward Island querab an Steuerbord habe. Was mir vor acht Jahren bei Projekt ICELIMIT verwehrt blieb, kann ich jetzt genießen. Den Blick auf Marion Island im Vordergrund und Prince Edward Island weiter im

Süden. Unzählige Seevögel, Gletscher blinken im Sonnenlicht, und der zunehmende Westwind schiebt gehörig an. Ich laufe unter Vollzeug, als sich eine kleine Böenwalze von Marion Island löst und die Verfolgung aufnimmt. Tatsächlich zieht die linsenförmige Wolke genau auf uns zu, wird an der Unterseite dunkler und zeigt starke Ausfransungen. Ich überlege nicht lange, jetzt muss ich reffen, um auf der sicheren Seite zu bleiben. Ich beginne mit der Genua 1, löse die Stopper der Endlosleine und versuche, das Segel um sein eigenes Vorliek zu drehen, doch nichts rührt sich! Ich werde unruhig, ziehe kräftiger, versuche, die Leine mithilfe der Winsch zu bewegen, aber der Stocker macht keinerlei Anzeichen, sich drehen zu wollen. Mein Puls steigt, es pulsiert in den Schläfen, ich laufe zum Bugkorb, um die Reffleine zu kontrollieren und erkenne augenblicklich die Bescherung. Vergangene Nacht war mir in einer Bö das Segel unklar gekommen. Ich konnte es nicht mehr einrollen, musste, um Riggschäden zu vermeiden, das Fall öffnen, und das Tuch ging zur Gänze baden. Die komplette Genua 1 wurde über die Steuerbordseite ins Wasser gerissen. Mit Neptuns Hilfe – er schickte eine harte Bö, die das Segel nach einigen Minuten wieder teilweise an Deck schleuderte – konnte ich die Genua 1 bergen und verstauen. Heute Morgen, nach einer kleinen Reparatur der Vorstagtasche, setzte ich das Segel wieder, ohne es probeweise einmal ein- und auszurollen. Die Rechnung für dieses Versäumnis bekomme ich jetzt. Die Stockerscheibe, in der die Reffleine läuft, ist gequetscht, ein Teil der Leinenführung gerissen, und somit bewegt sich die Rollanlage keinen Zentimeter.

Die drohende Böenwolke ist mittlerweile bis auf eine Meile herangekommen. Das Radar signalisiert zudem unmissverständlich einen dichten Schnee- oder Eisschauer. Ich überlege angespannt, was ich tun könnte, um das Segel sauber an Deck zu bekommen, öffne den Stopperknoten der Fallleine und verlege diese ins Mastcockpit. Vielleicht gelingt es mir ja so, das Segel direkt auf das Vorschiff fallen zu lassen. Ich raume so weit wie möglich auf, setze noch den Bullenstander nach und haste ins Mastcockpit. Die Böenwolke, inzwischen unverkennbar zur Schauerzelle angewachsen, nähert sich drohend und rasch. Ich werfe das Genuafall los, lasse es die ersten Meter ausrauschen und belege es wieder. Das Tuch kommt von oben, fällt an Deck, aber das Schothorn mit einem Stück der Schotleine kippt über die Reling. Jede Welle, die nun in Lee durchläuft, zieht Tuch und Schot etwas mehr über die Kante. Ich werfe das Fall abermals los, springe aus dem Mastcockpit und greife nach der langsam an Deck sinkenden Genua. Hand über Hand zerre ich das Tuch an mich, doch gleichzeitig wird es über die Reling in den Ozean gezogen. Nur noch ein paar Meter! Endlich habe ich auch den Segelkopf geborgen und stürze zur Reling. Etwa 20 Prozent des Segels schwimmen bereits an der Rumpfkante, und der Ozean holt sich weiter Stück für Stück. Ich zerre aus Leibeskräften, fluche, heule, doch die See ist gnadenlos. Schließlich muss ich mich geschlagen geben, die Wassertasche im Segel ist bereits viel zu groß, als dass ich sie noch mit Körperkraft an Bord zerren könnte. Auch das letzte Tuchstück rauscht aus, gleichzeitig verspüre ich einen eiskalten Hauch. Ich blicke zum Bug, die Schauerzelle quert unseren Kurs mit etwa einer halben Meile Abstand. Ich merke, wie mir das Blut in den Kopf schießt. Nur wegen dieser blöden Schauerzelle habe ich …! „Reg dich wieder ab", sagt meine innere Stimme, „niemand trägt Schuld an der Misere außer dir, du hast es einfach verpatzt!" – Nun, die Wahrheit ist oft nur schwer zu ertragen, aber in diesem Fall gelingt es mir, sie mit Fassung zu akzeptieren.

Ich verdränge den Ärger und versuche, mir ein Bild zu machen. Die Gefahr der Schauerzelle ist gebannt, das Segel, und leider auch das gesamte Fall, treibt im Wasser. Nur noch der Vorstag verbindet das Segel mit der Rollanlage und mit dem Rüsteisen. Ein zweiter Anflug von Aggression, das Fall ist ausgerauscht, verdammte Genua! Aber auch hier muss ich mir eingestehen, dass der Fehler bei mir liegt. Ich habe den Stopperknoten geöffnet, ich habe ihn nicht wieder eingebunden, und ich habe auch das Fall nicht gesichert, bevor ich mit dem Tuch zu kämpfen begann. Somit: 3 Minuspunkte für den Skipper. Zuerst bringe ich das Fall wieder an Bord. Unglaublich, welchen Strömungswiderstand allein diese 80 Meter Leine haben. Nachdem ich das Fall im Cockpit sauber aufgeschossen habe, mache ich mich an das Bergen des Segeltuches. Nach einem beinahe einstündigen Kampf, den ich mit allen vorhandenen Mitteln führe, bin ich zwar am Ende meiner Kräfte, aber siegreich. Mit Verklemmen, Eindrehen und Bänseln habe ich es geschafft, das Tuch an Bord zu hebeln. Während-

Der Slogan „Yes u can!" sollte sich bestätigen (oben)
Mehr als 300 000 Begeisterte verabschieden die Skipper (unten)

Tausende Begleitschiffe bringen das Wasser um die Startzone zum Kochen (oben)
Schauerzelle in der Interkonvergenzzone (Doppelseite, unten)

Nach wenigen Tagen landen die ersten „Wegbegleiter" an Deck (oben)

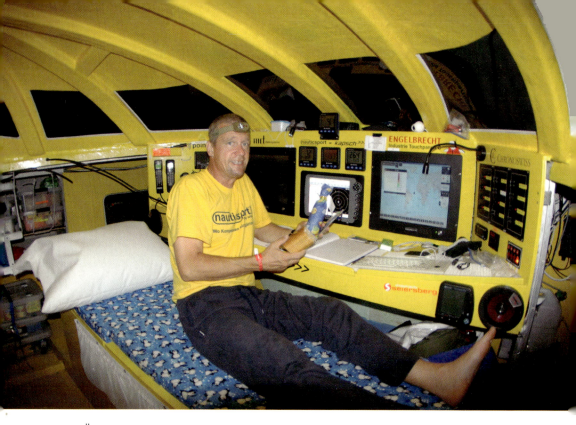

Die erste Äquatorüberquerung während der Vendée Globe ist vollbracht (oben)
Grundnahrungsmittel Chinanudeln (unten links)
Etwas Entspannung vor den Roaring Forties (unten rechts)

Leinenchaos im Cockpit (oben), Die ersten Adventskalenderfenster werden geöffnet (unten)

Das Sorgenkind, die Inmarsat-B-Antenne (oben); Verwüstungen unter Deck nach einer Kenterung (unten links); Die Genua 1 geht baden (unten, rechts oben); Umarbeiten des Großsegels nach dem Bruch der Mastschiene (unten, rechts unten)

Ein Querläufer überflutet das Deck (oben)
Unerwartetes Treffen mit Raphaël Dinelli im Südpazifik (unten)

Geburtstagsfeier im Südpazifik (oben)
Stromerzeuger und zugleich Handschuhtrockner (unten)

dessen hat mir Neptun einige blaue Flecken verpasst, mich mehrmals an Deck geschleudert und mir zwei Fingernägel abgerissen. Egal, ich stopfe das Segeltuch mit höllisch brennenden Fingern und dem Mut der Verzweiflung durch die Vorschiffsluke. Danach krieche ich auf allen vieren wieder ins Cockpit. Dort erwartet mich der Leinenpunsch des Vorfalls. Glücklicherweise haben wir ein gleichwertiges Reservefall gerigt, und so hat das ausgerauschte Fall keine unmittelbare Auswirkung auf die Segelführung. Sollte aber auch das Reservefall unklar kommen, müsste ich bis zum Masttopp aufentern. Andernfalls könnte ich keine toppgetakelten Vorsegel, also keine Genua 1, keinen Gennaker und auch keinen Code Zero mehr fahren.

Ich verstaue die Leine auf dem Boden der Backbordkuhle, bringe die NAUTICSPORT KAPSCH wieder auf Kurs, setze Genua 2 zum einfach gerefften Groß und werfe noch ein paar sehnsüchtige Blicke über die Steuerbordkante, wo Marion Island und Prince Edward Island nur mehr schemenhaft zu erkennen sind.

Tränen der Solidarität

Richtige Männer weinen nicht! Ich bezeichne mich nicht gerade als „Weichling", doch Weinen gehört für mich einfach zum Leben, genauso wie lachen oder zornig sein. Im Zuge meiner Abenteuer auf See habe ich nicht nur Erfahrung mit einer angespannten, sprunghaften Psyche gemacht, sondern auch gelernt, die daraus resultierenden Stimmungsschwankungen auszuleben. Andernfalls läuft man Gefahr, oft tagelang in einer depressiven Phase zu versinken, die viel Energie und Lebensglück kostet. Aber gerade bei einem Rennen wie der Vendée Globe sind Kraft und eine positive Grundeinstellung wesentliche Faktoren für den Erfolg. Der 40. Fahrtag ist ein Paradebeispiel dafür.

Um 05:15 Uhr kritzle ich mit rotem Filzstift „Jippie" ins Logbuch; mäßiger NW treibt die NAUTICSPORT KAPSCH mit 12 Knoten vor sich her, frische 6 ° Luft- und 4 ° Wassertemperatur bescheren mir eine rote Nase, während ich am Ruder stehe. Ich genieße Downwindsegeln vom Feinsten, meine Gedanken sind zu Hause, bei meiner Familie, bei Freunden und Sponsoren. Ich überdenke meine Zukunft und male mir aus, wie es sein wird, Kap Hoorn zu passieren und wieder Nordkurs anzulegen, mit Sicherheit ein berauschendes Gefühl. Wenig später, die Bedingungen sind unverändert, laufen mir dicke Tränen über die kalten Wangen und vermischen sich mit der salzigen Gischt, die mir bei jeder Surfphase ins Gesicht sprüht. Ich denke an Yann Eliès, den Skipper der GENERALI. Bei einem bösen Zwischenfall südlich von Australien wurde er vor wenigen Stunden von einer Riesenwelle über den Bugkorb gerissen. Glücklicherweise war er angeleint und konnte sich mit übermenschlicher Kraft wieder an Bord ziehen. Mit schwersten Verletzungen, Oberschenkelbruch, Beckenbruch und zahlreichen anderen Blessuren kroch er noch ins Cockpit und verständigte über Satellitentelefon seine Shorecrew und die Rennleitung. Danach verließen ihn die Kräfte, selbst seine Bordapotheke konnte er nicht mehr erreichen, und nun liegt er da und wartet auf eine australische Fregatte, die ihm zu Hilfe eilt. In etwa 40 Stunden wird das Kriegsschiff vor Ort sein. Somit warten 40 unvorstellbar schmerzvolle, psychisch fürchterliche Stunden auf Yann. In vielen davon war ich geistig bei ihm. Auch gerade jetzt wünsche ich ihm Kraft und Durchhaltevermögen, damit er den Wettlauf mit dem Tod gewinnt.

Um 16:00 Uhr habe ich mein Seelentief überwunden, Yann wird es schaffen. Mit dieser Überzeugung im Hinterkopf versuche ich, den Motor zu starten, aber auch der kleine Schiffsdiesel leidet an Unterkühlung. Erst nach einigen Versuchen springt er unwillig an, gibt noch ein paar konfuse Takte von sich, findet danach aber wieder seinen Rhythmus und nagelt lautstark vor sich hin. Der Batteriealarm verstummt und das Voltmeter klettert rasch nach oben, alles im grünen Bereich. Ich repariere noch zwei Automaten der 12-Volt-Paneele, realisiere, dass ich das erste Drittel der Vendée Globe erfolgreich abgesegelt habe, bin wieder im siebenten Himmel und lasse dieses Hochgefühl auch nicht vom einsetzenden Nieselregen und fallenden Barometerstand trüben.

Sportliche frohe Weihnachten

Yann hat es geschafft: Am 20. Dezember um 10:00 Uhr trifft die australische Fregatte bei der GENERALI ein. Sofort geht ein Team Sanitäter an Bord und leistet Erste Hilfe. Das Martyrium hat für Yann ein Ende. Ich freue mich für ihn wie ein Schneekönig. Später, als der Notarzt sein erstes Statement abgibt, erfahren wir, dass es für Yann tatsächlich ein knapper Wettlauf mit der Zeit war. Fünf bis acht Stunden später wäre er an den Folgen seiner schweren Verletzungen gestorben.

Kaum beginnen sich meine Gedanken etwas aufzuhellen, kommt auch schon der nächste Dämpfer in Form des Wetterberichts. Sturmwarnung für die kommenden zumindest 24 Stunden, bis zu 75 Knoten, Nebel und Regenschauer. Ich versuche, mich noch etwas auszuruhen, fülle meinen Wasservorrat auf und esse eine Riesenportion Schokomüsli. Gerade erst habe ich mich auf der Navibank ausgestreckt, da trifft uns schon die erste harte Bö. Die NAUTICSPORT KAPSCH legt sich tief nach Steuerbord, das Überholen scheint für Sekunden kein Ende zu nehmen. Mit lautem Getöse schleudert eine Werkzeugkiste durch die Navi und knallt gegen die Tankwand. Ein Verschluss bricht, der Deckel klappt auf und nahezu mein gesamtes Handwerkzeug landet im schmutzigen Bilgenwasser. Ich werde ebenfalls nach Steuerbord katapultiert und kann mich gerade noch vor der Deckshauskante abstützen. Die NAUTICSPORT KAPSCH vollführt einen Aufschießer, Segel schlagen, die Bö heult furchterregend im Rigg, der Kursalarm piepst nervtötend, grünes Wasser schießt über Deck, meine Schläfen pochen und der Mund wird trocken. Ich versuche, mich anzuziehen, verliere das Gleichgewicht und lande neben meiner Werkzeugkiste in der Bilge. Ich rapple mich auf, kämpfe mit der Ölzeugjacke, schaffe es, die Seestiefel anzuziehen und hechte ins Cockpit. Platsch, Volltreffer, eiskaltes Seewasser schießt mir ins Gesicht, meine Augen brennen, ich kann kaum etwas sehen, klammere mich mit einer Hand an das Steuerrad und taste mit der anderen nach der Großschot. Endlich finden meine Beine Halt, ich schalte den Autopiloten auf Stand-by, lege hart Ruder nach Steuerbord und fiere das Groß. In der Zwischenzeit hat auch die Sturmbö etwas nachgelassen, langsam dreht der Bug wieder nach Steuerbord und die NAUTICSPORT KAPSCH nimmt Fahrt auf. Ich reffe Genua und Groß, klariere das Deck und verkrümle mich wieder unter Deck. Noch ist der Seegang einigermaßen friedlich, noch kann der Autopilot einen sauberen Kurs steuern, und somit nutze ich die Zeit, um mich trockenzulegen und auszuruhen. Wer weiß, was mich in den nächsten 20 Stunden noch erwartet. Aber offensichtlich ist auch Neptun schon in Weihnachtslaune. Das Barometer fällt zwar noch unter 1000 Hpa, der Wind dreht auf Nord und legt ordentlich zu, aber schließlich verläuft sich das schwere Sturmtief und wird zu einer für dieses Fahrgebiet durchschnittlichen Schlechtwetterfront. Nebel, Nieselregen, NW 6 Bft, Innentemperatur 5 °C, Wassertemperatur 1,5 °C. Doch westlich der Kerguelen darf man sich über eine solche Wettersituation nicht beschweren. Ich programmiere das Inmarsat-C, eine Tageszeitung ruft mich an und ich gebe ein langes Interview. Worauf ich mich gerade am meisten freue? Natürlich auf mein Weihnachtsessen, morgen ist es endlich so weit, da darf ich meine Geschenkspakete öffnen, Schampus schlürfen und Weihnachtskekse mampfen. Aber vorher muss ich noch einige Reparaturen erledigen.

Ich nutze den zunehmend ruhigen Nachmittag, dichte Decksdurchführungen im Vorschiff, lenze alle Bilgen und kontrolliere die Ruderanlage. Beide Sitzringe der oberen Ruderstocklager sind locker. Ich ziehe die Schrauben wieder fest, schmiere die Walzenlager in der Rumpfdurchführung und spanne die Steuerseile. Danach beginne ich, die Navi weihnachtlich zu schmücken. Aus Geschenkspapier schneide ich Tannenbäume und Sterne aus. Diese klebe ich mit wieder ablösbarem Klebeband auf Bildschirme, Displays und Schaltpaneelen. Ich muss mich mit den Vorbereitungen beeilen, denn das nächste Tiefdruckgebiet ist bereits im Anmarsch. Der morgige Weihnachtstag soll laut Wetterbericht ziemlich rau werden. Aber was soll's, ich werde mein Weihnachtsmenü eben etwas umstellen, die Geschenke auf dem Navitisch gut verkeilen oder festkleben und mich über das hoffentlich gute Etmal freuen.

Tatsächlich wird der heilige Abend ein sehr sportlicher. Ich stehe die meiste Zeit am Ruder und steuere. N 7–9 Bft, die See ist sehr rau, und der mächtige, auflaufende Seegang beschert der NAUTICSPORT KAPSCH grandiose Surfphasen. Die Luft ist gischtgeschwängert, ich stehe stundenlang am Ruder und bin seelisch zerrissen. Einerseits begeistert mich das wilde Szenario aus fliegendem Wasser und schier endlosen Surfphasen, die vom lauten Getöse der konfusen Brecher begleitet werden. Ich sehe die ersten Robben und zahlreiche Seetangbündel. Andererseits aber sehne ich mich nach trockener Unterwäsche, warmen Zehen und einigen Gesprächen mit lieben Freunden und meiner Familie. Spät abends wird es doch noch etwas ruhiger, die Böen kreischen nicht mehr, sie singen nur noch im Rigg, und die NAUTICSPORT KAPSCH kann den wechselnden Winddruck gut in Vortrieb umsetzen. Ich sitze, umgeben von Leckereien, auf der Navibank und telefoniere. Nach einer halben Stunde bekomme ich Rückenschmerzen, denn ich muss ja jede Beschleunigungsphase mit der Rückenmuskulatur abfangen. Zusätzlich muss ich aufpassen, dass ich meine Kekse und Schokoladekugeln nicht in den Fleecekragen, sondern in den weit aufgerissenen Mund stopfe. Bei sehr harten Bewegungen nehme ich die Ellbogen zur Hilfe, aber auch das ist äußerst schmerzhaft. Also beginne ich, mein „Weihnachtsszenario" neu zu ordnen. Mithilfe meiner Mikrokugelsäcke baue ich mir in der Navi eine Sitzkuhle. Darin positioniere ich Essen und Trinken. Ich schiebe eine Weihnachts-CD in den Player, greife mir das Inmarsat-B-Headset und wühle mich in die Styrodurkissen. Ich überprüfe noch, ob Ölzeug und Seestiefel in Reichweite sind, schreibe eine Durchhalte-Parole ins Logbuch und beginne wieder zu essen. Unglaublich, wie viele Süßigkeiten in so einen Magen passen. Jedes Mal, wenn ein SMS eintrifft, durchfährt mich ein Freudenschauer. Schön, dass ich nicht vergessen bin. Spät nachts werden die Nachrichten von zu Hause spärlicher. Ich habe ein drückendes Völlegefühl, aber dafür endlich wieder einmal warme Zehen und Finger. Auf dem Rücken liegend starre ich an die Deckshausdecke. Pausenlos prasselt Seewasser gegen die Scheiben, die NAUTICSPORT KAPSCH wühlt sich über einen wild schäumenden Ozean, absolute Dunkelheit lässt das Inferno nur erahnen. Ich versuche, etwas zu schlafen, schiebe meine Hand zwischen den kaltnassen Netzpolster und meine Wange. Ich freue mich über den Keksgeruch, der an meinen Fingern haftet, und nicke ein. Ich träume von meiner Kindheit. Es ist bereits dunkel. Ich starre aus dem Fenster auf die Kreuzung unmittelbar vor unserem Haus. Ich zähle die vorbeifahrenden Autos. Endlich, die ersehnte Weihnachtsglocke. Ich fahre hoch und will losrennen! Es ist der Unterspannungsalarm. Also nicht losrennen, sondern Stirnlampe einschalten, Stiefel anziehen, Motorhauptschalter drehen, Starter kurzschließen – rumpelnd beginnt der Schiffsdiesel zu leben. Der Alarm verstummt und das Voltmeter klettert wieder nach oben. Ich ziehe mich fertig an und steige ins Cockpit. Vorsichtig spähe ich über die Deckshauskante. Von den Elektronikdisplays beleuchtete Gischt schießt mir entgegen, blitzartig ziehe ich den Kopf wieder ein. Glück gehabt. Wütend prasselt die Wasserkaskade ins Cockpit. Ich drücke mich in die Steuerbordkuhle neben dem Niedergang und versuche, noch einmal einzudösen.

Eine Panne kommt selten allein!

Endlich, Radio Perth sendet keine Schwerwetterwarnungen mehr. Das Barometer klettert wieder nach oben und die Sonne blinzelt durch die Wolkendecke. Ich stehe aber dennoch viele Stunden am Ruder, denn der Seegang bleibt auch am dritten Weihnachtstag konfus. Somit gilt es nicht nur, den Kurs zu optimieren, sondern vor allem auch Strom zu sparen.

Mein Einsatz lohnt sich, ich kann Dinelli überholen und bin nun bereits auf dem 17. Platz. Mein Konzept, mich effizient, aber dennoch möglichst materialschonend voranzuarbeiten, scheint aufzugehen. Trotz der mir auferlegten „Mäßigung" bis zum Kap Hoorn aber kämpfe ich pausenlos mit technischen Problemen. Zum Beispiel benötige ich mehrere Tage, um das Inmarsat-B neu zu programmieren. Zwischen den Weihnachtstelefonaten konnte ich plötzlich keine Verbindung mehr herstellen. Der zur Verfügung stehende Nachrichtensatellit gab meiner Antenne keine Autorisierung. Warum? Niemand konnte mir einen zielführenden Tipp geben, denn der Terminal ist mehr als 20 Jahre alt und muss noch manuell auf den passenden Satelliten eingestellt werden. Leider habe ich nie eine Bedienungsanleitung dafür erhalten. Im Jahr 2004 wurde ich von der France Telekom auf das Gerät eingeschult, aber inzwischen habe ich schon wieder einiges davon vergessen. Meine Kontaktpersonen haben in den letzten

Jahren gewechselt, und da dieser Terminal nicht mehr im Vertriebsprogramm ist, wissen die jetzigen Mitarbeiter des Betreibers nicht, wie man vorgehen muss. Also probieren, probieren und nochmals probieren. Nach etwas zu suchen, das man nicht definieren kann, ist sehr nervig, aber schließlich habe ich doch Erfolg. Durch Zufall komme ich dem Menü auf die Schliche, die Verbindung läuft wieder. Mein Gefühlsbarometer steigt, und sofort sende ich Film- und Fotomaterial an meinen Webbetreiber. Nachdem ich alle wichtigen Infos weitergeleitet habe, stelle ich mich höchst motiviert ans Ruder. Meine Gedanken fokussieren sich auf die nächsten mentalen Highlights dieses Marathontörns. Silvester, Marions Geburtstag, Halbzeit, mein Geburtstag, Kap Hoorn … Einige meiner Freunde denken schon über das Organisieren meiner Rückkunft nach, aber das erscheint mir wirklich vorschnell. Egal, die NAUTICSPORT KAPSCH surft nach Osten, und die Meilen ticken.

Es ist Sonntag, der 28. Dezember. Mittags lässt der Nordwind etwas nach. Ich nutze die Starkwindpause und bereite mir ein üppiges Mittagessen. Noch ahne ich nichts davon, dass ich schon wenig später jede einzelne Kalorie abarbeiten werde. Ich wärme eine Entenkasserolle mit Kartoffelpüree, die Konserve ist zwar sündhaft schwer, aber auch ebenso schmackhaft, weshalb ich sie unter dem Titel Weihnachtsamnestie an Bord genommen habe. Kaum habe ich die Hälfte der mit echtem Schmalz aufgefüllten Fleischkonserve verspeist, mampfe ich noch Schokolade, Lebkuchen und Kekse. Das ganze im wahrsten Sinne des Wortes gewichtige Essen spüle ich mit dampfendem Tee und Kaffee in den nunmehr prall gefüllten Bauch. Seglerherz, was willst du mehr! Kaum habe ich den letzten Schluck getrunken, stehe ich auch schon wieder hinter dem Steuerrad. Die Steuerradwelle quietscht von neuem. Übermutig hole ich die halbvolle Entenkasserolle ins Cockpit und drücke etwas Entenfett ins Wellenlager. Das Quietschen verstummt. Na bitte, Ideen muss man haben. Ich blicke zufrieden zum gischtverhangenen Bug und habe mich noch nicht einmal zu Ende gefreut, da glaube ich meinen Augen nicht zu trauen. Die prall gefüllte GE1 bildet plötzlich eine tiefe Falte, die Scheibe der Rollanlage wird von Deck gerissen und verheddert sich für einige Sekunden am Bugkorb. Dann geht neuerlich ein Ruck durch das Vorstag, die Querstreben des Bugkorbes reißen aus. Gleichzeitig zersplittert das Acrylglas der Positionslampen und wird von der Gischt über Deck geschwemmt. Jetzt wird die Rollanlage zurück an Deck geschleudert, knallt hart neben der Vorschiffluke auf und reißt ein Loch in das Deckslaminat. Die Aluscheibe rumpelt über das Vorschiff und verheddert sich in der Steuerbordreling. Die Genua beginnt zu schlagen, zwei Relingsstützen knicken, und schon wird das Segel wieder hochgerissen. Die Bö aus WSW erreicht Sturmstärke. Das schwere Segel mit seiner Rollanlage weht nun beinahe wie ein riesiger Wimpel auf Höhe der 2. Saling an Steuerbord. Nun beginnt der Mast zu vibrieren. Ein Blick zum Topp lässt keinen Zweifel aufkommen, ich muss diese Situation augenblicklich bereinigen, sonst kann sie das Rigg kosten. Ich hechte zum Fallenstopper und reiße den Hebel nach oben. Surrend beginnt das Fall auszurauschen, bleibt aber nach einigen Metern abrupt hängen. Klar, das Fall hat einige Klinken, da ich es nicht sauber aufgelegt habe. Ich schließe den Fallenstopper und beginne, das Fall zu klarieren. Das ganze Deck erzittert unter den wilden Schlägen des Vorsegels. In der Zwischenzeit hat die NAUTICSPORT KAPSCH etwas angeluvt. Ich fiere die Großschot, gebe dem Autopiloten etwas mehr Stützruder und öffne erneut den Fallenstopper der Genua. Endlich rauscht die Leine aus, das Segel versinkt im aufgewühlten Ozean und wird sofort unter den Rumpf gerissen. Das Fall spannt sich über die Deckskante wie eine Gitarrenseite. Schweren Herzens muss ich auch das Groß bergen, um Fahrt aus dem Schiff zu nehmen. Die Jacht dreht sich quer zur Windrichtung und beginnt zu treiben.

Mehr als zwei Stunden benötige ich, dann habe ich das Segel endlich wieder an Deck. Ich bin völlig geschafft, verstaue das beschädigte Segel im Vorschiff und setze die GE2 zum Groß. Sobald wieder Fahrt im Schiff ist, fühle ich mich etwas besser, aber dennoch bleibt mir ein Gefühl von Resignation. Wie konnte das passieren, ich hatte doch alle Deckbeschläge erst kontrolliert!

Der Wind nimmt wieder ab, das Barometer bleibt stabil und die Wolkendecke reißt auf. Sonne, endlich ist sie wieder da! Aber kaum fotografiere ich ihren stimmungsvollen Untergang, steigt der Inmarsat-C-Datenterminal aus. „Keine Antennenverbindung", lautet die lakonische Fehlermeldung. Aber die Antenne ist verbunden und die Kontakte sind sauber und die Überwurfmutter ist fest und die Sicherung in Ordnung und …! Egal, jetzt benötige ich erst einmal etwas Schlaf. Ich kann mich nicht mehr konzentrieren, fühle mich ausgepumpt und leer. Bevor ich mich hinlege, unternehme ich noch einen Motivationsversuch, schließlich muss ich mich möglichst rasch aus diesem mentalen Tief befreien, sonst wird das Leben an Bord zur Hölle und die Meilenleistung leidet. Ich überdenke die eingetretenen Schäden. Nichts davon kann mein Vorankommen nachhaltig beeinflussen. Diese Erkenntnis ist sehr wichtig. Danach beginne ich, ein bisschen im Logbuch zu rechnen. Noch 6500 Meilen bis Kap Hoorn. Ist doch gleich besser als 17.500, die es nach dem Start waren. „Think positive, auch wenn es nicht immer leicht fällt", schreibe ich in riesigen Lettern unter die Eintragung. Dann wühle ich mich mit den Seestiefeln in den nassen Schlafsack. Heute lasse ich die Schuhe an, denn der Gestank meiner Neoprensocken könnte meine Depressionen noch verstärken, in jedem Fall aber raubt er mir den Sauerstoff zum Atmen.

Prosit Neujahr!

Einige Schlafpausen später habe ich zwar immer noch bleierne Glieder, bin aber geistig wieder voller Tatendrang. Also los! Ich baue die Navi zur Elektronikwerkstatt um und beginne, den Fehler am Inmarsat-C zu analysieren. Ich zerlege den Antennenanschluss, demontiere die Grundplatte, inspiziere den Eingangssockel und löte ein komplett neues Anschlussstück am Antennenkabel. Aber all meine Bemühungen sind erfolglos. Die Fehlermeldung bleibt, der Terminal kann keine Verbindung herstellen. Ich verstaue das Elektronikwerkzeug wieder in seinem Container und schreibe ein Mail an die Regattaleitung. Danach motiviere ich mich mit Körperpflege und einer großen Portion Nudeln. Satt und zufrieden überdenke ich meine aktuelle Situation. Morgen ist Silvester, und gleichzeitig fehlen mir nur noch 170 Meilen bis zur Länge von Kap Leeuwin. Somit gilt es nur noch den heutigen Tag abzuarbeiten und sich auf den morgigen zu freuen! Die Wettersituation steuert zwar dagegen, aber angesichts solcher Perspektiven können mir auch Schwachwind, die geschlossene Wolkendecke und der kalte Nieselregen die Laune nicht verderben. Ich kontrolliere noch die Ruderanlage, lenze alle Kompartments und motiviere mich danach mit Schokolade, Cola und Telefonieren. Aber gerade, als ich mit Marion plaudere, trifft mich der nächste Schlag in die Magengrube. Er war deutlich hörbar, dieser metallene Ton, gerade so, als würde eine Mutter, ein Splint oder eine Schraube an Deck fallen. Während ich das Gespräch unkonzentriert fortsetze, wandern meine Augen zum Mast und danach entlang des Großsegelvorlieks hinauf zur ersten Saling, über die Lattentaschen des Großsegels hinauf zur zweiten Saling und danach wieder zu den Lattentaschen und den dazugehörigen Fixierplatten. Doch: Diese Lattentasche hat keine Fixierplatten mehr! „Ich melde mich später noch mal!" – Ohne eine Antwort abzuwarten, beende ich das Gespräch und bin auch schon an Deck. Als ich das ganze Ausmaß der Bescherung erkenne, erfasst mich ein erschreckender Aggressionsschub. Die NAUTICSPORT KAPSCH segelt hart am Wind nach Osten. Ich werde gegen das Deckshaus geschleudert und beginne vor Zorn zu heulen, brülle vor mich hin und stürze wieder unter Deck. Ich durchwühle die Werkzeugkiste nach den passenden Inbusschlüsseln. Kaum habe ich sie in Händen, bin ich auch schon wieder an Deck. Das darf doch nicht wahr sein, beinahe alle Schrauben der Lattentaschen sind lose, ragen zum Teil schon einige Gewindegänge aus den Befestigungsplatten oder fehlen überhaupt. Offensichtlich wurden die Schrauben ohne Schraubensicherungen eingesetzt. Um auf den Großbaum klettern zu können und die losen Schrauben wieder festzuziehen, muss ich aufraumen, also viel Höhe für die Zeit der Reparaturarbeiten verschenken. Wofür habe ich mich dann die letzten Stunden durchschütteln lassen und das Material gemartert? Immer noch kochend vor Wut, fiere ich erst das Großfall und dann die Schot. Danach segle ich mit dem kleinen Toppstück des Großsegels und der GE2 nach Norden, während ich alle Schrauben an den Lattentaschen nachziehe und die bereits verlorenen ersetze. Zum Glück hat mir Harald ein passendes Sortiment an Ersatzschrauben eingepackt, und ich verfüge auch über große Karosseriescheiben, um eine bereits verloren gegangene Metallplatte zu ersetzen. Endlich, alle Platten und Schrauben sind wieder fest und ich setze das Großsegel. Jetzt bringe ich die NAUTICSPORT KAPSCH wieder auf Ostkurs und klettere in die Navi, um mich trockenzulegen und die Logbucheintragung zu machen. Ich entscheide, ab morgen hart zu bleiben, und das bedeutet: „Kein Alkohol für Neptun zu speziellen Anlässen, auch nicht zum Jahreswechsel!" – Nach dieser Feststellung verordne ich mir einen Kino-Abend. Point Break, diesen Film über eine Gruppe von Surfern, die so ganz nebenbei als die „Amerikanischen Expräsidenten" Banken ausrauben, habe ich zwar schon unzählige Male gesehen, aber er fasziniert mich immer wieder und stimmt mich positiv. Gerade, als die Truppe wieder eine Bank stürmt, meldet sich der Positionsalarm meines Plotters. Die NAUTICSPORT KAPSCH übersegelt soeben die Länge von Kap Leeuwin. Jetzt beginnt er also, der „Gipfelsturm" auf Kap Hoorn, und welcher Zeitpunkt könnte passender sein als der Jahreswechsel?

Silvester beginnt sanft und angenehm. Ich frühstücke ausreichend und kann mich danach ins Vorschiff begeben, um die drei Risse in der GE1 zu nähen. Anschließend klariere ich die Schoten und die Rollanlage des Segels. Das Wetter wird immer ruhiger, und so könnte ich die Rollanlage auch gleich wieder montieren, aber mir fehlt der Bolzen, um das Rüsteisen mit der Rollanlage zu verbinden. Ich durchsuche meine Ersatzteilkiste für „besondere Fälle" – und siehe da, Harald hat auch hierfür vorgesorgt und mir die passenden Ersatzbolzen für die Rüsteisen eingepackt! Meine Silvesterstimmung erreicht ihren Höhepunkt. Ich montiere die Rollanlage und setze das Segel. Inzwischen ist der Wind beinahe eingeschlafen, aber die NAUTICSPORT KAPSCH läuft immer noch unter Vollzeug mit 7 Knoten ins neue Jahr. Nach Zonenzeit feiere ich einen ruhigen Jahreswechsel, genieße meine kleine Flasche Champagner und bin auch mit Neptun nachsichtig. O. k., ein kleiner Schluck, aber wirklich nur ein ganz kleiner, das muss reichen. Später kontrolliere ich noch die Lebensmittelcontainer im Achterschiff. In zwei Behälter ist etwas Wasser eingedrungen, aber noch ist der Inhalt in Ordnung. Ich lege sie trocken und verschließe die Deckel zusätzlich mit Klebeband.

Auf und ab auf allen Linien

Die ersten Tage im neuen Jahr verlaufen der Position entsprechend. Die NAUTICSPORT KAPSCH segelt auf Ostkurs, das Barometer zappelt um 1000 Hpa, der Wind behält seine Westkomponente. Starke Bewölkung, Nieselregen und Schneeschauer. Zeitweise gesellt sich auch Nebel zu diesem bedrückenden Wetterszenario.

Ich bekomme Kieferschmerzen. Vor mehreren Tagen ist mir ein Stück Zahn ausgebrochen. Das Loch im Zahnfleisch füllt sich nun ständig mit Speiseresten. Obwohl ich mir fast nach jedem Essen die Zähne putze und mich bemühe, den Mundraum möglichst sauber zu halten, beginnt sich nun der Kiefer zu entzünden. Aber nicht nur mein Kiefer, sondern auch das Lazy-Bag zeigt Abnutzungserscheinungen. Einige Gurtbänder sind gerissen, das Bag verrutscht zum Mastfuß und das gereffte Großsegel fällt aus der Tasche, scheuert am Deckshaus und an der Reling. Ich benötige mehr als eine Stunde, um die steife Planentasche so weit nach achtern zu winschen, dass ich sie wieder festzurren kann.

Eisschauer, 8/8 Bewölkung, N 6 Bft, böig, meine Finger und Zehen sind steif, meine Laune im Keller. Jetzt gesellt sich auch noch dicker Nebel dazu. Die Sicht ist praktisch null, das Radar läuft. Die aktuelle Position ist fast genau auf halbem Weg zwischen der Südwestspitze Australiens, Tasmaniens und dem antarktischen Festland. Etwa 1000 Meilen in jede Richtung, ich fühle mich einsam, werde immer depressiver und mürrischer. Ich male mir aus, was jetzt wohl wäre, wenn die NAUTICSPORT KAPSCH eine Kollision mit Treibgut hätte. Meine Blicke schweifen in das zischende Kielwasser. Der Ozean sieht nicht nur kalt aus, er hat tatsächlich nur 3,5 °C. Das Knirschen des Backbord-Ruderstockes reißt mich aus meiner Lethargie. Ich hole mir passendes Werkzeug und öffne die Inspektionsdeckel. Wieder sind alle Schrauben locker. Ich bemühe mich, das gebrochene Lager möglichst exakt einzurichten. Dann ziehe ich die Schrauben wieder fest, so fest ich eben kann. Das Ergebnis ist nervtötend. Bei jeder noch so kleinen Bewegung des Ruderstockes geht ein zermürbendes Knirschen durch den Rumpf. Ich klettere ins Achterschiff, versuche, den Sitz des Lagers neuerlich anzupassen, aber auch diesmal bleibt das Knirschen. Das

Teflonfett, das ich reichlich aufsprühe, zeigt keine Wirkung. Es kann wohl nicht tief genug in das Lager eindringen. Ich überlege Alternativen. Ich habe Motoröl an Bord, aber falls der Motor ein Problem bekommt und ich kein passendes Öl mehr habe, bricht die Stromversorgung zusammen. Welche Schmierstoffe sind noch an Bord? Meine Gedanken rasen, der Ruderstock knirscht, Speiseöl! Na klar, ich habe doch eine Flasche Speiseöl an Bord. Ich wühle nach der noch original verschlossenen Flasche, öffne ungeschickt den Verschluss und tröpfle reichlich über den Ruderstock. Das dicke Öl läuft in jede Fuge, in die Lagerschalen und Walzenlager am Rumpfdurchbruch. Nach einigen Sekunden werden die Geräusche merklich schwächer. Na bitte, mein Launenbarometer schießt nach oben. Wenn ich das Öl schon nicht zum Kochen verwende, dann wenigstens zum Schmieren.

Hätte ich zu diesem Zeitpunkt geahnt, was der Inhalt dieser nun geöffneten 2-Liter-Flasche noch alles ungewollt schmieren wird, keine Sekunde wäre er in dieser Flasche geblieben.

Der Niederschlag

55. Fahrtag, N 5 Bft, hoher Schwell, das Barometer zeigt 993 Hpa und fällt, 4/8 Bewölkung.

Die NAUTICSPORT KAPSCH kann gerade noch Vollzeug tragen und surft über den lebhaften, in bizarren Blau- und Grautönen schimmernden Südpazifik nach Osten. „Happy birthday, Marion", schreibe ich ins Logbuch, telefoniere mit dem Geburtstagskind und bin seit Tagen endlich wieder einmal richtig gut gelaunt. Daran kann auch ein USB-Harp nichts ändern, der von der Navischot fällt. Alles kein Problem. Ich verklebe das Gehäuse mit Sekundenkleber, überprüfe auch gleich die Rückseite der Navi auf Wasserschäden, alles in Ordnung. Hochmotiviert kontrolliere ich Dieselleitungen, das Niveau der Tankinhalte und mache auch gleich eine überschlagsartige Lebensmittelinventur. Während der Autopilot summt und der beschädigte Ruderstock dank Speiseölkur nur ein dumpfes Brummen von sich gibt, durchsuche ich Lebensmittelcontainer und Staukisten. Essen, Kleidung, Medikamente, Ersatzteile, alles scheint noch reichlich vorhanden und in einwandfreiem Zustand. Sieht richtig gut aus mit meinen Ressourcen. Tatsächlich passen Verbrauch und Verschleiß zur Meilenleistung, also starte ich gleich den Wassermacher und gönne mir eine kleine Zwischenmahlzeit mit Köstlichkeiten aus dem Weihnachtsgeschenkefundus. Danach gehe ich an Deck und übernehme das Ruder. Der Seegang hat seine Richtung geändert, ich sollte schiften. Also, keine Müdigkeit vortäuschen. Ich übergebe das Ruder wieder an den Autopiloten und winsche das Groß zur Schiffsmitte. Backstagwechsel, Groß auffieren, das Manöver klappt nicht, die Backstagen kommen unklar. Also alles retour. Obwohl ich das Großsegel wieder fiere, bleibt der Backbordbackstag verheddert. Na gut, dann muss ich eben auf das Achterschiff, um die Backstagen aus dem Segel zu heben. Instinktiv schließe ich den Ölzeugkragen, ziehe die Kapuze über und krieche zu den Backstagen.

Sonnendurchflutete Gischt fegt über das Achterschiff. Der Großbaum ist etwas lose, pendelt je nach Wellendurchgang von Steuerbord nach Backbord, aber wen kümmert das schon. Ich bin energiegeladen und versuche, die verhedderten Leinen zu klarieren. Manuell lässt sich da nichts machen, zu viel Zug an den einzelnen Enden. Also winschen. Ich erspähe die Winschkurbel auf der Großschotwinsch, verharre noch einen Augenblick in meiner knienden Position. Eine steile Welle knallt gegen das Achterschiff und drückt es hart nach Backbord. Gurgelnd schießt Seewasser über das Freibord. Kalte Gischt fliegt mir ins Gesicht, ich werde unruhig, stemme mich hoch und will zur Großwinsch hechten! Die hart gespannte Großschot trifft mich quer über der Wange, am linken Ohr und am Halsansatz. Ich werde auf Deck geschleudert. Für Sekunden fehlt mir die Orientierung, was ist passiert? Rumms, der Großbaum rauscht neuerlich über das Achterschiff, und mit ihm die Schot. Dumpf kracht er in die losen Backstagen. Ich krieche ins Cockpit, fixiere den Großbaum und lehne mich danach gegen den Winschsockel. Langsam wird mir die Gefährlichkeit dieser Situation bewusst. Stechender Schmerz am Hals, das linke Ohr brennt höllisch und mein Gesicht fühlt sich taub an. Glücklicherweise haben Ölzeugkragen und Kapuze den Schlag etwas gedämpft, vor allem aber das Ohr geschützt. Mein Nacken beginnt sich zu versteifen. Ich kontrolliere noch den Segeltrimm, danach klettere ich kleinlaut und mit schmerzverzerrtem Gesicht unter Deck. Gerade als ich Gefahr laufe, in Selbstmitleid zu versinken, läutet das Iridium-Telefon. Es ist Raphaël. Es geht ihm hörbar schlecht, er ist gesundheitlich angeschlagen, und zudem macht ihm sein Großfall ernsthafte Sorgen. Ich versuche, mich auf das Gespräch zu konzentrieren, Raphaël zu motivieren und vergesse darüber meine eigenen Schmerzen. Als wir das Telefonat beenden, bleibe ich noch sitzen und starre durch die Deckshausfenster auf die bewegte See. Ich denke auch wieder an Yann und überlege, wie nah oft Glück und Katastrophe einhergehen.

Halbzeit nach Meilen

Gegen 13:00 UTC durchsegle ich Icegate 7. Mit den Positionsmeldungen erfahre ich, dass ARTEMIS und AVIVA Probleme mit den Großsegeln haben. Das Tuchlaminat beginnt, sich aufzulösen. Diese Sorge habe ich glücklicherweise nicht, aber dafür andere, und die sind nicht weniger groß. Mein Ruderstock hat laufend Appetit auf Speiseöl, das Barometer purzelt in den Keller, und der Wetterbericht verspricht einen sehr sportlichen Wochenanfang. Kein Wunder, befinde ich mich doch südlich von Tasmanien, einer der berüchtigtsten Wetterküchen unseres Planeten.

Um 22:00 Uhr UTC steht das Barometer auf 976 Hpa, um 00:15 Uhr UTC auf 974 Hpa, die Breite des Papierstreifens, der über den Meteografen wandert, ist fast zu Ende, und die NAUTICSPORT KAPSCH segelt als U-Boot nach Osten. Satte 8 Bft aus Nord mit harten, kreischenden Böen in Orkanstärke und ein mächtiger, konfuser Seegang treiben die Jacht vor sich her. Das Achterschiff ertrinkt förmlich in den Brecherkämmen, das Cockpit ist zeitweise eben gefüllt mit eiskaltem Seewasser, und ich stehe am Ruder. Mit all meinem Geschick versuche ich nicht nur, einen sauberen Kurs zu halten, sondern auch zu fotografieren. Aber das ist nicht nur kräfteraubend, sondern mitunter auch gefährlich. Ich darf mich durch das Fotografieren nicht ablenken lassen, aber das ist leichter gesagt als getan. Trotz meiner Bemühungen, beides fehlerfrei zu machen, luvt die NAUTICSPORT

KAPSCH einige Male ungewollt stark an. Die Genua wird dabei eingedrückt, und die Jacht ist für Sekunden ein Spielball der Elemente. Genau das sollte sie aber nicht sein, und deshalb beschließe ich, den Fotoapparat wegzulegen und mich nur noch auf das Steuern zu konzentrieren.

ARTEMIS muss aufgeben und Neuseeland anlaufen, das Großsegel ist schlichtweg fertig. Schade, denn Jonny ist ein besonders netter Skipper, immer gut gelaunt und voller Tatendrang. Ich fühle mit ihm, merke, wie in mir etwas Trauer aufsteigt, aber meine trüben Gedanken werden im wahrsten Sinne des Wortes rasch wieder verblasen. Der Gurt des 2. Reff im Groß ist gerissen. Bei diesem Wetter gibt es nichts Anstrengenderes und Nasseres, als auf dem Vorschiff zu arbeiten. Egal: Wenn ich mein Großsegel nicht gefährden will, tue ich gut daran, den Gurt möglichst schnell zu ersetzen. Also schließe ich das Ölzeug so dicht es nur geht, stopfe mir das wichtigste Werkzeug in die Taschen und kämpfe mich zum Mast. „Fehlt nur noch Haarshampoo und Rasierschaum", denke ich, während meine klammen, ungeschickten Finger den gerissenen Gurt lösen und einen neuen einfädeln. So ganz nebenbei bemerke ich eine fehlende Mutter am Bolzen eines Lattenschlittens. Glück gehabt, denn wäre der Bolzen herausgefallen, hätte die Segellatte mit dem metallenen Spanner den Mast malträtiert.

Immer wieder geht ein markerschütterndes Zittern durch den Rumpf. Dies ist ein unverkennbares Zeichen, dass die Jacht von einer energiestrotzenden Welle eingeholt und mitgerissen wird. In diesen Momenten muss ich mich sofort mit aller Kraft am Mastfuß festkrallen, um nicht über Deck geschleudert und in den schäumenden Ozean gespült zu werden. Die Surfphasen sind von einer schier grenzenlosen Dynamik, die Aufsitzer zwingen mich in die Knie. Ob ich denn nicht angeleint bin? Natürlich bin ich das, aber um zumindest einen kleinen Arbeitsradius zu ermöglichen, kann der Gurt mich nicht straff fixieren, und bei den Beschleunigungskräften, die hier frei werden, kann schon der kleinste Spielraum schwere Verletzungen bewirken.

40 Stunden später. Das Barometer klettert nur sehr langsam nach oben. Immer noch Starkwind mit Sturmböen, und der Seegang läuft

konfuser denn zuvor. Die Belastung von Rumpf und Deck haben zwei weitere Deckshausfenster undicht werden lassen, die komplette Navi ist nass. Ich versuche mich abzulenken, versuche, meine gute Laune mit Essen zu behalten, aber es will mir nicht schmecken. Ich starte eine DVD, aber ich habe keinen Kopf für den Film. Zudem stört mich der hohe Stromverbrauch. Ich musste die Konfigurierung für die maximalen Arbeitslasten des Autopiloten bereits zwei Mal erhöhen, sonst wäre die Hydraulik nicht in der Lage, die Ruderstöcke zu drehen. Also wieder ab ins Cockpit und mit aufgeweichten, blasenübersäten Fingern weitersteuern. Wegen der herrschenden Seegangsverhältnisse habe ich auch den Inmarsat-B-Terminal ausgeschaltet. Die große, selbst nachführende Antenne würde die Batterien sehr rasch entleeren, und da die Solarzellen bei derartigen Wetterverhältnissen nur sehr wenig Strom erzeugen, bleibt mir nur die Maschine als Stromquelle. Also setze ich mich nochmals sechs Stunden der eiskalten Gischt und den Sturmböen aus. Dann wird es dunkel, ich kontrolliere optisch Rigg und Deck und schalte auf Autopilot. Sofort ertönt das vertraute Summen der Hydraulikpumpe, und das Steuerrad dreht sich wie von Geisterhand. Zumindest der Wind hat etwas abgenommen, und so quetsche ich mich in die Lee-Kuhle neben dem Niedergang. Hier ist es wenigstens windgeschützt und ein bisschen trockener, hier bleibe ich stand-by, bis auch der Seegang wieder gleichmäßiger läuft.

Mittwoch, 07. 01. 2009, mein 59. Fahrtag, leider der letzte für Jean Le Cam. Ihn, genauer gesagt seine VM MATÉRIAUX, hat es schlimm erwischt. Unmittelbar vor Kap Hoorn hat die Jacht ihre Kielbombe verloren und sich überschlagen. Le Cam hat Glück im Unglück und kann nach einigen bangen Stunden von Vincent Riou, dem Skipper der PRB, abgeborgen werden. Leider beschädigt dieser dabei einen seiner Riggausleger. Als Folge dieses Malheurs wird Stunden später auch die PRB entmastet. Somit sind zwei weitere Favoriten ausgeschieden und ich bin ab sofort an 12. Stelle.

Während am Kap Hoorn die chilenische Marine alle Hände voll zu tun hat, feiere ich Streckenhalbzeit. „Von jetzt an geht es bergab", schreibe ich ins Logbuch. Dabei fällt mein Blick auf die Reparaturliste. Sofort werde ich wieder ehrfürchtig. Unglaublich, was schon alles kaputtgegangen ist. Egal, es wird ein sonniger Tag, Wind und Seegang schwächen merklich weiter ab, und die Außentemperatur klettert auf 9 °C. Somit beginne ich auch gleich mit notwendigen Arbeiten. Am Großschottraveller hat es einen Stopper förmlich zerbröselt. Ich hatte ihn nachts irrtümlich geöffnet und dann, während die Travellerleine ausrauschte, wieder geschlossen. Die querverwebte Vectranleine, Made in Switzerland, konnte dem abrupten Lastwechsel standhalten, das Stoppergehäuse zerbarst in mehrere Teile. Anschließend lasse ich den Notgenerator Probe laufen. Der kleine 2-Takt-Motor springt nach einigen beherzten Zügen an der Startleine ratternd an. Er ist gerade einmal stark genug, ein 20-Ampere-Ladegerät zu betreiben, dafür aber sehr sparsam. Ich habe 80 Liter Treibstoff an Bord, damit würde der Generator etwa 120 Stunden laufen, also für zumindest 60 Fahrtage die Notversorgung gewährleisten.

Während der kleine Stinker vor sich hin tuckert, inspiziere ich die Keilriemen am Schiffsdiesel. Der Antriebsriemen für die 12-Volt-Lichtmaschine hatte in den vergangenen Tagen markdurchdringend gequietscht. Er ist stark eingelaufen und deshalb zu lang. Ich tausche den Riemen, spanne auch die beiden anderen Keilriemen nach und kontrolliere Öl- und Kühlwasserstand. Immerhin ist der Motor bereits an die 230 Stunden gelaufen. Während ich mit schmutzigen Fingern vor mich hin werkle, nimmt die Bewölkung zu, der Seegang wird zwar immer ruhiger, aber es beginnt zu regnen. Ich verstaue den Hilfsgenerator, ersetze noch einige Gummibänder, die das Großsegelvorliek mit den Mastschienenschlitten verbinden, und beschließe, mich mit Essen für die tollen Serviceleistungen zu belohnen. Trockenfrüchte wären jetzt genau das Richtige, aber zu meinem Schrecken ist das Sackerl Mischobst, das ich öffne, teilweise verschimmelt. Mit böser Vorahnung untersuche ich alle Gebinde des betreffenden Containers. Er wurde bei schwerem Seegang einmal durch die Navi geschleudert, nachdem sein Befestigungsgurt gerissen war. Bei den Aufräumarbeiten konnte ich keine Schäden am Container erkennen, aber offensichtlich ist die Verpackung einer anderen Marke, die ich im selben Behälter gestaut habe, sehr spitz und scharfkantig. Ich finde noch zwei bereits angeschimmelte Packungen und muss sie schweren Herzens entsorgen. In einer derartigen Situation Lebensmittel wegwerfen zu müssen, ist deprimierend, solch köstliche umso mehr. Am Ende werden es Tropikfrüchte, die ich mit klebrigen Fingern futtere. Zwei Mal habe ich das außer Acht gelassen, und so zieren verschmierte Fruchtzuckertapser den Touchscreen eines Bordrechners. Den Wetterbericht darunter kann ich aber dennoch deutlich erkennen. Das „T" steht für Tiefdruck, wenig Wind und viel Regen. Warum müssen Wetterfrösche in derartigen Situationen immer recht behalten?

Erste Riggprobleme

Die Front entwickelt sich wie angekündigt. Viel Arbeit an Deck, ich versuche stundenlang, den Segeltrimm zu optimieren, um einigermaßen voranzukommen. Salzwasser von unten und Süßwasser von oben. Dazu dichter Nebel und als Belohnung ein schlechtes Etmal. Während ich am Ruder stehe und diese Gedanken wälze, bemerke ich eine Falte in der Genua 2. Ich lege das Fall um die Winsch und versuche, das Vorliek nachzuspannen, aber das Fall lässt sich nicht nachsetzen. Noch während ich angestrengt überlege, was wohl die Ursache hierfür sein könnte, werden die Falten im Tuch immer größer. Ein Blick nach oben bestätigt meine böse Vorahnung. Der Kopfbeschlag der Rollanlage steht an seinem Platz, während der Segelkopf nach unten wandert. Das Dyneema-Bänsel zwischen den beiden Teilen ist gebrochen. Zwar ist dies für mich keine unbekannte Situation, aber die Behebung des Schadens ist sehr aufwändig. Zu allererst muss ich die Genua 2 komplett bergen. Danach Genua 1. Mit dem nunmehr freigewordenen Fall der Genua 1 ziehe ich eine Hilfsleine auf Höhe des im Rigg verbliebenen oberen Rollteiles der Genua 2. Nun beginne ich mit viel Geduld und Geschick, den Schlitten der Genua 2 so einzufangen, dass ich ihn und das Fall der Genua 1 anschließend mit der Hilfsleine an Deck ziehen kann. Eine halbe Stunde, zwei schmerzhafte blaue Flecken und eine Genickstarre später sind alle Teile an Deck und ich kann Zug um Zug die beiden Vorsegel wieder setzen. Für die Kopfverbindung der Genua 2 verwende ich jetzt einen Hochleistungsschäkel. Somit habe ich zwar einige Gramm mehr Gewicht im Rigg, aber dafür eine immer wiederkehrende Fehlerquelle ausgeschaltet.

Der Wind flaut weiter ab, Regen und Nebel bleiben mir erhalten. Ich möchte das Groß ausreffen und fiere das Großfall, um den Reffgurt zu öffnen, aber nichts bewegt sich. „Das Großsegel steckt!" – Dieser Gedanke fährt wie ein Blitz durch mein Gehirn. Böse Vorahnungen folgen. Ich versuche, das Segel weiter nach oben zu winschen, nach unten zu zerren, versuche, es mit lautem Gebrüll und wüsten Beschimpfungen einzuschüchtern, aber das schlaffe Tuch zeigt keinerlei Reaktion. Ich starre in den Masttopp, meine rechte Gesichtshälfte beginnt zu schmerzen, ich schwanke zwischen Resignation, Zorn und Tatendrang, aber was soll ich als nächstes machen? Schreien, schimpfen, heulen oder praktisch ans Werk gehen? Ich entscheide mich für eine Mischung aus praktischem Handeln und Drohgebärden. Fluchend hole ich ein Bänsel, entferne unter dem Grummeln böser Worte die Gummis eines Mastrutschers und knote die Leine in das Vorliek. Danach ziehe ich die Leine durch einen Mastfußblock und habe somit eine passende Führung zum Dichtholen. Bevor ich mit dem Versuch loslege, das Vorliek an Deck zu winschen, zische ich noch einige Warnungen in Richtung Masttopp. So, jetzt kann es losgehen. Nervös beginne ich zu winschen, das Vorliek spannt sich, aber der Segelkopf bleibt, wo er ist. Ich hole weiter dicht, Knirschen, noch eine langsame Umdrehung, ich zweifle am Erfolg meines Unterfangens, aber was soll ich sonst machen, um das Tuch an Deck zu bekommen? „Rrrrummms", mit lautem Getöse kommt das Großsegel von oben. Noch bevor ich das Fall belegen kann, knallt auch der letzte Vorliekschlitten auf den Mastanschlag. Ich fühle Erleichterung, freue mich über die geglückte Notoperation und starre zum Masttopp. Unübersehbar ist die Mastschiene ausgebeult. Das heißt im Klartext, ich kann das Groß nicht mehr zur Gänze setzen. O. k., aber mit einem Reff sollte es gehen. Ich lege das Fernglas bereit und beginne, das Segel wieder hochzuwinschen. Eine schweißtreibende Arbeit, doch diesmal macht es mir nichts aus. Ich bin überglücklich, dass der Riggschaden überschaubar ist und ich das Rennen fortsetzen kann. Natürlich wird mich die Beschädigung viel Zeit kosten, aber was soll's. Im Vergleich zu vielen meiner Mitbewerber ist dieses Gebrechen nicht einmal erwähnenswert.

S 5 Bft, 8/8 Bewölkung, Regen, aber ich bin guter Dinge, liege auf meiner nassen Navipritsche, lausche in die Dunkelheit und freue mich über die erfolgreiche Reparatur. In viel zu kurzen Abständen läutet der Alarm, erinnert mich daran, dass ich an Deck muss, um nach dem Rechten zu sehen, aber auch das macht mir gerade nichts aus. Ich fühle mich einfach beschwingt, ausgeruht und wohlgenährt. Zudem bin ich nach einigen Telefonaten auch mit meiner geografischen Position und dem herrschenden Wetter recht zufrieden.

Bei Marion, im französischen Baskenland, liegt Schnee, Anita friert im winterlichen Wien, und Harald kämpft im viel zu heißen Fidji mit den Bürokraten. Hier schiebt mich ein gerade richtiger Südwind nach Osten, und die Lufttemperatur ist mit 11 °C annehmbar. Was denke ich also über die geschlossene Bewölkung, den Nieselregen und die 13 000 Seemeilen, die noch vor mir liegen? – Nun, Regen ist gut für die Haut, die Bewölkung spart die Sonnenbrille, und die noch verbleibende Renndistanz ist nicht einmal mehr die Hälfte.

Ich bin ein unverbesserlicher Optimist, und das ist gut so, denn sonst wäre ein Unternehmen wie die Vendée Globe der reinste Horror! Mit meiner schier grenzenlos optimistischen Grundeinstellung ist dieses Projekt ein unvergesslich schönes Stück „gelebtes Leben".

Ostwind

Der sechste Leichtwindtag in Folge. Ruhig zieht die NAUTICSPORT KAPSCH mit etwa 10 Knoten über den inzwischen friedlichen Südpazifik. Lediglich das leichte Kräuseln des Ozeans und die dichtgeholten, sauber profilierten Segel bestätigen die konstante Brise aus NE. Diese NE-Brise aber ist zugleich auch mein Problem, denn ich muss ja nach Osten. Seit drei Tagen segelt die NAUTICSPORT KAPSCH trotz friedlicher Wettersituation hart gegenan, holt mitunter weit über, wirft im Sonnenlicht glänzende Gischtfontänen auf und den Skipper zeitweilig gegen ungepolsterte Ecken und scharfe Kanten. Ich versuche, es locker zu nehmen, mich mit meinem schrägen, bockenden

Lebensraum anzufreunden, aber von Stunde zu Stunde werde ich gereizter. Klar, es scheint die Sonne, ich konnte ein paar tolle Foto- und Videoaufnahmen machen, und die 4000 Meilen bis Kap Hoorn sind auch schon angebrochen, aber mein Lebensraum ist einfach zu spartanisch, um das tagelange, harte Gegenansegeln spurlos wegstecken zu können. Zudem bin ich in diesem Fahrgebiet mental auf andere Situationen vorbereitet, möchte Wellenberge absurfen und tolle Tagesetmale ausrechnen, aber nicht um jede Meile aufs Ziel gegenankämpfen. Unter Deck muss ich bei jeder Bewegung höllisch aufpassen. Die Verletzungsgefahr durch spitze Kanten und Niveauabsätze ist allgegenwärtig. Will ich in der Navi arbeiten, muss ich mich nicht nur mit den Beinen unter dem Navitisch verspreizen, sondern auch gleichzeitig alle meine Styroporkugelpolster einsetzen, um wenigstens sitzen zu können. Logbucheintragungen und die Arbeit mit dem Bord-PC sind für den Rücken und das Becken gnadenlos anstrengend. Seit zwei Tagen muss ich deshalb auch wieder Schmerztabletten gegen meine verspannte Wirbelsäule nehmen. Der pulsierende Schmerz wandert von der Wirbelsäule in den Hinterkopf, zeitweise in die Stirn und manchmal auch bis in die rechte Gesichtshälfte. Wenn ich mich am Navitisch verrenke, um Fotos oder Videomaterial zu bearbeiten, wird mir nicht selten übel. Die einzig wirksame Gegenmaßnahme wäre hinlegen und entspannen, aber auch das funktioniert nicht so recht. Da ich meine Naviliege nicht an die Jachtkrängung anpassen kann, muss ich mich auch im Liegen ständig abstützen. Andernfalls würde ich von der quer zur Fahrtrichtung stehenden Sitzkiste geschleudert werden. Zudem fährt mir jeder Schlag, den der Rumpf abbekommt, ungedämpft in den Rücken. Aber vielleicht ist ja die Stoßdämpfung ein wenig besser, wenn mein Bauch gefüllt ist. Also koche ich „Gute-Laune-Nudeln". Nachdem ich meine überquellende Tasse leer gegessen habe, ist zumindest das Stimmungsbarometer im Bauchbereich gestiegen. Ich ziehe mich an und klettere an Deck. Kaum berühren meine Beine den Cockpitboden, bekomme ich auch schon die erste gründliche Salzwasserdusche. „Ziemlich erfrischend, der Pazifik!" – Also mache ich einen schnellen Rundumblick und gehe wieder unter Deck. „Ziemlich unbequem in der Navi!" – Also nochmals zurück an Deck. Diesmal bin ich vorsichtiger, warte auf den richtigen Augenblick und stelle mich ans Ruder. Ich freue mich über den guten Segeltrimm und den hellen Sonnenschein. Noch hat mich keine Wasserkaskade überlisten können. Ich habe mich in meinem Ölzeug „schwerwettermäßig" verpackt. Das heißt: Alle Zipps sind geschlossen und alle Bündchen dicht. Sobald sich eine Gischtfontäne nähert, ziehe ich den schmerzenden Hals so weit wie möglich in den Ölzeugkragen, beuge den Kopf leicht nach vorne und schütze den schmalen Sehschlitz mit dem Kapuzenschirmchen vor dem niederprasselnden Seewasser. Mit etwas Übung funktioniert das ausgezeichnet und das Gesicht bleibt trocken, zumindest in den meisten Fällen. Die Solarpaneelen freuen sich ebenfalls über die Sonne und bringen maximale Leistung. Na bitte, der Tag kann ja doch noch brauchbar werden.

Ich bin gerade wieder unter Deck, um Logbucheintragungen zu machen, da beginnt die NAUTICSPORT KAPSCH völlig unerwartet loszusprinten. Gleichzeitig setzen starke Vibrationen ein. Ich schrecke auf, spähe durch die Deckshausfenster und versuche, die Ursache zu orten. Ach, das wird wohl eine Bö sein, und die Genua 2 sollte ich auch nachtrimmen. Aber hatte ich das Segel nicht eingerollt? Kaum fällt bei mir der Groschen, bin ich auch schon im Cockpit und belege die Reffleine der Genua 2. Warum auch immer, die Leine war trotz geschlossenen Stoppers ausgerauscht, und somit passten augenblicklich weder Trimm noch Segelfläche zur herrschenden Wettersituation. Rasch bringe ich die Lage wieder unter Kontrolle, inspiziere auch gleich noch die Ruderstöcke und freue mich, dass bei diesen Sorgenkindern alles in Ordnung ist. Da nun auch noch der „Supernudel-Energieschub" seine Wirkung entfaltet, beschließe ich, noch einen Tee zu trinken und anschließend zu meinem täglichen Routinekontrollgang durch die einzelnen Kompartments aufzubrechen. Dabei versuche ich, beginnende Schäden bereits im Ansatz zu erkennen. Ein weiterer wesentlicher Punkt ist die Kontrolle der Lebensmittel- und Treibstoffbehälter auf ihre Dichtheit. Ich würde mich unbeschreiblich ärgern, wenn wegen fehlender Kontrolle etwa Diesel in die Bilge sickert oder Teile der Verpflegung in ihren Kunststoffcontainern unbemerkt verrotten.

Die Wetterwarnung

Im täglichen E-Mail-Verkehr mit der Regattaleitung taucht sie völlig unerwartet auf! Sollte die „Direction Course" etwas wissen, was ich nicht weiß!? Die Empfehlung betrifft meine Länge und lautet in jedem Fall, nicht weiter nördlich als 46 ° zu segeln. Ein mächtiges Tief sorgt dort für Orkanböen und sehr hohen Seegang. Das aktuelle Problem für mich sieht aber anders aus. Ich habe diese Wettersituation auf der „falschen Seite" und deshalb auch den falschen Wind. Somit bleibt mir nur noch eine Möglichkeit. Ich gehe über Stag und laufe auf Steuerbordbug hart am Wind nach SSE.

E 5–6 Bft, 1014 Hpa fallend, 100 % Bewölkung.

Ich komme mir vor wie beim Bullenrodeo. Das Material trägt es mit Fassung, ich bekomme ein mentales Formtief erster Klasse. Laut Wetterbericht bleibt die aktuelle Situation noch mindestens 3 Tage. Sprich: entweder hart gegenan nach SSE oder sehr hart gegenan nach NNE mitten in das Orkantief. Dinelli hat die ausgeklügeltere Taktik und holt kontinuierlich wieder auf. Auch diese Tatsache verbessert meine Laune nicht. Zu meinem psychischen Formtief gesellen sich physische Probleme. Leider habe ich einen Teil der Spurenelemente-Tabletten mit meinen Bordschuhen vergessen. Meine Nägel werden immer weicher, verformen sich und reißen ein. An den Füßen keimen neuerlich diverse Pilzherde, die Augen sind beinahe chronisch entzündet, und die Fingergelenke schmerzen häufig. Ich versuche, meine Körperpflege umfangreicher zu gestalten, aber die einzig merkbare Veränderung ist, dass ich besser rieche. Dies ändert sich aber schlagartig, sobald ich meine Neoprensocken ausziehe.

Zwei Tage später, ich hänge so richtig im „Seelentief", fällt abermals das Inmarsat-B aus. Diesmal ist es ein Fehlercode, den ich nicht kenne, aber durch Zufall werde ich fündig. Für einige Stunden scheint die Sonne, das Thermometer klettert af 12 °C, und ich öffne beide Niedergangstüren. Als ich den Sat-Terminal zum wiederholten Male starte, um den Fehler zu entdecken, höre ich das Rattern eines Antennenmotors, der hörbar blockiert. Also dürfte es sich um ein Antennenproblem mit der Ausrichtung handeln. Ich kann zwar die Antennenabdeckung nicht sofort öffnen und die Sache reparieren, aber sobald es wieder raumen Leichtwind gibt, werde ich mich ans Werk machen. Endlich, mit dem darauffolgenden Sonnenaufgang dreht der Wind nördlicher und ich kann Zielkurs auf Icegate 9 anlegen. Die Position der virtuellen Tore wurde wegen des starken Treibeisaufkommens während des Rennverlaufes zwei Mal nach Norden verlegt. Dies bedeutet, dass sich die Strecke um fast 900 Meilen verlängert. Na ja, sind eben 4 Segeltage mehr. Daran sollte es nicht scheitern.

Das Sturmtief ist weitergezogen. Was bleibt, ist schwacher NNE. Die Tagesetmale sind nicht berauschend, aber die Meilen ticken. Am 67. Fahrtag erhalte ich eine neuerliche Gefahrenmeldung. Abseits der chilenischen Küste, etwa auf Höhe von Kap Hoorn, treibt eine aufgegebene Ferrozementjacht. Es wird uns geraten, dieses Gebiet mit erhöhter Wachsamkeit zu befahren! Klar werden alle Skipper besser aufpassen, aber was bedeutet das schon? Im groben Seegang, bei Nebel, Schneeschauer oder in stockdunkler Nacht ist eine Jacht, die praktisch eben im Wasser liegt, mit einem gerade noch schwimmenden Container vergleichbar, und dies gilt sowohl für das Schwimmverhalten als auch für die Gefährlichkeit!

Hallo, Raphaël!

Der 69. Tag auf See wird zu einem Highlight der besonderen Art. Da ich zum einen auf die falsche Wetterstrategie gesetzt habe und Raphaël zum anderen das berühmte Quäntchen Glück hatte, segeln wir in Sichtweite auf einem Abstand von eben einmal 15 Seemeilen auf. Raphaël ruft mich über Iridium. Wir sind beide gut gelaunt, wenngleich ich in seiner Stimme Sorgen mitschwingen höre. Raphaël konnte sein Großfall immer noch nicht in Ordnung bringen, sein Ellenbogen ist entzündet, er muss deshalb Antibiotika schlucken, und die Stromversorgung mahnt wegen des defekten Windgenerators nachhaltig zur Sparsamkeit. Hingegen ist bei mir an Bord mit Ausnahme des Großsegels soweit alles in Butter – oder bewerten wir nur unterschiedlich? Natürlich habe auch ich meine Wehwehchen und zudem eine lange Schadensliste an Bord, aber was soll's.

Raphaël hofft, dass seine Medikamente ausreichen, und möchte in den Falklandinseln, also unmittelbar nach Kap Hoorn, einen Reparaturstopp machen. Meine Philosophie ist es hingegen, die Jacht so lange es nur geht in Bewegung zu halten. Wenn das Schiff vorankommt und auf das immer noch weit entfernte Ziel zusegelt, ist dies ein grundsätzlich motivierender Zustand. Den Kurs zu verlassen und irgendwo für Tage oder auch nur Stunden Zuflucht zu suchen, ist eine nicht nur zeitraubende, sondern vor allem deprimierende Perspektive, die ich mir nach Möglichkeit ersparen möchte.

In der Zwischenzeit sind wir beinahe zweieinhalb Monate auf See und treiben unsere Jachten durch jedes Wetter und über den unruhigsten Ozean voran. Da gehören leichte Blessuren und Defekte in der Ausrüstung einfach dazu. Aber ich weiß nur zu gut, wie man sich fühlt, wenn das Gefühlsleben Achterbahn fährt und sich Depressionen einschleichen. Ich lese zwischen den Floskeln unseres Gespräches, und da glaube ich zu verstehen, dass sich Raphaël zumindest nach einem kleinen Backup für den restlichen Weg durch den Pazifik sehnt. Aber warum eigentlich nicht, unsere Jachten sind praktisch gleich schnell, und wenn uns Neptuns Laune nun einmal zusammengeführt hat, dann wollen wir das auch nutzen. Jetzt aber heißt es erst einmal, das Rendezvous zu dokumentieren. Wir vereinbaren, dass Raphaël etwas abfällt und ich ein bisschen anluve. Somit sollten wir in wenigen Stunden Seite an Seite segeln. Tatsächlich kann ich schon kurze Zeit später die Silhouette der FONDATION OCÉAN VITAL an Backbord voraus ausmachen. Ich rufe über UKW, und Raphaël kann mich auch hören. Die Regattaleitung meldet sich und fragt, ob ich denn unser Treffen mitten im Nirwana filmen würde. Natürlich werde ich, Foto- und Videokamera sind voll geladen und warten auf ihren Einsatz. Dann, endlich ist es so weit. Die Konturen der FONDATION OCÉAN VITAL werden immer deutlicher, und jetzt kann ich auch eindeutig erkennen, wie Raphaël im Cockpit sitzt und steuert. Unsere Begegnung auf 46°41'S und 154°19'W wird zu einem beinahe unwirklichen Szenario. Plötzlich, so als wären wir gerade gestartet, segeln wir Seite an Seite über den mäßig bewegten Ozean. Die FONDATION OCÉAN VITAL zeigt mir mit jedem Anluven ihr blütenweißes Unterwasserschiff und ich freue mich überschwänglich, diesen emotionalen Augenblick erleben zu dürfen. Auch Raphaël ist sichtlich bewegt. Er hüpft durch sein Cockpit, winkt, filmt, fotografiert und ruft mich mehrmals über UKW. Noch eine Einstellung mit Raphaël an meiner Steuerbordseite. Dann geht die FONDATION OCÉAN VITAL über Stag und setzt sich in mein Kielwasser. Nach einigen Minuten fällt sie etwas ab und ich nehme Fahrt aus dem Schiff, um auf gleiche Höhe zu gelangen. Ein letztes Mal surren und klicken die Kameras. Dann verabschieden wir uns mit langem Winken und einem letzten UKW-Gespräch, bevor Raphaël noch weiter aufraumt und den schnelleren SE-Kurs wählt. Ich bleibe auf meinem alten Kurs, segle praktisch nach Osten und werde zu spät merken, dass dies ein taktischer Fehler war. Meine Überlegung ist es, den direkten Kurs zum nächsten Icegate zu segeln, aber wieder einmal zeigt es sich, dass der kürzeste Weg nicht immer der schnellste ist!

Lebensmittelinventur

Raphaël mit seiner FONDATION OCÉAN VITAL ist wieder außer Sichtweite, aber das Hochdruckgebiet begleitet mich beharrlich. NNE 3-4 Bft, das Barometer steht auf 1022 Hpa und beginnt langsam zu fallen. Der Himmel ist bewölkt, die See friedlich, und ich setze alles Tuch, das ich aufbieten kann. Dennoch, knapp 10 Knoten ist das Maximum, das diese Wettersituation ermöglicht. Die fehlende Großsegelfläche macht sich bei diesen Leichtwindverhältnissen stark bemerkbar. Auch wenn ich noch so intensiv trimme und tüftle, mehr Geschwindigkeit ist einfach nicht drinnen. Natürlich hat die herrschende Wettersituation auch angenehme Seiten, zum Beispiel die entspannte Lage an Bord. Endlich beginnt es unter Deck ein wenig trockener zu werden. Ich reinige die Pantry und die Naviecke. Zudem kann ich einigermaßen entspannt sitzen und meine „Büroarbeit" erledigen. Dazu zählt das Verschicken von Bild- und Videofiles ebenso wie das Beantworten der Fanpost und das Schreiben an diesem Buchmanuskript. Bedauerlicherweise hatte ich nur wenige Male während des Rennens die Muße, verschiedene Vorfälle unmittelbar nach dem

Geschehen niederzuschreiben. Egal, heute ist wieder so ein Tag und ich suche mir eine Tätigkeit.

Also, wie wäre es mit einer Lebensmittelinventur? Schließlich bin ich schrecklich neugierig, welche Schätze, und natürlich auch wie viel davon, ich noch an Bord habe. Zudem möchte ich die Lebensmittelcontainer einmal gründlich und nicht nur optisch auf verdorbene Waren kontrollieren. Vielleicht verschenke ich deshalb für mehrere Stunden einen halben Knoten Fahrt, da der Autopilot steuert und der Segeltrimm nicht laufend kontrolliert wird, aber dafür tue ich etwas für meinen Magen, die Seele und das Herz. In Summe sind all diese Faktoren wichtig, um in harten Zeiten, die sich bestimmt schon bald wieder einstellen werden, meinen Mann zu stehen. In diesen Situationen, wenn Sturmböen kreischen und ein entfesselter Ozean wütet, können mit der richtigen Motivation nahezu spielend die jetzt verbummelten Seemeilen und auch noch einige mehr wieder aufgeholt werden. Müsste ich für die Kontrolle der Lebensmittelcontainer nicht in nasse, übel riechende Kompartments klettern, ich würde diese Arbeit lieben. Allein schon einen Container zu öffnen und das Bild der Köstlichkeiten in sich aufzusaugen, ist ein Genuss. Trockenobst, Nüsse, Schokolade, Müsliriegel oder Kekse. Die Palette der noch an Bord befindlichen Köstlichkeiten ist sehr abwechslungsreich, von Reispackungen bis zu Kaugummi. Ich habe in den ersten Wochen so diszipliniert gegessen, dass ich ab heute durchaus sündigen darf. Noch während ich meine Liste überprüfe und ins Logbuch eintrage, läuft mir das Wasser im Mund zusammen. Als ich die letzten Posten, nämlich ein Glas Nutella und drei Packungen Scheibenkäse, notiere, bin ich in Gedanken schon bei meiner Zwischenmahlzeit. Beinahe hätte ich vergessen, dass ja auch noch einiges aus meinen Weihnachts- und Geburtstagspäckchen da ist. Ich wühle mich durch den betreffenden Stauraum, aber die Entscheidung ist schwierig. Schließlich wird es ein „Motivationsmenü" der Extraklasse. Ich starte mit Makrelen in Senfsauce und einer Kanne Pfefferminztee. Es folgt eine Packung Schokokekse mit Kaffee und danach reichlich Trockenobst mit einer Dose Cola Light. Somit wird nicht nur aus „Farmer's Gold" ein „Superberti Powerfood", sondern auch aus meinem entspannten Unterleib ein aufgeblähter, rumorender Kugelbauch. Kaum ist der letzte Bissen verschluckt, lege ich mich auf den Rücken, kontrolliere noch aus müden Augen Kurs und Windwinkel und döse ein. Die nachfolgenden Schlafpausen verbringe ich ebenfalls auf dem Rücken liegend. Keinesfalls möchte ich Gefahr laufen, das tolle Essen an Neptun übergeben zu müssen! In den frühen Morgenstunden treibt es mich ins Cockpit. Die Luft unter Deck ist „explosiv", und ich verordne mir Bewegung, um die Verdauung endlich in Gang zu bringen. Ich stehe im Cockpit hinter dem Steuerrad. Es herrscht geschlossene Bewölkung, stockfinstere Nacht. Die Heckwelle plätschert sanft und die NAUTICSPORT KAPSCH segelt über einen ruhig atmenden Pazifik. Ich schalte meine Stirnlampe ein und kontrolliere Mastspannung, Segeltrimm und Schotführungen. Vor allem der Mast beunruhigt mich etwas. Nach dem letzten Genuaschaden sind auf Höhe der obersten Saling zwei kleine Epoxistücke ausgebrochen. Dies ist ein unmissverständliches Signal, dass die Konstruktion an dieser Stelle überlastet wurde. Ich hoffe nur, dass sich ein möglicher Strukturschaden im Mastlaminat nicht weiter fortpflanzt. Ich schalte die Stirnlampe wieder aus, setze mich auf den Steuerbordwinschsockel und starre in die Dunkelheit. Meine Gedanken eilen voraus. Einerseits würde ich nur zu gerne wissen, was mich noch alles bis zur Ziellinie erwartet, aber andererseits? Mein inneres Gefühl sagt mir, dass ich es diesmal schaffen werde. Es sagt mir, dass dieses Rennen zwar noch lange nicht zu Ende ist, aber dass ich erfolgreich sein werde. Was aber, wenn mich mein Gefühl täuscht, wenn dieses Gefühl schlicht und einfach nur mein Wunschdenken spiegelt? Was, wenn ich jetzt schon den genauen Zeitpunkt meines Scheiterns oder gar meines Todes wüsste? – „Keine gute Idee", ich bevorzuge den Ist-Zustand. Der Bauch, in der Zwischenzeit wieder etwas entspannter, sagt mir, dass ich es schaffen werde, und motiviert mich. Der Verstand sagt, dass es noch viele harte Tage auf See werden, aber so soll es ja auch sein! Was schafft die Wertigkeit bei einem der letzten großen Abenteuer wie der Vendée Globe? Es ist nicht der Müßiggang oder das relaxte Gefühl eines entspannten Urlaubstörns in geschützten Gewässern. Nein, es ist der Kampf mit unbeschreiblichen Naturgewalten, mit technischen Problemen und vor allem mit dem „inneren Schweinehund". Es ist, sich Tag für Tag neu motivieren zu müssen, immer neue Lösungen für einzigartige Probleme zu finden, nach den positiven Aspekten zu suchen und sich solcherart voranzutreiben. Es ist aber auch der Blick für die Realität, der uns erkennen lässt, wo und wann wir uns unterordnen müssen und unseren Geist, nicht unsere körperliche Kraft, zum Einsatz bringen. Bisher, während der vergangenen 71 Tage, hat es funktioniert, und deshalb wünsche ich mir nichts sehnlicher, als dass es so bleibt.

Happy birthday, Harald!

Dienstag, 20. 01. 2009, N 3-4 Bft, 5/8 Bewölkung, mäßig bewegte See, Kurs 65°.

Heute sollte ich nicht nur Icegate 9 durchsegeln, heute ist auch Haralds Geburtstag. Das ist deshalb so wichtig, weil ich ohne meinen Sohn heute nicht hier wäre. Ohne ihn hätte ich dieses Projekt nämlich so nicht umsetzen können. Gleichzeitig hat er aber durch dieses Projekt – für uns beide besonders wichtig – selbst seine Liebe und Neigung für das Hochseesegeln entdeckt. Gerade eben, wo ich mich an Kap Hoorn „heranschleiche", ist Harald auf dem Weg von Fidji nach Neuseeland. Zum ersten Mal skippert er die OASE III, die Jacht, die mich im Winter 2000/2001 sicher um die Antarktis getragen hat.

An einem Tag wie heute, wenn der Ozean mir eine kleine Pause gönnt und mich nicht bis an die Grenzen fordert, habe ich die Muße, meine Gedanken schweifen zu lassen. Dafür bin ich Neptun überaus dankbar, denn die Gedanken an meinen Sohn erfüllen mich mit Freude, Stolz und Achtung. Freude darüber, dass wir uns in den vergangenen Jahren menschlich angenähert haben, einander respektieren und gemeinsam Projekte umsetzen, in denen wir beide Erfüllung finden. Stolz darüber, dass es mein Sohn ist, der sich nicht nur viel fachliche Kompetenz angeeignet, sondern vor allem hart an sich selbst gearbeitet hat. Auch diese Tatsache hat wesentlich zur Umsetzung unseres Projektes beigetragen. Schließlich ruhte ein Großteil der technischen Verantwortlichkeit auf seinen Schultern. Achtung vor seiner Bescheidenheit und seiner Anpassungsfähigkeit in körperlich äußerst anstrengenden und psychisch schwierigen Situationen. Dazu kommt auch noch seine ausgeprägte Fähigkeit, zu improvisieren.

Ich rufe Harald an, und wir plaudern ein bisschen über die aktuellen Wettersituationen und das jeweilige Befinden. Wir freuen uns beide merklich über die gerade herrschenden Umstände. Harald hat seinen „persönlichen Koch" in Person eines Mitseglers an Bord, und ich laufe Kurs Kap Hoorn. Zwar nur mit 9 Knoten, aber immerhin, die letzten 3000 Seemeilen zum „Gipfel" dieser Regatta sind angebrochen.

Überläufer

Position 45°22'S 135°44'W, NNE 3 Bft, mäßige See, 7/8 Bewölkung, Speed 10 kn ÜG.

Es ist 15:00 Uhr Bordzeit, als ich zu meiner Kontrollklettertour in die Vorschiff-Kompartments aufbreche. Das Hoch hat uns immer noch fest im Griff, aber zumindest die Geschwindigkeit ist annehmbar, und es zeigt sich blauer Himmel im Westen. Ich zwänge mich durch das vordere Navigationsluk in das Kielkompartment, verrenke mir dabei wie immer unzählige Glieder und werfe einen Blick in die Runde. Aufs Erste alles in Ordnung, Staucontainer, der Seewasserfilter des Wassermachers und die Motorabdeckung, das Mastcockpitluk ist geschlossen und nur noch etwa 20 Liter verschmutztes Seewasser plätschern in der Bilge. Das ist angesichts der Rumpfkonstruktion ein Dauerzustand. Um diesen letzten Rest aus dem Gewirr von Längsstringer, Kielkastenabsteifungen, Wassertankhalterungen, Lenzschläuchen, Seeventilen und vielem mehr zu entfernen, müsste ich mit einer kleinen Schöpfkelle und einem Schwamm Zentiliter für Zentiliter ausschöpfen bzw. austunken. Diese Arbeit wäre aber insofern völlig sinnlos, als mit der nächsten „sportlichen Wettersituation" erneut reichlich Seewasser durch die Kielleinenöffnungen und Achsenborde fließt. Alles in Ordnung, denke ich mir, während ich automatisch zur Winschkurbel der Kielwinsch greife und mich anschicke, die Steuerbordkielleine einen Dreher nachzusetzen. „Puh, das geht aber streng und knirscht verdächtig", durchfährt es mich, während mein Blick auf die Kielwinsch fällt. Ich kann, besser gesagt ich will einfach nicht glauben, was ich da sehe. Von der Kielwinsch grinst mich die Schlinge eines satten, über zwei Törns gehenden Überläufers an. Durch meinen Kopf zieht ein Gewitterturm, während ich noch immer auf die Leinenschlinge starre: „Wie konnte das passieren?" – Eine Erklärung finde ich vorerst nicht, doch dafür beginnen meine Gedanken zu rasen, um die gefährliche Situation zu analysieren. Glück im Unglück, es herrscht ruhiges Wetter, vor allem läuft nahezu kein Seegang. Somit kann ich jede Option des Klarierens, auch die wahrscheinlich einzig machbare, nämlich die Leine zu zerschneiden, in Betracht ziehen. Vorerst aber suche ich nach Alternativen und dabei ist leider, wie so oft im Leben, das Wunschdenken weit vom praktisch Machbaren entfernt. Obwohl ich mir dieser Problematik durchaus bewusst bin, gebe ich meinen kreativen Ideen freien Lauf und starte eine Reihe, ich möchte es vorwegnehmen, völlig aussichtsloser Versuche, die Leine ohne Messer wieder frei zu bekommen. Als erstes pilgere ich mit dem freien Ende der Kielleine durch das Navigationskompartment in die Plicht. Dort angekommen, belege ich das Leinenende auf der Backbordfallenwinsch, prüfe nochmals ihren geradlinigen Verlauf und los geht's. Während ich die Kielleine „kontrolliert" dichthole, beginnen sich Luken und Türrahmen zu verwinden. Schließlich habe ich bereits fünf Törns über die wesentlich kleinere Fallenwinsch gelegt. Das Niedergangsschot zeigt durch den Druck der scheuernden Leine bereits bedenkliche Verwindungen, es ächzt und quietscht, aber nur nicht dort, wo es sein sollte. Also, erster Versuch abgebrochen.

Etwas verärgert krieche ich nun mit dem losen Ende wieder in das Kielkompartment und fixiere den Feind mit scharfem Blick. Dann, wenige Sekunden später, glaube ich neuerlich, die Lösung gefunden zu haben. Wenn ich eine Ersatzleine an der gespannten Kielleine fixiere und diese dann über die Winsch dichthole, müsste doch der beklemmte Teil freikommen. Eine starke Vectranleine ist schnell gefunden, und mit aller Kraft beginne ich, diese längs der wie eine Stahlsaite gespannten Kielleine zu bänseln. Ich arbeite haargenau so, wie es in zahlreichen Lehrbüchern beschrieben steht, also muss es auch funktionieren. Die Finger schmerzen, als ich wenig später einen

Imposante Wolkenstimmung vor Kap Hoorn

Flaute vor Kap Hoorn (oben), Rolling home (unten)

Endlich am Kap Hoorn (oben), Schweißtreibendes Ausbringen des Pendelkiels (unten)

Schwerer Brecher im Orkan (Doppelseite)
„Ausgepowert" (oben)

Ausflug in den Masttopp (Doppelseite)
Reparaturarbeiten an den Segeln (links oben)
Wieder in gemäßigten Breiten (links unten)

Die letzten Meilen vor dem Ziel (oben und unten)

letzten Knoten anbringe und danach vorsichtig mit dem Dichtholen der Ersatzleine beginne. Aber schon nach wenigen Zentimetern ist mir abermals klar, dass, egal was in den Knotenbüchern steht, auch bei dieser Konstruktion die sich bewegenden Teile eindeutig die falschen sind! Der verklemmten Leine kann auch dieser „Befreiungsversuch" nicht einmal ein Stöhnen entlocken. Während sich die Kielleine nun still und heimlich nur noch weiter über den Überläufer dreht, beginnt die Ersatzleine zu slippen. O. k, bist du nicht willig, so brauch ich Gewalt. Jetzt werden wir gleich sehen, wer hier an Bord die Krone der Schöpfung verkörpert. Ich stecke das freie Ende der Kielleine durch das Fenster des Mastcockpits unmittelbar über der Kielwinsch. Danach klettere ich an Deck und belege die Leine an einer der drei ebenso massiven Mastwinschen. Die Kielleine läuft zwar etwas eckig über die Deckskante des Mastcockpits, aber was soll's, das ist ein massives Aluminiumprofil mit sauber abgerundeten Kanten und wird dem Leinendruck sicherlich standhalten! Ich beginne, die Leine zu spannen, es knirscht, ich kurble weiter, es ächzt, ich kurble weiter und … ein leises Knacken sagt mir, dass sich an der Kielwinsch etwas bewegt hat. In Vorfreude klettere ich hinunter und siehe da: Tatsächlich ist das verklemmte Ende etwa fünf Zentimeter freigekommen! Motiviert flitze ich wieder ins Mastcockpit und kurble mit aller Kraft, die ich aufbringen kann, aber als einzige Folge meiner schier übermenschlichen Anstrengung reißt das Cockpitfenster samt Einbaurahmen aus dem Deck. Nun, halb so schlimm, sage ich mir, war ohnehin nur eingeklebt, das kann ich nachher problemlos wieder einsetzen. Also, weiterkurbeln. Allen in mir aufschreienden, mahnenden Stimmen zum Trotz kurble ich weiter, und siehe da, es knackt abermals. Diesmal ist es der Sülrand des Mastcockpits, der unter dem Leinendruck ausreißt und sich nach Steuerbord biegt. Den neuerlichen Schaden vor Augen, bekomme ich wieder einen klaren Kopf, verwerfe endgültig alle meine alternativen Pläne und beginne mit den Vorbereitungen zum Durchschneiden der Kielleine. Ich möchte die Leine unmittelbar nach dem an der Kielbordachse befindlichen Knoten im Kielkasten durchtrennen. Somit kann ich sie danach neu einknoten und weiterverwenden. Also demontiere ich die Kielkastenabdeckung, spanne einen drei Tonnen starken Spanngurt unmittelbar vor dem ausgependelten Kielkopf über die Seitenführung und bringe die Videokamera in Stellung. Wenn ich den Kiel schon nicht fixieren kann, sollte der Gurt wenigstens als Bremse fungieren und den Kiel in seiner Rücklaufbewegung zur Bootsmitte bremsen. Zudem segelt die NAUTICSPORT KAPSCH nach wie vor mit 9 Knoten gegenan. Dadurch wird der Kiel angeströmt, fest gegen die Kielkopfführung gepresst und ebenfalls in seiner Rücklaufbewegung etwas gedämpft.

Wenige Minuten später habe ich die Vorbereitungen abgeschlossen, greife mir mein schärfstes Messer und lege mich am Rande des Kielkastens an Deck. Da der Knoten selbst vom Kielkopf verdeckt ist, muss ich die Leine auf der ersten Umlenkrolle abschneiden. Also los. Ich beginne, die steinharte Dyneemaleine mit dem scharfen Messer zu bearbeiten, aber es braucht sehr viel Kraft, damit die Klinge überhaupt in die Leine eindringt. Endlich, ich habe etwa ein Drittel der Leine durchschnitten, vernehme ich das erste gefährliche Knarren. Augenblicklich ziehe ich meine Hand mit dem Messer zurück und harre der Dinge. Sekundenlang geschieht nichts. Ich säble weiter, da unterläuft eine kleine Welle das Boot. Mit einem nahezu metallischen Knall reißt ein Großteil der noch vorhandenen Leine. Der Kiel aber hängt immer noch voll ausgependelt, und gerade, als ich mich anschicke, noch ein wenig zu schneiden, knallt es abermals. Erst bricht der Rest der Kielleine, danach fast ansatzlos auch der Spanngurt, und der Kiel pendelt dynamisch, aber ohne weitere Schäden zu verursachen, quer durch den Kielkasten nach Backbord, wo er auch bleibt. Die NAUTICSPORT KAPSCH holt im selben Augenblick weit über, legt sich auf die Backe und verharrt ebenfalls, denn nun ist der Kiel ja auf der falschen Seite. Die Jacht segelt praktisch ohne Ballast wie eine große Jolle! Grundsätzlich ist das ja o. k., denn dadurch habe ich reichlich Platz, die abgetrennte Leine wieder einzufädeln und zu verknoten, aber bei jeder Bewegung an Bord ist größte Vorsicht geboten. Wenig später habe ich es geschafft, die Kielleine ist wieder intakt. Ich beginne, sie dichtzuholen, um den Kiel in seine alte Lage an der Steuerbordseite des Kompartments zu winschen. Dies ist zum Abschluss nochmals eine äußerst sportliche Aufgabe. Schließlich muss ich den Kiel von beinahe Backbord nach Steuerbord winschen, sprich etwa

300 Umdrehungen an der Kielwinsch in einem stickigen Kompartment mit sauerstoffarmer und benzingeschwängerter Luft. Am Ende sind wir beide, die Kielreparatur und ich, erledigt.

Ganz normale Segeltage

Alle Schäden, die ich bei der „Kielbefreiung" verursacht habe, sind behoben, eine neue Gasflasche ist am Brenner montiert, und da mich das Hochdruckgebiet nun endgültig eingeholt hat – Barometer 1025 Hpa steigend – und die Sonne von einem nahezu wolkenlosen Himmel lacht, gibt es auch ein DVD-Programm am „Privatchannel"! Die Nacht wird eine der eindrucksvollsten dieser Regatta, und dies aus mehreren Gründen.

Mit Einbruch der Dunkelheit startet das „FreeTV" mit Action pur: „Bad Boys" in der Originalfassung. Die NAUTICSPORT KAPSCH läuft unter allen Segeln, die ich aufbieten kann, auf Ostkurs. Die Außentemperatur beträgt satte 12 °C. Als das Hauptabendprogramm zu Ende ist, steige ich ins Cockpit und befinde mich augenblicklich unter einem der imposantesten Sternenhimmel, die ich je auf See erleben durfte. Die Milchstraße scheint zum Greifen nahe, und eine Unzahl von Sternen und Planeten weist mir den Weg. Der Südpazifik schimmert geheimnisvoll in zahlreichen Farbnuancen, und die Silhouette der Segel bildet eine schon beinahe kitschige Kulisse. Gleichzeitig fühle ich, wie sich leichte Kopfschmerzen ankündigen. Ich versuche, sie nicht zu beachten, aber sie schleichen sich an, werden immer konstanter, immer stärker und vereinen sich plötzlich mit pochenden Zahnschmerzen. Ich gebe mich vorerst geschlagen, verlasse meine Sternenwarte und nehme zwei Schmerztabletten. Wäre doch gelacht, wenn ich mir eine derart imposante Nachtstimmung von ein bisschen Unwohlsein vermiesen ließe! Das Barometer klettert weiter nach oben. Die Temperatur steigt, der Wind wird zappelig, und Nebel fällt ein. Sehnsüchtig denke ich an den verschwundenen Sternenhimmel und versuche dabei, die anhaltenden Kieferschmerzen zu ignorieren.

14 Stunden später, das Barometer steht auf 1030 Hpa! N 2–3 Bft, See 2, 2/8 Bewölkung.

Zwar läuft die NAUTICSPORT KAPSCH immer noch 8 Knoten über Grund, aber langsam nerven mich die Etmale. Klar, für einen Urlaubstörn im Mittelmeer wären 209 Seemeilen in 24 Stunden toll, aber hier im Südpazifik ist es einfach viel zu wenig. Der Wetterbericht wird zu meinem Feindbild. Für die nächsten Tage sind keine wesentlichen Veränderungen in Sicht. Erst danach sollte sich wieder ein Tief mit kräftigem Westwind durchsetzen. Ich versuche, mich zu motivieren, und erkläre mir lautstark, wie angenehm und durchaus passend doch so ein Leichtwindtag ist. Aus dem Stegreif fallen mir zahlreiche Argumente ein. Um diese zu untermauern, beginne ich mit Reparaturarbeiten. Ich inspiziere Fall- und Reffleinen und bandagiere Scheuerstellen. Danach „entschärfe" ich die Bruchstellen am Bugkorb und schmiere die Mastschlitten. Jetzt noch zwei Gummibänsel ersetzen und das Deck ist wieder kampfklar.

Ich selbst bin das körperlich aber keineswegs. Unverändert habe ich Kopf- und Kieferschmerzen. Seit zwei Stunden auch noch Gliederschmerzen und dazu brennende Augen. Zudem kommt es mir vor, als würde mein Körper extrem sensibel auf Berührung und Druck reagieren. Ich verordne mir einen Besuch in der Krankenstation. Lymphdrüsen, Nieren, Brust? Ich versuche, in meinen Körper zu hören und das Feedback mit gelerntem Wissen abzugleichen. Die Diagnose ist leider größtenteils nur schwer umzusetzen, denn meine derzeitige Lebenssituation bietet wenig Handlungsspielraum. Was sie vor allem noch länger nicht bietet, ist Entspannung und Ruhe. Dennoch, einige Therapiepunkte sind machbar. Ich nehme entzündungshemmende Schmerzmittel und trinke viel Wasser. Danach folgen Augentropfen, und ich wechsle die Sonnenbrille. Schließlich setze ich auch noch den Gennaker, fixiere aus schmalen Augen das Speedometer und esse eine Packung Sauerkraut. Letzteres hat noch immer funktioniert. Sanft setzt die Wirkung der Schmerzmittel ein, und ich freue mich zudem über 1 Knoten mehr Geschwindigkeit. Gleichzeitig entfaltet das Sauerkraut schlagartig seine Wirkung. Mit größter Konzentration kann ich das Schlimmste verhindern, die erste „Druckwelle" abwehren und mich auf einen gründlichen Stoffwechsel vorbereiten. Dank des ruhigen Wetters verläuft dieser dann auch problemlos, und zurück bleibt das grandiose Gefühl der Erleichterung. Auf dieser Welle der Entspanntheit setze ich mich ins Cockpit, höre Musik und beobachte den buchstäblich Stillen Ozean.

Freitag, 23. 01. 2009, 75. Fahrtag.

W 1–2 Bft, Barometer 1032 Hpa! Luft 14,5 °C, Wasser 10,3 °C, wolkenloser Himmel, in der Navi, unter meiner „Käseglocke", bekommt es 26 °C! „Wie in den Tropen", schreibe ich ins Logbuch, aber dies ist für den Körper kein Vergnügen, sondern die reinste Tortur. Er bäumt sich auf, signalisiert wieder Kopfschmerzen und bekommt von mir eine klare Antwort. Zwei Schmerztabletten mit reichlich Wasser, basta! Während ich das kühle Wasser durch meine Kehle laufen lasse, kommt mir der Ausspruch „Sport ist Mord" in den Sinn. Ganz so falsch dürfte er nicht sein.

Das Windmesssystem fällt endgültig aus, dafür läuft die Inmarsat-B-Antenne wieder fehlerfrei. Der Autopilot meldet MCU-Error und steigt mehrmals aus. Das neue Windsystem, das ich montieren möchte, ist bereits in der Verpackung kaputt, also werde ich für die restliche Strecke Windspione anbringen müssen. Grundsätzlich zwar kein Problem, doch ist eine Feinabstimmung damit nicht mehr möglich. Vor allem nachts lassen sich die zahlreichen Fäden nicht sauber auswerten. Der Segeltrimm wird ungenauer, das Geschwindigkeitspotenzial sinkt. Dafür finde ich die Fehlerquelle für die Autopilotenstörung, nämlich den Wassertemperaturfühler.

Dee Caffari hat heute Geburtstag. Ich rufe sie über Iridium. Sie freut sich, läuft gerade parallel zur brasilianischen Küste auf Nordkurs und genießt dabei ihren Geburtstagskuchen. Auch sie hat schwer zu kämpfen und versucht, ihre AVIVA mit den noch verbliebenen Resten des Großsegels – das Tuch ist völlig delaminiert – nach Les Sables d'Olonne zu bringen. Aber wer sie kennt, der weiß: Dee hat eine Zähigkeit wie Sohlenleder, sie wird es schaffen. Ich raume auf, laufe ESE, denn der WNW hat etwas zugenommen, 2–3 Bft bedeuten, dass mein Ersatz-Gennaker tüchtig arbeitet. Ebenso arbeitet aber auch der Masttopp. Die Schäden an der obersten Saling dürften doch bis in die Struktur reichen, denn ich schaffe es nicht, das obere Viertel des Mastes zu stabilisieren. Mit Sorgenfalten sitze ich auf dem Seitendeck und beobachte die Lastwechsel. „Der Mast wird durchhalten", aber was sage ich: „Er muss durchhalten!"

Endlich wieder surfen

Das wurde aber auch Zeit. Als ich schon ernsthaft an der Funktion meines Barometers zweifle, beginnt die Anzeige, und somit der Luftdruck, doch noch zu fallen. Langsam, aber beständig. Kurz vorher habe ich das aktuelle Wetter abgerufen und augenblicklich einen Krampf in der Magengrube bekommen. Basierend auf einem Eingabefehler, hatte ich die Wetterdaten der japanischen See angefordert. Dort sind um diese Jahreszeit ausgedehnte Flautengebiete allgegenwärtig. Als sich die Wetterkarte aufbaut, traue ich meinen Augen nicht. Der Bildschirm ist voller weißer Flecken, sprich Flaute, wohin das Auge reicht, und das Jachtsymbol, das meine Position verkörpern sollte, sitzt genau mitten drin. Ich bekomme Magenkrämpfe, mein Blutdruck steigt fühlbar, und ich überlege gerade, welchen greifbaren Ausrüstungsgegenstand ich durch die Navi schleudern könnte, da fällt es mir wie Schuppen von den Augen: Eingabefehler! Kleinlaut ändere ich die Positionsdaten und fordere neue Wetterdaten, diesmal die passenden, an. Na bitte, sieht ja gleich besser aus. Rot markierte Zonen und gefederte Windpfeile aus dem richtigen Quadranten. Meine Laune ist wie ausgewechselt, ich setze einen breiten Grinser auf und nehme mir vor, noch bei Tageslicht den Gennaker gegen die Genua 1 zu tauschen.

Später, als ich das Manöver durchführe und den Geschwindigkeitsverlust bemerke, werde ich aufs Neue unzufrieden. Sollte ich nicht doch den Gennaker einfach stehen lassen, bis ich ihn bergen muss? Aber was, wenn er mir in stockdunkler Nacht unklar kommt oder noch schlimmer, wenn ich mir den ohnehin schon ramponierten Masttopp absegle? Nichts da, der Gennaker bleibt im Bergeschlauch. Ich tröste mich mit Schokomüsli, und schon wenig später bin ich überglücklich, diese Entscheidung getroffen zu haben.

Ich segle unter einem herrlichen Sternenzelt. Von Westen kommen kleine Wolken auf, aber noch bevor sie uns erreichen, werden die vorlaufenden Böen spürbar. Sie kommen aus NW mit 5–6 Bft. Wäre jetzt der Gennaker noch gestanden, hätte ich alle Hände voll zu tun, und dennoch bleibt die Frage: Wie hätte der Masttopp reagiert? Der Weg ins Ziel ist einfach noch zu lang, um unnötiges, sprich unkontrollierbares Risiko einzugehen. Also freue ich mich über meine richtige Entscheidung und gebe wenig später ein langes Radiointerview. Danach folgt der wöchentliche Liveeinstieg zur Shopping City Seiersberg. Gerade als ich noch eine Logbucheintragung mache, piepst der Kursalarm los. Noch bevor ich eingreifen kann, legt sich die NAUTICSPORT KAPSCH hart nach Steuerbord und fährt einen schnellen Aufschießer. Sofort bin ich wieder im Cockpit. Wind und Seegang haben merklich zugenommen, und nur noch vereinzelt sind Lücken in der Wolkendecke. Vor allem der Seegang läuft unpassend hoch. Ich erhöhe abermals die Autopilotenleistung, diesmal auf das Maximum. Leider steigt damit auch der Stromverbrauch, doch ich habe reichlich Dieselvorräte. Also muss ich lediglich den nunmehr höheren Verbrauch laufend kontrollieren. Gerade als ich unter Deck gehen möchte, unterläuft eine große Welle das Heck. Der Winddruck ist zu schwach und somit wird der Großbaum ebenfalls hochgerissen. Dem lauten Ächzen des Bullenstanders folgt der ansatzlose Knall eines berstenden Hochleistungsblockes. Danach kommt Lose in den Bullenstander, während der Großbaum nun mit jedem Wellendurchgang auf- und abschwingt. Ich suche einen Ersatzblock, mache mich „wasserdicht", hake meine Lifeline in den Streckgurt und kämpfe mich an Deck auf Höhe des Mastfußes. Dort erblicke ich das Fragment des Bullenstanderblockes. Beide Seitenscheiben sind aufgebogen und die Verbindungsschrauben abgerissen. Oder waren das gar keine durchgehenden Schrauben? Der Inhalt, also die Rolle fehlt, und platsch, diese Breitseite hat gesessen. Verärgert blinzle ich aus brennenden Augen nach achtern, aber sollte ich mich nicht freuen, dass es endlich wieder zügig vorangeht? Ein bisschen Salzwasser gehört eben zum Hochseesegeln. Ich wische mir gerade mit der Hand das Wasser aus dem Gesicht, da höre ich die nächste Ladung heranprasseln. „Alle Luken dicht", ruckartig ziehe ich die Kapuze nach unten, drücke das Kinn zur Brust und mache den bewährten Katzenbuckel. Wie eine Schrotladung prasselt die Gischt auf mich nieder, aber diesmal bleibe ich trocken, zumindest im Gesicht! Triumphierend hebe ich nach einigen Sekunden den Kopf und mustere die Situation. „Sieht nach Feuerpause aus", also nichts wie weg hier. Mit einigen Litern Seewasser in den Taschen purzle ich unter Deck, setze mich erst einmal auf den Boden und betrachte den Block aus der Nähe. Tatsächlich könnte er ein Musterstück für Fehlkonstruktionen abgeben. Als „Hochleistungsblock" gehandelt, sind die beiden Seitenteile mit kurzen metrischen Gewindeschrauben nur über die Distanzstücke verbunden. Offensichtlich hat sich jemand bemüht, das Gewicht zu optimieren und die Anzahl der notwendigen Gewindegänge an die auftretenden Lasten anzupassen. Aber wozu macht sich ein Techniker diese Arbeit und produziert so nebenbei auch gleich eine Sollbruchstelle? Diese ist zwar bestimmt ein ungewollter Nebeneffekt, aber dafür funktioniert er umso besser. Vorausgegriffen: Es werden alle diese Blöcke durch denselben Fehler zerstört, und dies bedauerlicherweise, obwohl die restliche Konstruktion die auftretenden Lasten problemlos bewältigen könnte. Würde also der Architekt dieser optisch ansprechenden Designerteile anstelle der drei einzelnen Schrauben drei in Summe jeweils zwei Zentimeter längere Bolzen verwenden, dann könnten die Blöcke auch das, wofür sie entworfen wurden. Nämlich große Lasten aufnehmen.

Mit zunehmendem Seegang machen sich auch die Ruderstöcke wieder lautstark bemerkbar. Mit passendem Werkzeug und der Speiseölflasche bewaffnet, krieche ich ins Achterkompartment. Da jammern sie vor sich hin. Nass und fettig. Ich kontrolliere den Schraubensitz und verabreiche die bereits obligatorische Ölkur. Danach wird das Gejammere leiser. Was bleibt, ist ein dumpfes, leises Kratzen. Ich muss an einen Säugling denken, der sein Fläschchen bekommen hat. Ich kontrolliere noch die Steuerseile und die Antriebseinheit des Autopiloten. Dabei fällt mein Blick auf die Notausstiegsluke. Ich versuche, die Rumpfgeräusche zu deuten. „Jetzt, jetzt müsste es gehen." – Vorsichtig öffne ich erst die Verriegelung und danach einen Spaltbreit die Luke. Gerade, als ich durch diesen Spalt nach achtern spähen möchte, wird das Heck abrupt angehoben. Schnell schließe ich die Luke wieder und harre der Dinge. Rauschen, Zischen, Gurgeln, der Brecher ist durch, also noch mal. Diesmal klappt es. Gerade, als ich die Luke öffne, wird das Heck von einem Dünungsrücken angehoben. Ich sehe nur das Grau der Wolkendecke, bevor sich das Heck abermals anhebt und die Surfphase einsetzt. Der Blickwinkel hier ist einzigartig. Im schäumenden Heckwasser bildet sich allmählich abermals ein Wellenrücken. Jetzt wird der Kamm doch gläsern. Dieses Signal ist unmissverständlich! Rasch schließe ich die Luke und verkeile mich an der Ruderanlage. Wummms, mein Alucontainer wirft sich hart nach Backbord. Die Ölflasche wird gegen die Seitenwand geschleudert und bricht. Zum Glück war sie fast leer, durchfährt es mich. Das Heck rollt wieder in eine aufrechte Schwimmlage. Ich sammle meine Schraubenschlüssel ein und mache mich auf den Rückweg in die Navi.

Nichts geht mehr!

Allmählich passt das Wetterszenario wieder zum Fahrgebiet. Ich befinde mich auf 44°16'S und 114°16'W. Luftdruck 1009,9 Hpa fallend, der WNW ist böig zwischen 4–6 Bft und es regnet. Tief hängende Wolken und der bleiern schimmernde Ozean runden das Bild ab. Zum wiederholten Male wird meine NAUTICSPORT KAPSCH von einer Welle auf die Steuerbordseite gedrückt und die nachfolgende Bö überfordert die Ruder. Es folgt ein weiterer Aufschießer, und während ich mit aller Kraft Gegenruder lege, entscheide ich, zu reffen. Klar möchte ich wieder zu Raphaël aufschließen, aber nicht um jeden Preis. Also bringe ich meine knarrende Lady wieder auf Kurs, übergebe an den Autopiloten und kämpfe mich Hand über Hand ins Mastcockpit. Endlich erreiche ich die Decksvertiefung, verkeile mich mit den Knien und klariere das Großfall. Sobald mir alles bereit scheint, öffne ich den Stopper und fiere das Fall, aber nichts bewegt sich! Unsicher überprüfe ich meine Handgriffe, blicke zum Masttopp und habe eine böse Vorahnung. Als der Wagen des Großsegelkopfes zum ersten Mal blockierte, habe ich das Segel an Deck gewinscht. Danach habe ich das Vorliek einfach angepasst, also einfach nur mehr bis knapp unterhalb jener Stelle hochgezogen, wo die Mastschiene verbeult war. Nun sieht es aber so aus, als ob die Mastschiene tatsächlich gebrochen ist.

Der Kopfschlitten steht mit einem Stück Schiene etwa zehn Zentimeter vom Mast ab und blockiert! Ich versuche abermals den Trick mit der eingebänselten Leine im Vorliek, aber diesmal bewegt sich nichts. Ich spüre, wie mein Mund austrocknet. Verdammt, ich muss das Segel an Deck bekommen, sonst kostet es mich früher oder später den Mast. In meiner Not entwickle ich Aggressionen. Also gut, wenn es das Segel so haben möchte! Ich winsche kräftiger. Der Umlenkblock beginnt zu knarren. Egal, ich versuche, die Leine noch dichter zu nehmen, und der Block zersplittert, die Leine schnellt knapp an meinem Gesicht vorbei und knallt gegen den Großbaum. Ich werde noch nervöser und somit auch noch ungestümer. Wenn eben nicht nach unten, dann nach oben. Ich versuche, den Segelkopf mit dem Fall weiter nach oben zu winschen, aber nichts geht mehr! Die NAUTICSPORT KAPSCH surft außer Rand und Band nach Osten. Starker Regen setzt ein, und ich fühle einen Anflug von Panik in mir aufsteigen. „Nein, es kann nicht sein, was nicht sein darf!" – Was und wie ich es auch immer anstellen muss, das Rennen ist für mich und für meine geschundene Jacht noch nicht zu Ende. Ich hechte ins Cockpit und reffe die Genua. Sehr schön, jetzt sind die Schiffsbewegungen wieder annehmbar. Als nächstes versuche ich, mich zu konzentrieren, atme regelmäßig und baue meinen Zorn ab. Rudergehen wirkt dabei Wunder. Ich raume etwas auf, fiere das Großsegel und überlege. De facto geht es nur darum, den Kopfschlitten frei zu bekommen. Die Mastschiene ist aus gehärtetem Aluminium und sehr oberflächenstabil, aber auch …? Das muss es sein, genau das könnte funktionieren. Natürlich ist meine Idee nicht gefahrlos umzusetzen, aber was soll's. Das Segel MUSS an Deck. Ich überlege. Wenn ich die Genua noch stärker reffe und danach mit dem dichtgeholten Großsegel und dichtgeholten Backstagen mehrmals über Stag gehe, sollte der Zug ausreichen, um die bereits verbogene Mastschiene erneut zu brechen. Danach würde das Großsegel an Deck fallen, voilà! Ich überlege mehrmals jeden Handgriff, danach raume ich auf. Sobald ich auch die Genua gerefft habe, segelt die NAUTICSPORT KAPSCH gemütlich vor dem Seegang. So, jetzt also nur noch die Großschot durchsetzen und dann Patenthalsen fahren, so lange, bis die Schiene bricht. In dieser Phase des Vorgehens habe ich für mich beschlossen, dass es klappen wird. Alle Zweifel habe ich aus meinem Kopf verbannt, und somit kann ich in aller Ruhe und mit voller Konzentration die letzten, alles entscheidenden Handgriffe ausführen. Ich lege Ruder nach Backbord. Der Bug dreht willig, und mit dem darauffolgenden Wellendurchgang knallt der Großbaum von Backbord nach Steuerbord. Nichts bewegt sich. Ich blicke sehnsüchtig zum Masttopp, die Lage scheint unverändert. Ich nehme die Großschot noch dichter und fahre die zweite Patenthalse. Rumms, keine Reaktion. Ich schalte auf Autopilot und klettere nach achtern, um das Segelprofil besser sehen zu können. Na klar, ich habe die Backstagen dichtgenommen, um das Segel zu schonen, aber so kann das Tuch nicht ausreichend Schwung holen, um die Schiene zu knicken. Der WNW wird böiger, dicke Regentropfen prasseln an Deck, und meine Nerven liegen blank. Ich lockere die Steuerbordbackstagen und übernehme das Steuerrad. Also noch einmal! Abrupt lege ich Ruder hart Steuerbord. Zügig dreht die Längsachse. Der nachlaufende Wellenberg drückt das Heck noch weiter nach Backbord. Der Großbaum schnellt diesmal ungebremst nach Lee, steigt dabei auf und reißt das Tuch abrupt wieder nach unten. Nichts, das Segel steht wie angeschraubt. Aber die Schiene muss doch …! Ich bin dem Resignieren nahe, da knackt es im Rigg und das Vorliek des Großsegels beginnt sich in Falten zu legen. „Jaaa", brülle ich aus Leibeskräften, schalte auf Autopilot und hechte zum Mast. Die letzten Kunststoffkugeln rollen gerade aus dem Schlitten, aber das interessiert mich nicht. Ich habe reichlich Ersatz an Bord. Ich will nur das Segel bergen und sichern, alles andere erscheint mir momentan nebensächlich. Nach wenigen Minuten ist das Tuch im Lazy-Bag verstaut. Ich setze wieder volle Genua 1 und überlege, was zu tun ist. Diesmal wird es eine größere Arbeit. Um den Segelkopfschlitten wieder auf die Mastschiene fädeln zu können, muss ich vorher alle Mastschlitten ausbauen, also das gesamte Großsegel abschlagen. Erst dann kann ich die Schlitten wieder in richtiger Reihenfolge einfädeln und das Segel montieren. Ich beschließe, keine Meile zu verschenken und die NAUTICSPORT KAPSCH auch für die Dauer der Reparatur so schnell wie möglich segeln zu lassen. Also bleibt die Genua 1, wo sie ist, und sorgt für zügiges Vorankommen. Natürlich ist die Reparatur unter diesen Umständen schwierig, aber was soll's. Es ist eine

Regatta, versuche ich mich aufzumuntern, wenn die Werkzeugkiste durch die Navi schleudert, ich mit vollen Händen das Gleichgewicht verliere oder die Ersatzteilcontainer umkippen. Letztlich benötige ich fünf Stunden, um das verbogene Mastschienenstück aus dem Kopfschlitten zu entfernen, alle Schlitten wieder zu montieren und das Segel anzuschlagen. Vor allem das Einfädeln der mit Kugeln gefüllten Mastschlitten treibt mich an den Rand des Wahnsinns. Es ist schon verdammt schwer, sich am Mastfuß zu verkeilen, aber dann die Schlitten zu füllen und mit ruhiger Hand auf die Mastschiene zu schieben, ist ein wirklicher Balanceakt. Nicht ein Mal verliere ich das Gleichgewicht, der befüllte Schlitten gleitet wieder von der Schiene und die neuen Kugeln springen lustig über Deck. Meistens gelingt es mir, eine große Anzahl wieder einzusammeln, aber mitunter werden sie auch Sekunden später von einer Gischtfahne von Deck gespült. Am Ende aber reicht es, da ich nicht alle Schlitten wieder einsetzen muss, denn ich kann die unteren vier Meter des Segels ohnehin nicht mehr setzen. Also bleiben sogar noch Kugeln übrig. Ich sprühe noch reichlich Teflon in die Schlitten, und gerade vor der einbrechenden Dunkelheit kann ich das Segel wieder setzen. Leider ab sofort nur mehr im zweiten Reff! Dies ist zwar keine optimale Perspektive, aber darüber brauche ich nicht mehr nachzudenken. Die Mastschiene ist im oberen Drittel zerstört und ich kann somit nur mehr wenig Großsegelfläche setzen. Je schneller ich diese Tatsache akzeptiere, desto rascher werden sich meine trüben Gedanken auflösen und dem Positiven Platz machen.

Ich bin hundemüde, mache die notwendigsten Eintragungen ins Logbuch und schreibe ein Mail mit Fotoanhang an Siegfried und die Regattaleitung. Harald meldet sich. Er ist gut in Neuseeland angekommen, hat seinen ersten Job als Offshoreskipper erfolgreich gemeistert und ist bester Laune. Ich gratuliere, halte das Gespräch aber kurz, denn ich bin nass bis auf die Haut, todmüde und hungrig. Die Ruderstöcke ächzen auch schon wieder, aber das ist mir im Augenblick egal.

Das Barometer fällt kontinuierlich, der NW bleibt lebhaft, und wenn es weiter so stark regnet, wird noch der Pazifik über die Ufer treten. Ich muss über meine eigenen Gedanken schmunzeln, gönne mir noch einen großen Topf „Turbonudeln" und verkeile mich danach auf der Navibank. Der Seegang wird zunehmend konfuser, und mit ihm auch die Bootsbewegungen. Ich beobachte den Ruderstand, die Kursanzeige und das Speedometer. Dazwischen fallen mir die Augen zu, aber der Kurzschlaf ist nicht erfrischend. Erst gegen 20:00 Uhr, als ich das letzte Icegate durchsegle, werde ich wieder aktiv. Nur 79 Seemeilen trennen mich von Dinelli und 1800 von Kap Hoorn. Ich werde jetzt noch ein bisschen ausruhen, denn sobald der schwere Regen nachlässt, möchte ich mir das Großsegel ansehen. Ich glaube, eine Lösung gefunden zu haben, um doch wieder mehr Segelfläche setzen zu können. Mal sehen, ob es funktioniert. Wenn ja, wäre das mein schönstes Geburtstagsgeschenk.

Geburtstagsgeschenke

Dienstag, 27. 01. 2009, 79. Fahrtag und zugleich wieder ein Geburtstag. Diesmal kann ich meinen eigenen feiern, und als würde dies auch Neptun wissen, hat er eine eintägige Wetterpause angeordnet. Obwohl der Wetterbericht das nächste Tief schon ankündigt, sollte es zumindest für die kommenden 12 Stunden ruhig bleiben. Mein erster Vorsatz für das neue Lebensjahr: Ich werde, so die Wetterprognose tatsächlich stimmt, meinen Geburtstagsschampus mit Neptun teilen. Zwar nicht gerade 50:50, aber zumindest setze ich mein Alkoholembargo außer Kraft.

Das Wetterdossier stimmt. So wie angekündigt, wird der WSW etwas schwächer und vor allem gleichmäßig. Zudem hort es auf zu regnen und der Seegang wird harmonisch. Leider habe ich seit den frühen Morgenstunden wieder Kopfschmerzen, aber auch von denen lasse ich mir den heutigen Tag nicht vermiesen. Am Siebenundzwanzigsten 47 zu werden, und das noch dazu im Rahmen der Vendée Globe, unmittelbar vor Kap Hoorn, das sind ausreichend Gründe für gute Laune! Ich klettere an Deck, denn der beinahe wolkenlose Himmel lädt mich förmlich ein, das ausgedachte neue „Großsegelpatent" zu testen. Meine Überlegung sagt mir, dass ich das Niveau der Segellatte, die sich zwischen erstem und zweitem Reff befindet, nutzen könnte, um zumindest die Hälfte des Tuches zwischen den beiden Reffs trotz der gebrochenen Mastschiene wieder setzen zu können. Ich müsste nur eine starke Lasche genau an der Lattentasche vernähen und könnte mit ihr das Segel dichtholen. Zur Überprüfung meiner Theorie benutze ich die bereits vorhandene Gurtlasche, die zwar mit Sicherheit zu schwach ist, doch genau an der Stelle vernäht ist, wo ich auch meine starke Schlaufe anbringen möchte. Wenig später habe ich das Provisorium durchgesetzt. Die Zuglasche zeigt bereits nach einigen Minuten erste Schwächen, doch so wird es klappen. Wann immer ich Zeit habe, werde ich die neue Lasche vernähen, aber es wird nicht einfach werden. Das Großsegel hat an dieser Stelle zahlreiche Lagen aus hartem Hydranet, und somit muss ich jedes Loch mit der Bohrmaschine vorbohren. Erst dann kann ich die neue Schlaufe, die ich aus einem Band des Lazy-Bags schneiden werde, vernähen. Die Nähte müssen sowohl quadratisch als auch diagonal verlaufen, sonst würde sich auch diese Konstruktion sehr rasch auflösen. Ich bin mit meiner Kreativität zufrieden und freue mich über mein „zweites Geburtstagsgeschenk". Toll, bereits zwei Geschenke und dabei noch gar kein Päckchen aufgemacht! Allmählich wird es Zeit, das Geburtstagsmenü zu bedenken und den großen Geschenkesack aus der Backkiste zu holen, wo er seit dem Start schlummert. Gegen Mittag ist das ruhige Wetterzwischenspiel schneller als erwartet vorbei. Der WSW wird böig, der Himmel bewölkt sich und es setzen Regenschauer ein. Da aber das Barometer noch stabil ist, sollte sich die Wetterverschlechterung in Grenzen halten.

18:00 Uhr Bordzeit, SW 5–7 Bft, das Barometer beginnt zu fallen, der Seegang wird allmählich wieder höher und die NAUTICSPORT KAPSCH surft mit 12 Knoten Kurs Kap Hoorn. Partytime – ich wärme mein Geburtstagsmenü: Kartoffelpüree mit Würstel. Dazu herrlicher Dijonsenf, eine wirkliche Köstlichkeit in dieser Gegend. Kaum habe ich die Riesenportion verspeist, stürze ich mich auf die Geschenke. Die meisten davon sind „genießbar" – in fester oder flüssiger Form. Marion hat, wie immer, auch ein „Kreativgeschenk" eingepackt, aber angesichts der Umstände lege ich dieses behutsam in die Navilade. Vorerst dezimiere ich lieber die Päckchen mit süßem Inhalt. Während ich also verkeilt auf der Navibank sitze und eine Tafel Schokolade verzehre, gelingt mir eine revolutionäre Beobachtung. Natürlich weiß ich, dass schon zahlreiche Erfindungen geboren wurden, obwohl der betreffende Wissenschaftler andere Ziele hatte, aber dass es mir vergönnt ist, in dieser Situation das Rätsel des „Coladosen-Inhaltschwundes" an Bord zu lüften, ist ein weiteres Geburtstagsgeschenk: Wie oft schon habe ich mich über leere, aber dennoch verschlossene und optisch dichte Coladosen geärgert. Jetzt aber, jetzt werde ich der Augenzeuge eines Entleerungsprozesses. Ich bin sprachlos, und das soll etwas heißen! Ich hatte zur Feier des Tages zwei Coladosen auf den Mikrokugelsack neben der Navibank gelegt, und diese wurden in den vergangenen Stunden, so wie ich, gut durchgeschüttelt. Gerade als ich mir genussvoll wieder ein Stück Schokolade zwischen die Zähne schiebe und im Geiste eine dieser Dosen öffne, vernehme ich ein leises Zischen. Nein, nicht am Rumpf entlangschießendes Seewasser. Es ist ein Zischen, so als würde aus einer Getränkedose Flüssigkeit austreten. Ich versuche, das Geräusch zu orten, fixiere eine der beiden Dosen – und tatsächlich. Genau an der Stelle, wo die Dose einen kleinen Rostfleck aufweist, zischt ein hauchdünner Strahl des kohlensäurehältigen Inhalts. Wohin? Natürlich geradewegs in die Navi. Dort prallt die klebrige Limo gegen die Elektropaneele und versickert zwischen den Schaltern. Nach einer Schrecksekunde greife ich nach der Dose und will das Loch zuhalten. Genau in diesem Augenblick aber wird die NAUTICSPORT KAPSCH von einer Welle vorwärts katapultiert. Ich verliere das Gleichgewicht, muss die Dose wieder loslassen und greife nach dem Deckshausrand. Als ich mich wieder zurückdrehe, bekomme ich den Colastrahl genau ans rechte Ohr. Jetzt ist es genug. Ein Blick aus den Augenwinkeln sagt mir, dass auch das Logbuch schon seine Ration abbekommen hat, also stülpe ich zuerst meine Ölzeugjacke über die Limoschleuder und suche danach nach der Öffnungslasche. Diesmal glückt die Attacke und das Zischen verstummt. Ich trinke zügig den noch verbliebenen Inhalt. Dann mache ich mich an die Arbeit, um die Navi wieder trockenzulegen. Und was können nun die Hersteller dieser Getränkeverpackung aus meinem praktischen, zugegeben ungewollten Versuch lernen? Die Wandstärke von Coladosen, zumindest von den in Frankreich erhältlichen, ist sehr genau dimensioniert. Wenn sich, z. B. durch Korrosion, eine punktuelle Schwächung des Gebindes einstellt, kann ein Druckanstieg im Inneren der Dose, zum Beispiel durch andauerndes Schütteln, zum strahlenförmigen Austritt des Inhaltes führen.

Kaum glänzt der Navitisch wieder in Sauberkeit, stellt sich die nächste Panne ein. Ich möchte filmen, möchte mein holpriges Geburtstagsgelage festhalten, da reißt auch bei meinem zweiten Klemmstativ das Gewinde des Verbindungsbolzens zwischen Drehgelenk und Klemmbacke. Also auf zum geburtstäglichen Bohren und Gewindeschneiden. Vierzig Minuten später sind beide Stative wieder einsatzfähig, aber der Pannenteufel lässt keine Langeweile aufkommen. Meine vierte Stirnlampe – fünf Stück habe ich an Bord – ist kaputt. Auch in diesem Fall glaube ich, dass es am Schalter liegt. Da ich ohnehin gerade Strom brauche, starte ich den Diesel, erstarre für Sekunden wegen des lautstarken Nagelns, bis die Schmierung hörbar einsetzt, und lege die defekte Lampe auf den Motor. Üblicherweise versuche ich dort, meine Handschuhe zu trocknen, aber vielleicht gesundet ja auch die Stirnlampe durch die wohlige Wärme. So, jetzt fehlt nur noch der Geburtstagstrunk. Ich überdenke nochmals mein „Versöhnungsangebot" an Neptun und beschließe: Heute bekommt die Nervensäge ihren Anteil, denn schon bald erreiche ich Kap Hoorn, und wer möchte sich in solch einer Situation mit Meeresgöttern streiten?

Der wilde Ritt

Mein neues Lebensjahr beginnt sehr stürmisch. Das Barometer fällt, der SW dreht auf und die See wird zunehmend rau. Im Surf erreicht die NAUTICSPORT KAPSCH weit mehr als zwanzig Knoten. Also steuern oder in der Navi kauern und aufpassen. Arbeiten oder sich normal an Bord bewegen ist wieder einmal Schwerstarbeit. Wenn ich mich dennoch durch die Kompartments zwängen muss, ist größte Vorsicht geboten, die Jachtbewegungen sind außer Rand und Band. Selbst der Wassermacher hat Probleme, da er wegen der hohen Geschwindigkeit zu wenig Seewasser ansaugen kann. Gegen 05:00 Uhr Bordzeit drückt eine mächtige See die NAUTICSPORT KAPSCH aus dem

Kurs, und sie schlägt quer. Wieder einmal steht meine kleine nasse Welt auf dem Kopf. Glücklicherweise ist fast alles an Bord gut verstaut, lediglich meine Gabel und die Senftube werden aus der „Pantry" geschleudert und versinken im Bilgenwasser. Ich fische auf gut Glück in der schmutzigen Brühe und kann die Flüchtigen wieder einfangen. Die Wolken ziehen mit unglaublicher Geschwindigkeit. SSW 6 Bft, in Böen bis 9 Bft, die See baut sich weiter auf. Ich vernehme ein mir unbekanntes Geräusch, es dürfte aus dem Vorschiff kommen. Also los, ich schütze meinen Kopf mit Haube und Ölzeugkapuze und kämpfe mich ins Kielkompartment. Wie in der Tropfsteinhöhle, denke ich, während mich ein abrupter Aufsitzer nach der Surfphase gegen eine hochgeklappte Rohrliege schleudert. Hoppla, irgendwie hat die Kälte auch einige angenehme Nebeneffekte. Zum Beispiel riecht es an Bord nicht so streng wie um den Äquator, und anhand meiner soeben vorgeführten Pirouette zeigt sich wieder einmal, dass dicke Kleidung eine hohe Schutzfunktion besitzt. Zumindest einen blauen Fleck wird es aber trotzdem geben. Ich versuche, mich auf die Geräusche zu konzentrieren, aber das ist bei dem sich gerade aufwärmenden Sturmorchester äußerst schwierig. „Bang", die Rohrliege, an der ich mich gerade festhalte, klappt nach vorne. Während ich noch überlege, ob vielleicht das Sicherungsbänsel gerissen ist, fühle ich auch schon den stechenden Schmerz in meinem Hinterteil. „Bruchlandung neben dem Kielwinschensockel" könnte man meinen jetzigen Absturz nennen.

Mir reicht es. Ich kämpfe mich wieder auf die Beine, verknote die Rohrliege mit den beiden gerissenen Bänselstücken und purzle fast durch die Schotluke ins Vorschiff. Zur Begrüßung tröpfelt mir Salzwasser in die Nase. Ein untrügliches Zeichen, dass die Kabeldurchführung neben dem Mastfuß wieder undicht ist. Ich setze mich in den wilden Haufen von Segel und versuche, mich zu konzentrieren. Klack, da war es wieder, dieses metallene Schlagen. Klack, klack! Ich lege mein Ohr an den Steckschwertkasten. Jawohl, da kommt es her. Kurz überlegen, wahrscheinlich ist die Teflonführung an der Rumpfkante gebrochen oder verloren gegangen. Klack! Genau, das muss es sein. Ich überdenke mögliche Folgeschäden. Nein, mit Ausnahme des nervigen Schlagens, das mich ab sofort bis ins Ziel begleiten soll, ist dieser Defekt ohne wesentliche Bedeutung. Also geordneter Rückzug. Während sehr hohe Roller die NAUTICSPORT KAPSCH in sehr tiefe Täler schleudern, krieche ich auf allen vieren in die Navi. Entsprechend ausgepumpt und nass sitze ich jetzt auf dem Boden neben der Naviliege und versuche, mich für einen Ausflug in die Plicht zu motivieren. Dabei fällt mein Blick auf ein schmales Rinnsal, das es bis vor kurzem noch nicht gab. Kein Zweifel: Aus dem Spalt zwischen den einzelnen Montageplatten der Navigationskonsole sickert Wasser. Ich koste, und meine Befürchtungen sind bestätigt: Es ist Salzwasser. Offensichtlich hat das Raubtier an Bord der NAUTICSPORT KAPSCH, auch Kiel genannt, wieder einmal seinen Käfig beschädigt. Diesmal aber muss es sich um einen Riss in der Konstruktion des Kielkastens handeln, wahrscheinlich an der Deckverbindung. Vor meinem geistigen Auge ziehen schlimme Szenarien vorüber. Seewasser ergießt sich über Elektronikgeräte, Kabelboxen und die Navilade mit all ihren Schätzen. Korrosion und Kurzschluss bestimmen die letzten Wochen dieses qualvollen Törns und …! Aber noch ist es nicht so weit. Ich versuche, mir einen besseren Überblick zu verschaffen, entferne die Plastikverkleidung der Navirückwand an Backbord und spähe mithilfe einer starken Taschenlampe in das Gewirr von Kabeln. Wasser, wohin ich auch blicke, alles ist nass, aber jetzt einmal keine Panik. Natürlich ist es bei derartigen Wettersituationen auch unter Deck nass. Natürlich schimmert die gesamte technische Ausrüstung vor Nässe, aber woher kommt das „neue Wasser"? Die Schiffsbewegungen sind so abrupt und die Rollperioden so dynamisch, dass ich momentan unmöglich eine undichte Stelle orten kann. Ich verschließe das Schutzplastik, so gut es geht, und knie mich wieder neben die Naviliege. Dabei fällt mein Blick auf den Plotter. Meine Augen huschen über die Anzeigen und verharren auf der Distanzanzeige für das restliche Wegpunktstück zum Kap. 99 Stunden, 59 Minuten. Ich fixiere die Anzeige aus müden, brennenden, aber zugleich auch glücklichen Sehschlitzen. 99 Stunden, 56 Minuten, 99 Stunden, 48 Minuten, unbewusst bin ich schon wieder auf den Beinen. Lifeline, Handschuhe und los! Als ich die Niedergangstüre öffne, bekommt meine Euphorie zwar einen Dämpfer, aber egal. Nass bin ich ohnehin schon. Klar, jetzt wird es noch wesentlich nasser und vor allem kälter werden, aber ich brauche einfach Frischluft, muss über den Bug nach Osten blinzeln und mir vorstellen, wie es ist, versuchen vorzufühlen, was ich empfinden werde, wenn erst die chilenische Scherenküste und dann das „Kap der Kaps" über die Kimm wachsen.

Die Nervenprobe

82. Fahrtag, NW 5 Bft, böig, Barometer 1015 fallend, 7/8 Bewölkung, Luft 6 °C, Wasser 5 °C.

Noch 830 Seemeilen bis Kap Hoorn. Ich schifte die Segel, gehe auf Steuerbordbug und laufe Zielkurs. Der Wetterbericht zeigt beinahe Flaute am Kap Hoorn sowie ein schmales Leichtwindband etwa 40 Meilen westlich der chilenischen Küste. Eine zweite Schwachwindzone liegt weit südlich des Kaps. Natürlich kann sich das Wetter in dieser Ecke sehr schnell und völlig unerwartet ändern, aber sollte dies nicht der Fall sein, werde ich mich unter Schwachwindverhältnissen herankämpfen müssen. Dies wäre dann schon das zweite Mal. Auch bei meiner ersten Kap-Hoorn-Umrundung hatte ich einen wilden Ritt durch den Pazifik bis wenige Meilen vor dem Kontinentalsockel. Plötzlich sorgten zwei Wettersysteme, eines im Atlantik und das zweite am südlichen Rand der Drakestraße, für stundenlange Flaute. Also konnte ich direkt an das Kap laufen und tolle Aufnahmen ergattern. Während ich an diese eindrucksvollen Stunden denke, stellen sich meine Nackenhaare auf und ein wohliges Gefühl durchströmt meinen Körper. Mal sehen, wie es diesmal wird! Dinelli entscheidet sich für die längere Strecke weit südlich von Kap Hoorn. Ich hingegen beschließe, die NAUTICSPORT KAPSCH mit ausreichend Küstenabstand so nah wie möglich um das Kap zu segeln.

NW 6, böig bis 8 Bft, Barometer 1005 fallend, 8/8 Bewölkung, Nieselregen, und der Südpazifik hat mir wohl gerade sein Abschiedsgeschenk verpasst. „Wer die Warnung nicht kapiert, bekommt die Rechnung gleich serviert", schreibe ich sarkastisch ins Logbuch. Die Warnung, von der ich spreche, war in Form zweier Aufschießer, während harte Sturmböen einfielen. Spätestens nach der ersten Bö hatte ich reffen müssen, aber vom Gedanken besessen, so rasch wie möglich das Kap zu umrunden, habe ich die Warnungen missachtet. Nun muss ich wieder einmal kleinlaut zur Kenntnis nehmen, dass Naturgewalten vor allem in diesem Teil der Erde einfach nicht mit sich handeln lassen. Die zweite Sturmbö, die über uns herfällt, wirft die NAUTICSPORT KAPSCH nach Steuerbord. Ich benötige alle Kraft, um nicht in die Seitenkuhle der Plicht geschleudert zu werden. Bevor ich mein Gleichgewicht wieder finde, segelt die Jacht einen Aufschießer. Die Genua tobt wie von Sinnen. Ich werfe die Schot los und versuche, das Segel einzurollen. Letztlich habe ich Glück im Unglück: Als ich das Tuch bis auf einen schmalen Streifen eingeholt habe, reißt die Reffleine. Geistesgegenwärtig öffne ich sofort den Fallenstopper und hechte auf das wild stampfende Vorschiff. Ich reiße den Segelwulst an mich und zerre ihn an Deck. Kaum berühren meine Knie das Deck, schnelle ich wieder in die Höhe und zerre die nächsten zwei Meter nach unten. Nach einigen Wiederholungen kommt das Fall unklar, aber der Großteil des Segels ist bereits geborgen. Ich bänsle den Wulst an die Reling und kämpfe mich über das überflutete Deck zurück in die Plicht. Jetzt heißt es wieder Fahrt aufnehmen, also Großsegel fieren, Genua 2 ausrollen, und allmählich dreht der Bug nach Lee. Die NAUTICSPORT KAPSCH nimmt Fahrt auf, beginnt wieder zu surfen und ich aktiviere den Autopiloten. Danach klariere ich das Fall der Genua 1 und kämpfe mich neuerlich auf das Vorschiff. Dort berge ich den Rest der Genua 1 und staue sie unter Deck. Völlig durchnässt und entkräftet beginne ich den Rückzug in die Plicht. Auf Höhe der Bullenstanderumlenkung sehe ich, dass neuerlich ein „Superblock" den Dienst quittiert hat. Also ab unter Deck, Block aus der Staukiste suchen, wieder in die Plicht, auf allen vieren auf das Seitendeck und den Block austauschen.

24 Stunden später, 360 Seemeilen westlich Kap Hoorn, 0–1 Bft, umlaufend, wolkenlos, die NAUTICSPORT KAPSCH treibt mit 1,3 Knoten nach Süden. Ich bin genervt. Dinelli segelt mit guter Geschwindigkeit durch die Drakestraße. Wer auch immer die Idee mit dem Windgürtel hatte, sie erweist sich als schlichtweg falsch. Gleichzeitig hat diese 6. Vendée Globe-Edition soeben ihren souveränen Sieger gekürt. Michel Desjoyeaux hat nicht nur zum 2. Mal, sondern in bestechender Manier dieses Rennen um den Globus für sich ent-

schieden. Zudem in neuer Rekordzeit, und dies, obwohl er nach dem Start wegen technischer Probleme umkehren musste. Schließlich ist er zwei Tage später wieder ausgelaufen und hat uns alle dennoch deklassiert. Hut ab vor diesem einzigartigen Skipper, den nicht nur seine unbeschreibliche Zähigkeit, sondern vor allem seine exakte, systematische Arbeitsweise auszeichnet. „Ehre, wem Ehre gebührt", sage ich mir und gebe auch niemandem Schuld an meiner momentanen Situation außer mir. Ich hätte ja auch mehrere Wetterberichte einholen können, mich noch akribischer vorbereiten oder mich einfach Dinellis Aktion anschließen, denn er hat wesentlich mehr Erfahrung als ich. Kopfschmerzen pochen hinter meiner brennenden Stirn. Zu viel Sonne, keine Sonnencreme verwendet. Lustlos hantiere ich mit den Schoten und schlage mir auch noch ein Leinenende ins Auge. Die Segel schlagen, die NAUTICSPORT KAPSCH rollt in der trägen Dünung, die Stirn brennt und mein Auge schwillt zu. Am liebsten würde ich jetzt lostoben, aber ich fühle mich einfach ausgelaugt und leer. Wie zum Hohn glitzern im Osten die chilenischen Kordilleren am Horizont. Ich setze mich auf den Cockpitboden und gehe in mich. Krisensitzung im Hause Sedlacek, daran besteht kein Zweifel, aber wie soll, nein besser gesagt, wie muss es weitergehen? Die darauffolgende Nacht verbringe ich mit Trotzreaktionen. Das bedeutet, ich stehe, sitze, esse und trinke in der Plicht. Nahezu im Halbstundentakt korrigiere ich den Segeltrimm, schifte die gesamte Segelgarderobe und versuche, die NAUTICSPORT KAPSCH irgendwie voranzutreiben. Wegen der relativ starken Bewölkung, 5/8, wage ich es nicht, ein Leichtwindsegel zu setzen. Ab und zu huschen Böen aus den unterschiedlichsten Richtungen über uns hinweg, und ich möchte keines meiner zwei verbliebenen Leichtwindsegel vorzeitig verlieren. Endlich, mit der Dämmerung setzt auch der N ein, wird zur zaghaften Brise und wandert auf NW. Ich merke, wie mir neue Energie einschießt. Jetzt bei Tageslicht könnte ich auch den Code Zero setzen, jetzt kann ich aufmerksam trimmen und einfallende Böen ausmachen. Kaum gehen mir diese Gedanken durch den Kopf, bin ich auch schon im Vorschiff, wuchte die Luke auf und beginne, das schwere Segel – immerhin beinahe 300 Quadratmeter – an Deck zu zerren. Schweiß rinnt mir in Strömen über Rücken und Brust, die

Thermounterwäsche klebt mir unangenehm am ganzen Körper, aber ich schenke dem keine Beachtung. Ich muss einfach das Tuch setzen, damit die NAUTICSPORT KAPSCH wieder lebendig wird. 20 Minuten später und einen abgerissenen Fingernagel ärmer lehne ich keuchend im Cockpit. Das Log zeigt wieder 8 Knoten, meine alte Dame freut sich sichtbar über ihr neues Segelkleid und sprintet Zielkurs. Der Wind hat mit dem Tagesverlauf etwas rückgedreht, kommt wieder aus NNE, aber dafür mit 2 Bft. Optimale Bedingungen für den Code Zero. Die NAUTICSPORT KAPSCH liegt tief nach Lee gepresst im Wasser und prescht mit 10 bis 11 Knoten zum Kap.

Kap Hoorn querab

Mittwoch, 04. 02. 2009, 87. Fahrtag.
WNW 3 Bft, Barometer 1004 langsam fallend, 8/8 Bewölkung, Nieselregen.
Noch 80 Meilen und das Wetter wird mit zunehmender Landnähe schlechter. Ich passiere die kleine Isla Jordan in vier Seemeilen Entfernung. Dank Plotter und funktionsfähigem Radar kein Problem. Die Regenschauer werden heftiger, der Wind frischt merklich auf und auch der Seegang wird wieder rau, eben dem Fahrgebiet angepasst. Die letzten Meilen bis zur Länge des legendären Felsens sind angebrochen. Das Wetter zeigt sich so, wie es ein Filmdrehbuch nicht treffender beschreiben könnte. W 5 Bft, Barometer 1001 Hpa fallend, 8/8 Bewölkung und Regenschauer. Luft 8 °C, Wasser 5,9 °C. Alle meine Foto- und Filmkameras sind bereitgelegt, die Klemmstative positioniert, und ich stehe, von Emotionsschüben gebeutelt, im Cockpit. „Jaaa", rufe ich immer wieder in Richtung Küste und reiße meine Hände in die Höhe. Ich bin nicht nur von diesem Szenario, sondern auch von meinen Gefühlsausbrüchen überwältigt. In wenigen Stunden werde ich wieder Nordostkurs steuern. Das letzte große Kap im tiefen Süden ist besiegt, ab jetzt geht es wieder in Richtung Äquator.
Um 14:07 Uhr UTC, sprich 09:30 Uhr Bordzeit, segelt die NAUTICSPORT KAPSCH über die Länge Kap Hoorns und ist somit wieder

im Atlantik. Ich hüpfe wie von der Tarantel gestochen über Deck und durch die Navi. Filmen, Fotografieren, Ansprachen, Tränen der Freude und der Überwältigung kullern mir über die Wangen, ich könnte die ganze Welt umarmen. Ab und zu bekommt meine Euphorie einen kleinen Dämpfer, nämlich dann, wenn ich an die noch verbleibende Strecke denke. Immerhin werden es noch mehr als 8000 Seemeilen über Grund sein, bis ich die Ziellinie vor Les Sables d'Olonne übersegeln kann, aber egal. Was auch immer passieren mag, ob Stürme, Flauten oder technische Pannen, letztlich werde ich erfolgreich sein, das weiß ich. Warum? Weil mein Bauch es mir sagt, und weil ich einfach eisern daran glaube! Ich koche „Gute-Laune-Nudeln", esse hastig und bin auch schon wieder im Cockpit, denn Delphine begleiten die NAUTICSPORT KAPSCH. Die Kap Hoorn-Signalstation verschwindet langsam im Kielwasser, und wie bei meiner ersten Kap Hoorn-Umrundung kommt ein Küstendampfer auf. Er nimmt Kurs auf den Beagle-Kanal, und wenig später sichte ich auch noch einen Hochseetrawler mit Kurs auf den Kanal.

Ich eröffne mein Kap Hoorn-Büro, schicke einen kurzen Bericht, diverse Fotos und auch einige Videosequenzen nach Hause. Danach läutet mehrmals das Telefon, ich erhalte zahlreiche Glückwünsche und freue mich sehr darüber. Dabei höre ich aber auch immer wieder: „So, jetzt hast du es schon fast geschafft!" – Diese motivierend gemeinten Anfeuerungen machen mich doch sehr nachdenklich. Zwar habe ich nun Kap Hoorn umsegelt, und etwa zwei Drittel der Wegstrecke liegen im Kielwasser meiner NAUTICSPORT KAPSCH, aber zu Hause bin ich noch lange nicht, auch wenn ich schon bald auf Nordkurs gehen werde. Ich muss noch das für seine Schwerwettersysteme gefürchtete Seegebiet um die Falklandinseln durchsegeln, mich anschließend zum Äquator hochkämpfen, die ITC durchqueren und dann auch noch das Azorenhoch weiträumig umsegeln. Erst danach kann ich in die Biskaya steuern und Kurs auf Les Sables d'Olonne nehmen. Somit tue ich gut daran, das restliche Wegstück nicht zu unterschätzen, schon gar, da die Ausrüstung, genau wie ich selbst, bereits unter starken Abnützungserscheinungen leidet. Also, natürlich bin ich bester Laune und hoch motiviert, natürlich bin ich überzeugt, es dieses Mal zu schaffen, doch die warnenden Stimmen in mir sagen:

„Übermut kommt vor dem Fall!" – Und diesen Stimmen vertraue ich zumindest ebenso wie jenen, die mich Tag für Tag vorantreiben, mir Mut zusprechen und mich motivieren, mein Bestes zu geben.

Rolling home

Wo wenige Stunden vorher noch die dunklen, drohenden Felsen Kap Hoorns zu sehen waren, beobachte ich jetzt einen bizarren Sonnenuntergang. Wegen der herrschenden Wetterlage muss ich noch weiter auf Ostkurs bleiben. Andernfalls laufe ich neuerlich Gefahr, in der Flaute zu landen. Also nutze ich den leichten WSW so raum wie möglich, futtere eine Marzipanstange, trinke dazu meinen Kap Hoorn-Schampus und lege eine DVD in den Bord-PC. Zum x-ten Male flimmert „Point Break" über den Bildschirm, aber das ist gut so, denn ich kann mich ohnehin nicht auf den Film konzentrieren, sondern bin mit meinen Sinnen an Deck. Sobald mir ein Geräusch oder eine Bewegung unharmonisch oder gar fremd vorkommt, klettere ich ins Cockpit, um nach dem Rechten zu sehen. Trotzdem hat mich am frühen Vormittag des Folgetages abermals ein kleines Flautengebiet eingeholt. Ich bin zwar ausgeruht, aber nicht gerade glücklich über die neuerliche Verzögerung. Zudem bekomme ich Migräne und in der Folge leichte Depressionen. Da dümple ich nun neuerlich konfus durch die Gegend. Es beginnt mich alles zu nerven. Der Wetterbericht spricht zwar von aufkommendem Nordwind, aber noch ist es nicht so weit. Zudem habe ich mich am Kap erkältet, fühle leichte Halsschmerzen und meine trocken werdenden Nasenschleimhäute. Endlich: Um die Mittagszeit kommt leichter Nordwind auf und die NAUTICSPORT KAPSCH setzt sich wieder in Bewegung. Ich nehme zwei Tabletten gegen Fieber, ziehe mich noch wärmer an als normal und sause ins Cockpit. Einfach herrlich, der Bug zeigt nach Nordosten, das Kielwasser gluckst zumindest wieder, und vereinzelt reißt auch schon die Bewölkung auf. Ich stelle mich ans Ruder, beobachte den Ozean und lasse den Gedanken freien Lauf. Erst als meine Zehen kalt werden, gehe ich wieder unter Deck. Da die Sonne scheint und das Solarsystem fleißig lädt, starte ich den Wassermacher. Der aber fördert anstelle von Wasser hauptsächlich Luft. Ich klettere ins Kielkompartment und greife nach dem Seewasservorfilter, der in der Saugleitung sitzt. Kaum ziehe ich den Filter an mich, läuft auch schon Wasser über meine Finger. Alles klar! Durch das permanente Verdrehen des Filters, wenn ich ihn mit Seewasser fülle, sind die Anschlussstücke undicht geworden. Somit saugt die Pumpe mehr Luft als Wasser und die Frischwasserausbeute ist nur ein Bruchteil der üblichen Menge. Ich schließe das Seeventil, demontiere den Filter und nehme ihn mit in die Navi. Dort habe ich neben den Ersatzteilen für den Wassermacher auch ausreichend Teflonband zum Eindichten. Eine Stunde später hat nicht nur der Nordwind sich eingeweht, sondern auch der Wassermacher läuft wieder so wie es sein soll. Meine Wasserflaschen füllen sich in gewohnter Geschwindigkeit, und ich koche mir gleich nebenbei den tollsten Pfefferminztee der gesamten Reise. Der dreiviertel Liter ist schnell getrunken, meine verhärtete Brust wird merklich lockerer, aber leider habe ich dabei vergessen, dass sich Pfefferminztee auch sehr gut für die Stoffwechselregulierung eignet. Aus der Not die Tugend zu machen, ist in solchen Situationen oft die passendste Vorgangsweise. Also verordne ich mir, wenn ich schon einmal fast ausgezogen bin, gleich eine große Körperpflege. Diese beinhaltet auch eine ordentliche Fußpflege, und das bedeutet wiederum, dass ich meine wasserdichten Neoprensocken ausziehen muss. Die Luft im Inneren der NAUTICSPORT KAPSCH wird trotz der offenen Niedergangstüren schlagartig sauerstoffärmer, aber durchhalten ist die Devise. Ich bringe alle verfügbaren Pflegemittel zum Einsatz, und allmählich wandelt sich die schneidende Mischung aus Schimmel-, Neopren- und Körpergeruch zu einem frischen Duftbukett aus Babytüchern, Zahnpaste, Hautcreme und Rasierwasser. Zwei Tage und etwa 370 Seemeilen später läuft die NAUTICSPORT KAPSCH mit 11 Knoten auf NE-Kurs geradewegs über die Burdwood-Bank im Süden der Falklands. Der Meeresboden des Südatlantiks steigt hier in Form eines Plateaus bis auf 200 Meter unter dem Wasserspiegel an und bildet dann nach Norden eine Schlucht, bevor er die Meeresoberfläche durchstößt und seine schroffen Felsen, die Falklandinseln, zeigt. Die Burdwood-Bank ist nicht nur unter Wasser wegen ihres reichhaltigen Nahrungsangebots bei Raubfischen beliebt. Auch über Wasser ziehen Schwärme von Seevögeln ihre Kreise und holen sich dabei ihre Leckerbissen aus dem Ozean. Albatrosse, Sturmvögel – in der Luft und auf dem Wasser herrscht hier reges Treiben, und ich genieße das Szenario. Vor allem wenn sich Sturmvögel in die Abwindzone meines Riggs manövrieren und dort für Minuten nahezu bewegungslos verharren, fühle ich Begeisterung in mir aufsteigen und ich bin fasziniert, wie die Evolution die Geschöpfe der Erde an ihre Lebensräume anpasst, optimiert und dadurch die interessantesten Spezialisten generiert. Zum Beispiel die Albatrosse: Egal ob gerade ruhiges Schönwetter den Ozean glättet oder ein tosendes Sturmtief schäumende Wogen vor sich hertreibt – Albatrosse strahlen Ruhe aus, dümpeln auf der schimmernden Wasseroberfläche oder gleiten, die böigen Aufwinde einer wilden Sturmsee nutzend, nahezu ohne Flügelschläge über Wellenkämme und durch tiefe Wasserschluchten.

Abermals 24 Stunden später, gerade als ich die östliche Falklandgruppe in 60 Seemeilen Entfernung an Backbord passiere, höre ich zum zweiten Mal das unverkennbare Pfeifen von Delphinen. Tatsächlich: Als ich mit der Videokamera ins Cockpit stürze, sehe ich eine Schule Tümmler die NAUTICSPORT KAPSCH zu beiden Seiten begleiten. Übermütig schnellen sie in Zweier- und Dreiergruppen aus dem Wasser, um sich nach dem Eintauchen in Zickzacklinien vor den Bug zu setzen. Ich filme, bis das Band zu Ende ist, und bleibe auch dann noch am Bug, um meine Freunde zu beobachten. Erst als der Wind zu drehen beginnt und das Genuavorliek einfällt, gehe ich wieder ins Cockpit und optimiere den Segeltrimm.

Wetterküche Falklandinseln

Samstag, 07. 02. 2009, 90. Fahrtag.
Während Armel mit seiner BRITAIR als Zweiter die Ziellinie übersegelt, sitze ich unschlüssig auf der Navibank und brüte über Wetterinfos. Für die nächsten 2–3 Tage soll es „lebhaft" werden. Klar wünsche ich mir wieder ausreichend Wind aus dem passenden Quadranten, aber ich weiß auch nur zu gut, wie schnell sich in dieser Ecke des Südatlantiks eine „lebhafte" Wettersituation zu einem ordentli-

chen Sturmtief auswachsen kann. Für den Augenblick aber scheint alles bestens. Der Wind beginnt allmählich, über Ost auf Süd zu drehen und wird kräftiger. Doch auf raumen Kursen sind 5 Bft gerade richtig. Am frühen Nachmittag fallen erste Sturmböen ein. Ich bin wieder einmal etwas zu langsam und kämpfe gerade mit dem 2. Großreff, als der Kursalarm lospiepst. Mit wenigen Schritten bin ich im Cockpit, aber die NAUTICSPORT KAPSCH liegt schon zu sehr auf der Backe, als dass der Autopilot noch wirksam gegensteuern könnte. Ich bin gereizt, fiere die Schoten und drücke die Stand-by-Taste am Autopilotendisplay. Das Display reagiert nicht! Das nervige Gepiepse hämmert weiter, ich drücke nochmals, diesmal aber zu fest. Die Anzeige wechselt in den Stand-by-Modus und der Kursalarm verstummt. „Na bitte, warum nicht gleich so." – Ich bringe die NAUTICSPORT KAPSCH wieder auf Kurs, schalte neuerlich auf Autopilot und bemerke dabei einen Sprung an der Displayvorderseite. Na ja, was soll's, muss ich eben nachher verkleben, denke ich, während ich mich wieder zum Mast kämpfe und das Reff sauber einbinde. Danach hole ich Sekundenkleber und Isolierband, um das Display nachzudichten. Auf den ersten Blick sieht alles wieder dicht aus. Das blaue Tape ist zwar keine Augenweide, aber schließlich ist das hier kein Designerwettbewerb für Jachtelektronik.

Das Barometer fällt gleichmäßig und rasch. SSE, 6 Bft, in Böen wesentlich mehr. Zur geschlossenen Bewölkung gesellt sich eiskalter Regen, die nachlaufende See beginnt sich aufzubauen. Das Innere der NAUTICSPORT KAPSCH entspricht seit Stunden wieder einer Tropfsteinhöhle. Ich schließe beide Türen, doch unmittelbar danach bemerke ich wieder diesen schrecklichen Geruch nach   ? Ich kann ihn zwar nicht definieren, aber er ist grauenhaft. Ich klettere unter das Cockpit zu den Hauptdieseltanks und pumpe den Tagestank randvoll. Der Geruch ist hier noch unerträglicher, und so werde ich fündig. Mein „Jänner-Monatsmüllsack" ist in Auflösung begriffen, und somit können sich die darin enthaltenen Düfte aus zum Beispiel alten Fischdosen, Currysackerln oder schimmligen Trockenobstverpackungen in mein Mehrzweckkompartment ausbreiten. Sobald ich das Nachtanken beendet habe, entsorge ich die Stinkbombe ins Kielkompartment. Nicht jedoch, ohne ihr vorher zwei neue Müllsäcke überzuziehen. Sicher ist sicher, denn der Äquator mit seinen tropischen Temperaturen liegt ja noch vor uns …!

18 harte Stunden

Sonntag, 08. 02. 2009, 03:20 UTC.

S 7–9 Bft, böig, 993 Hpa fallend, 8/8 Bewölkung, Regen.

Unter GR3 und GE2 schießt die NAUTICSPORT KAPSCH in tiefe Wellentäler und über steile Brecherkämme. Die Situation ist „angespannt", aber überschaubar, sofern nicht gerade eine Schaumwalze über den Bug hereinbricht, rauschend über Deck schießt und am Deckshaus explodiert. In diesen Augenblicken fühle ich mich wie in einem U-Boot, das gerade in voller Marschfahrt abtaucht. Glücklicherweise taucht mein Racer nicht ab, sondern nur teilweise unter, um sich gleich darauf wieder schüttelnd und gierend aus dem Ozean zu stemmen. Ich will mich ausruhen, denn wer weiß, was noch kommt. Mit aller Raffinesse versuche ich, mich auf der Navibank so zu verkeilen, dass Entspannen möglich wird. Aber es klappt einfach nicht, und schließlich gebe ich auf, steige wieder in mein kaltes, nasses Ölzeug, schließe den Lifebelt und gehe an Deck. Wieder am Ruder, benötige ich einige Minuten, um mich einzurichten. Tatsächlich verschlechtern sich die Bedingungen zunehmend, und das angekündigte „Starkwindgebiet" hat sich längst in ein ausgewachsenes Sturmtief verwandelt. Aber damit habe ich ja insgeheim schon gerechnet, also bin ich nicht überrascht. Was mich jedoch überrascht, ist das merklich wärmere Wasser. Tatsächlich, das Display zeigt 12,5 °C. Somit ist das Seewasser geringfügig wärmer als die Luft und der Regen.

Die nun folgenden 18 Stunden werden mir für immer in Erinnerung bleiben, denn während dieser Zeit gab mir der Südatlantik eine neuerliche Demonstration seiner Urgewalten. Und Wiederholungen dienen ja der Einprägung!

S 8–10 Bft, sehr böig, Barometer 989 Hpa fallend, 8/8 Bewölkung, starker Regen.

Die See beginnt zu rollen, steile Wellenberge wuchten die NAUTICSPORT KAPSCH auf ihre mit Brechern geschmückten Kämme und schleudern sie in tiefe, schaumüberzogene Täler. Zum ersten Mal habe ich im Großsegel 4 Reffs eingebunden, oder treffender gesagt: das Großsegel bis zur 4. Reffreihe reduziert. Da ich seit Beginn dieser gefährlichen Wettersituation auf raumem Kurs segle, konnte ich die Reffleine von Reff 2 nicht in Reff 4 einbinden. Somit steht das letzte Stückchen Großsegel wie eine verbogene Blechplatte an die Wanten gepresst und sorgt für Vortrieb. Den Baum habe ich angedirkt, da er sonst unweigerlich im Wasser schleifen würde. Die Genua 2 ist ebenfalls schon stark gerefft, aber das Segel ist sehr wichtig, da es den Segeldruckpunkt zum Bug verschiebt und somit die wilden Surfphasen stabilisiert. Meine Hände brennen bereits wie Feuer, aber ein Ende dieser Odyssee ist nicht abzusehen. Immer noch bewegt sich das Barometer langsam, aber beständig, nach unten. Plötzlich wechselt der Autopilot seine Displayanzeige auf „Auto", piepst laut und möchte gleichzeitig Ruder legen. Ich halte kräftig dagegen, aber auch der Autopilot legt zu und drückt energischer. Ich verstehe die Welt nicht mehr, Wasserkaskaden brechen über das Heck, der Großbaum zieht durchs Leewasser, der Autopilot drückt, ich stemme mich dagegen, und zwar mit aller Kraft. Mein Oberkörper begräbt das Steuerrad, während ich zusätzlich einen Schenkel gegen das Ruder presse, um es zu blockieren. Warum nur habe ich das Leistungsparameter auf das Maximum gestellt, warum habe ich dieser verdammten Maschine nur so viel Kraft ermöglicht? Mein Gehirn rast, sucht nach Lösungen. Mit lautem Tosen reißt ein Brecher die NAUTICSPORT KAPSCH mit sich. Wasser, ich sehe und fühle nur mehr Wasser und klammere mich an das Steuerrad. Nur nicht auslassen, sonst könnte es vorbei sein! Der Brecher verläuft sich, lässt die NAUTICSPORT KAPSCH taumelnd zurück, und ich blinzle aus brennenden Augen nach Backbord. Die nächste schäumende Wasserwand ist bereits im Anrollen – und das im wahrsten Sinn des Wortes. Plötzlich sehe ich in meinem rechten Augenwinkel das beschädigte Display. Es scheint zur Gänze mit Wasser gefüllt, dürfte gerade einen Kurzschluss produzieren und schimmert mir hämisch blauschwarz entgegen. Ich balle eine Faust und schlage zu. Plexi splittert, der Autopilot steigt aus, der schwere Brecher hat uns erreicht. Ich verliere den Halt, werde durch das Cockpit geschleudert und lande mit dem Rücken auf der Großschotwinsch.

Rauschen, instinktiv schließe ich die Augen, klammere mich an die Winsch und spüre, wie es talwärts geht. Schneller, immer schneller schießt das Boot nach Steuerbord. Meine Füße werden gegen den Winschsockel geschleudert, der Oberköper folgt. Ich liege auf dem Seitendeck, aber wenigstens hat die Talfahrt ein Ende. Los, auf und ans Ruder! Ich stemme mich hoch, übergehe den Schmerz in der Wirbelsäule und stürze mich förmlich auf das Steuerrad. Es lässt sich drehen. Ich bringe die Jacht wieder auf raumen Kurs und versuche, klare Gedanken zu finden. Das Display hat offensichtlich einen Kurzschluss verursacht, der das Umschalten zwischen „Auto" und „Stand-by" auslöst. Pieps, das Display zeigt „Config", pieps „Auto", ich schlage zu, „Stand-by" …! Ich muss mich enorm konzentrieren, um nicht auszuflippen. Da surfe ich über einen entfesselten Ozean, kämpfe erfolgreich wie ein Löwe, und jetzt will mich dieses lächerliche Display in Teufels Küche bringen? Ich versuche bewusst, auf „Auto" zu schalten, aber es folgt keine Reaktion. Zischen, Tosen, Prasseln, abermals hat eine sehr steile See die NAUTICSPORT KAPSCH in ihrer Gewalt, aber jetzt kann ich zumindest steuern. Mit unglaublicher Dynamik geht es bergab. Ich versuche, aus der brechenden Welle zu flüchten, drehe nach Backbord, doch die Flanke wird immer steiler. Schon wieder schleift der Großbaum durchs Wasser, und das schwere Segeltuch wird langsam aus dem Lazy-Bag gezogen. Ich stemme mich ins Steuerrad, hart Backbord. Das Jachtheck wird nach Lee gerissen, aber der Bug bleibt oben, surft weiter am Wellenkamm, und mit lautem Grollen läuft der Brecher unter den Rumpf. Er lässt die NAUTICSPORT KAPSCH nochmals weit über holen, zieht aber schließlich weiter, ohne die Jacht zu kentern. Es bleibt ein riesiger, gleißend weißer Schaumfleck, der signalisiert, wo sich die Wassermassen überschlagen haben – unmittelbar voraus im Wellental. Ich atme auf und widme mich wieder dem „Sorgenkind". „Auto", „Stand-by", „Auto" …! Mir schmerzt bereits die Faust vom Zuschlagen. Ich muss etwas anderes unternehmen! Aber was? Ich lasse die Verkabelung vor meinem geistigen Auge vorbeiziehen. Natürlich, das könnte klappen! Wenn ich die Steuerleitung des Displays zur Blackbox durchtrenne, ist der Übeltäter nicht mehr im System und alles sollte wieder funktionieren. Nicht umsonst habe ich vier Autopilotendisplays installiert, die über jeweils eigene Blackboxen mit dem Navisystem und der Antriebseinheit verbunden sind. „Aber Achtung", schießt es mir neuerlich durch den Kopf. Ich muss die Elektronik vorher abschalten, da in dieser Steuerleitung auch die Stromversorgung integriert ist. Würde ich das unter Spannung stehende Kabel einfach durchkneifen, gäbe dies mit Sicherheit einen kapitalen Kurzschluss.

Mir schmerzen die Hände, die Oberschenkel und die Augen. Am Kinn habe ich ebenfalls eine offene Stelle, wahrscheinlich vom Klettverschluss der Gesichtsschleuse, die ich geöffnet habe. Jetzt wird diese ständig gegen mein Kinn gedrückt und reibt die aufgeweichte Haut wund. Da ich ohnehin völlig durchnässt bin, nehme ich die Gesichtsschleuse ganz weg. In den vergangenen Stunden ist es merklich wärmer geworden, das tut gut! Das Barometer beginnt wieder zaghaft zu steigen, die Sturmböen und auch die schweren Brecher werden weniger. Dennoch wage ich es nicht, das Steuerrad zu verlassen, um mich in die Navi zu stürzen, einen Seitenschneider aus der Werkzeugkiste zu kramen, die Elektronik abzuschalten und das neuralgische Displaykabel zu durchtrennen. Danach bräuchte ich nur die Elektronik wieder einzuschalten, und der „eiserne Gustav" sollte funktionieren. Glücklicherweise hab ich meine wasserdichte Kamera im Ölzeug. Ich steuere, versuche, den Großbaum etwas sauberer zu trimmen, und fotografiere. Erst als es dämmrig wird, wage ich es, meinen Plan umzusetzen. Ich beobachte die Wellenperiode. Einige Male will ich loslegen, bringe die NAUTICSPORT KAPSCH auf einen möglichst ausgewogenen Kurs und möchte das Steuerrad festsetzen, aber ich breche ab. Mein Kopf sagt mir abwarten, nichts überstürzen, es kommt nicht so sehr auf die Schnelligkeit, sondern auf die Präzision des Handelns an! Wie recht mein Kopf doch hat, aber einmal muss es sein, und zwar noch vor Einbruch der Dunkelheit, solange ich den Seegang klar erkennen kann und auch im Inneren der Jacht noch Tageslicht habe.

Jetzt! Meine Lifeline ist schon seit Minuten offen. Ich fixiere das Steuerrad und hechte in die Navi. Werkzeugkiste auf, wo ist der Seitenschneider. Ich sehe eine Kombizange, auch gut! Klack, ich drücke den Hauptschalter der Navigationselektronik nach rechts und blicke zum Plotter. Das Display verdunkelt sich, ich wirble herum, fixiere das Kabel an der Rückseite des Autopilotendisplays und setze die Zange an. Knack, das Kabel ist durchtrennt. Abermals wirble ich herum, drücke den Hauptschalter wieder nach oben, und noch während das Gepiepse der einzelnen Navigationskomponenten an meine Ohren dringt, bin ich schon wieder am Ruder. Keine Sekunde zu früh, denn die NAUTICSPORT KAPSCH beginnt allmählich anzuluven und quer zum Seegang zu laufen. Ich drehe das Steuerrad, falle ab und blicke nach achtern. Der Seegang ist hoch, aber die Wellenkämme werden wieder friedlicher. Ab und zu kommt eine Wasserwand und schlägt zu, hüllt das Heck in grellweißen Schaum und gibt uns den Startschubs für eine wilde Surfphase. Meine Blicke wandern über die Displays, das kaputte Display ist leblos, alle anderen zeigen normalen Betrieb. Ich schiebe mich in die Steuerbordkuhle und drücke auf „Auto". Pieps, das Display verändert sich, und das Steuerrad wird wieder wie von Geisterhand gedreht. „Jippie!", genau das wollte ich sehen. Ich fühle mich wie ausgewechselt, so, als hätte mich gerade jemand mit neuen Akkus versorgt. Ich bleibe noch sitzen, beobachte die See und die Reaktionen des Autopiloten, aber alles scheint wieder in Ordnung.

Inzwischen hat sich auch der Sturm in Starkwind verringert. Zwar pfeifen immer noch satte 7 Bft durch das Rigg, aber im Vergleich zu den letzten Stunden ist es eine merkliche Entspannung. Ich reffe aus, versuche, auch das Lazy-Bag soweit es geht zu trimmen, und gehe danach unter Deck. „Waschmaschinenstillleben", anders kann man das Chaos nicht bezeichnen. Als erstes telefoniere ich mit Marion und gebe Entwarnung. Warum ich mich so lange nicht gemeldet habe? „Nun, das Wetter war ein bisschen anspruchsvoll, und der Autopilot hatte auch ein sonderbares Eigenleben, aber meine jugendliche alte Lady und ich haben das Hammerwetter gut überstanden!" – Schäden? „Natürlich gibt es ein paar Schäden und ich bin müde, aber gleichzeitig auch glücklich." – Warum glücklich? Weil ich eine wirklich schlimme Situation gemeistert habe und jetzt schlafen werde. Erst nachdem ich das Gespräch beende, fühle ich meinen Magen knurren. Also essen! Seit mehr als 20 Stunden habe ich nichts gegessen und auch viel zu wenig getrunken. Ich koche eine doppelte Portion „Gute-Laune-Nudeln" und trinke reichlich Wasser. Aber leider bekomme ich trotzdem Kopfschmerzen, denn mein Nacken ist verspannt und ich bin stark dehydriert. Nach dem Essen und einer ganzen Flasche Wasser geht es mir wieder etwas besser. Jetzt noch ein bisschen schlafen. Ich krieche in den Schlafsack, alles ist nass und klebrig, aber egal, die feuchte Höhle erwärmt sich und mir fallen die Augen zu. Wilde Träume begleiten mich von Kursalarm zu Kursalarm. Nach einigen Stunden fühle ich mich wieder besser, kämpfe mich neuerlich ins Ölzeug und klettere hinaus. Die See ist immer noch sehr hoch und bietet viele „Schlaglöcher", aber zumindest der Wind hat nachgelassen, im Mittel 6 Bft aus SW. Ich reffe aus und verkrümle mich wieder in den Schlafsack. Aber kaum schlafe ich, dröhnt wieder der Wecker, kaum schlafe ich, piepst schon der Kursalarm, kaum schlafe ich …! Mit dem ersten Tageslicht verstaue ich den nassen Schlafsack, frühstücke ausgiebig und beginne aufzuräumen. Dazwischen kontrolliere ich den Kurs, den Segeltrimm und freue mich über das steigende Barometer. Die Sonne zeigt sich zwischen dunklen Wolkenfetzen und taucht den Atlantik in unzählige Farbnuancen. Ein Schauspiel, das die Anstrengungen und Nöte schnell vergessen lässt!

Der 94. Fahrtag

Mittwoch, 11. 02. 2009, ein Tag zum Feiern, und das in mehrerlei Hinsicht.

Nach Mitternacht. Wind und Wetter kümmern sich kaum um die Prognosen, aber egal, N 4 Bft, das Barometer steht auf 1010 Hpa und ist langsam fallend. Der Vollmond leuchtet zeitweise durch Wolkenfenster, die See ist friedlich und das Thermometer zeigt tatsächlich 17 °C! Obwohl es Nacht ist, habe ich die Niedergangstüren weit offen und werkle im T-Shirt vor mich hin. Das Oberteil der Thermounterwäsche habe ich, so man von der Körperpflege absieht, seit 2 Monaten zum ersten Mal wieder ausgezogen. Ich sortiere den Inhalt der Kartenlade, mache Datensicherungen und bereite die Videokamera für ihren nächsten Einsatz vor. Während des letzten Schwerwetters haben die Klemmstative und das Unterwassergehäuse so manchen Schlag abbekommen. Deshalb zerlege ich die Ausrüstung, reinige sie sorgfältig, kontrolliere die Einzelteile auf Schäden und baue alles wieder zusammen. Aus den Augenwinkeln beobachte ich die Navigationsanzeigen und lausche in die Nacht. Heute wird ein Rekordtag, genauer gesagt werde ich um 13:05 UTC meinen „Langzeitrekord", nämlich 93 Tage auf See, aus dem Jahr 2001 brechen. Dass ich an diesem Tag noch weitere „Erstmaligkeiten" erleben werde, die mich bis an die Grenzen meiner psychischen und physischen Leistungsfähigkeit fordern, weiß ich zu diesem Zeitpunkt noch nicht, aber das ist auch gut so! Andernfalls hätte ich mir wahrscheinlich stundenlang erfolglos den Kopf zerbrochen, wie ich diesen Situationen zu begegnen habe. Zwei Wetterberichte sprechen von einem „schwachen und begrenzten" Tiefdruckgebiet, lediglich Météo France warnt vor Squalls, die Orkanstärken erreichen können. Ich bin zwar auf der Hut, aber keineswegs verunsichert. Schon mehrmals habe ich Böen erlebt, die die Windanzeige bei 99,9 Knoten aussteigen ließen.

Schon ab dem frühen Vormittag boxt sich die NAUTICSPORT KAPSCH gegen einen schlagartig einsetzenden stürmischen Nord. Um die Mittagszeit bläst es bereits aus allen Rohren. NNE 7–8 Bft, Böen bis 10 Bft. Hart am Wind jagen wir nach Nordwesten. Kielkopf und Motor rumpeln und knarren, sodass ich mir allmählich ernsthafte Sorgen mache. Ich versuche, die Kielleine nachzusetzen, aber die ist bereits so angeknallt, dass selbst die Winsch zu ächzen beginnt. Mehr geht beim besten Willen nicht mehr! Ich raume fünf Grad auf, und die Bewegungen werden etwas weicher. Danach kümmere ich mich um den Motor. Bisher habe ich die eingerissenen Fundamente nur nach Backbord gesichert, aber jetzt sehe ich, dass sich der Motor eben nach Backbord verschoben hat! Die Motorhalterungen dürften nunmehr wirklich am Ende sein, denn an der Steuerbordseite sehe ich markante Schlagstellen auf den Oberseiten der beiden Rahmen. Dies bedeutet unverkennbar, dass sich die Gummis der Motorfundamente nicht nur verschoben haben, sondern auch kräftig durchschlagen. Ich verklemme einen Hartholzkeil zwischen den Rahmen und bringe auch nach Steuerbord einen Spanngurt aus. Anschließend starte ich den Motor und versuche, ihn so gut es geht einzurichten, aber die Vibrationen haben sich wegen der Abstützung deutlich erhöht und die Seewasserpumpe fördert nur sehr wenig Kühlwasser. Ich spanne den Keilriemen, werde dabei mehrmals fast über den Motor katapultiert, bin aber letztendlich erfolgreich. Ein dicker Kühlwasserstrahl strömt wieder durch den Vorfilter und verschwindet danach in der Wasserpumpe; also geordneter Rückzug. Ich verstaue die Werkzeugkiste, verschließe die Motorabdeckung und koche Tee. Dann stelle ich mich vor den Motor, unmittelbar hinter der Navibank, und beobachte den wilden Ritt. Gleichzeitig lasse ich meine Videokamera laufen und drehe einige Statements zur aktuellen Situation. Das Filmen lenkt mich etwas ab, und schon nach wenigen Minuten fühle ich mich wieder besser. In unregelmäßigen Abständen geht ein starkes Zittern, von dumpfem Dröhnen begleitet, durch den Jachtrumpf. Zum einen sind es die Vibrationen und Geräusche des Vorschiffes, das sich durch die See wühlt, aber zum anderen auch die Schläge des Kielkopfes, der bereits seit dem Start ein wenig Spielraum in seiner Führung hat. Dieser wurde in den Wochen auf See noch ausgeweitet, und bei Belastungen wie gerade eben kann ich den Kopf in seiner Führung mit den Umlenkkleinen nicht mehr festsetzen. Bang, wieder donnert der Kielkopf gegen den heckseitigen Führungsträger. Der Schlag ist so hart, dass er sogar die Schottwand verbiegt. Die daran befestigte Navikonsole vibriert ebenfalls, und das Mikrofon des UKW-Gerätes wird aus seiner Halterung geschleudert. Die Schottwand federt wieder zurück, aber auf Dauer ist das kein Zustand. Ich muss bei nächster Gelegenheit einen Alustreifen vorbereiten, den ich zwischen dem Kielkopf und seiner Führung verklemmen werde. Nur so kann ich den Kräfteschluss zwischen den beiden Bauteilen wieder herstellen. Alle anderen bisherigen Versuche, wie Spanngurte oder zusätzliche Absprelzungen, haben nicht die geringste Verbesserung bewirkt. Ein Zeichen, welche Kräfte hier frei werden, denn in Fahrt wird der Kiel beinahe spielerisch bewegt und zeigt Verformungen in bedenklichem Ausmaß.

Das Wetter wird zunehmend schlechter. Wind und Seegang nehmen weiter zu. Ich bin zwar noch unter Deck, aber in voller Ausrüstung stand-by. Schon einige Male hat sich der Kursalarm gemeldet, und das Gegenansegeln wird eine Zerreißprobe für Mensch und Material. Ich überlege, ob es wirklich notwendig ist, wegen einiger Meilen so hart und kompromisslos gegenanzukreuzen. Noch während ich sinniere, übernimmt der Wettergott die Kursplanung. Die „Bö", die gerade im Rigg kreischt, nimmt kein Ende. Die Windspione stehen wie Metallstreifen, und meine Erfahrung sagt unmissverständlich, dass ich nun mitten durch ein Sturmtief segle. Es mag wohl klein sein, dafür aber umso heftiger!

Die NAUTICSPORT KAPSCH liegt tief nach Lee gebeugt und kann die Querkräfte des Riggs nicht mehr in Vortrieb umwandeln. Der Rumpf wird mehr zur Seite als in Längsrichtung geschoben, und die Gurtbänder am Großbaum, die die Reffleinen fixieren, knirschen laut. Leewasser wird über das Deck gepresst und drückt den Rumpf unter Wasser. Ich muss mich mit aller Kraft festhalten, um nicht durch die Navi geschleudert zu werden, der Kursalarm piepst wieder nervtötend, und diverse Ausrüstungsgegenstände, die in der Pantry liegen, machen sich selbstständig. Löffel, Thermosflaschen und Tupperdosen landen neuerlich im langsam steigenden Bilgenwasser und meine Stimmung wird zunehmend angespannter. Egal, wie es hier aussieht, aufräumen muss ich später ohnehin, also ab ins Cockpit und ans Ruder. Ich stehe hinter dem Steuerrad und versuche abzufallen, aber die Ruderwirkung ist zu schwach. Ich fiere weiter auf. Endlich schüttelt sich die NAUTICSPORT KAPSCH und kommt heftig gierend hoch. Jetzt ist wieder Leben in der Jacht, und davon nicht zu wenig! Mit halbem Wind von Steuerbord jagen wir quer zu den Brechern durch tiefe Wellentäler oder durch Wasserkaskaden auf den nahezu durchsichtigen Kämmen. Gischt, Schaum; das Heulen des Nordsturms ist ehrfurchteinflößend. Die „Bruchlandungen", nachdem der Bug die Wellenkämme durchstößt, werden häufiger. Immer wieder schießt die NAUTICSPORT KAPSCH über Wellenrücken hinaus und stürzt danach in tiefe Schluchten. Das Aufkommen ähnelt meistens einem Erdbeben. Die Wolken werden immer drohender. Pechschwarze Schauerzellen kommen auf und heftige Regenschauer nehmen die Sicht. Ich segle durch ein Inferno aus Wasser, so als wollte sich der Südatlantik auftun, um uns – meinen geschundenen Racer und mich – zu verschlingen. In solchen Situationen zählen nur noch Disziplin und Selbstvertrauen. Jeder Augenblick ist gut für eine Katastrophe. Nur mit ruhigem, überlegtem Handeln kann man sie vereiteln. Auch mit den besten körperlichen Voraussetzungen – von denen nach drei Monaten auf See allerdings keine Rede mehr sein kann – ist eine derartige Lage die ultimative Herausforderung für Jacht und Skipper.

Dann kommt die erste Situation, wo auch der größte Erfahrungsschatz, die „coolste Coolness" und volle Konzentration den Niederschlag nicht ganz verhindern können. Die NAUTICSPORT KAPSCH surft mit mehr als 24 Knoten durch ein Wellental, als sich an Steuerbord zwei Wellen überlagern. Nahezu augenblicklich entsteht ein Wassergebirge, wie ich es noch nie gesehen habe. Ich reiße das Ruder nach Steuerbord. Die NAUTICSPORT KAPSCH dreht willig und surft dem Brecherkamm entgegen, aber plötzlich setzt der Wind beinahe aus. Die Wasserwand deckt uns zur Gänze ab. „Abfallen!" – In mir läuten alle vorhandenen Alarmsysteme. Ich reiße das Ruder nach Backbord. Sofort dreht der Bug wieder aus der Welle. Aber im selben Moment spüre ich, wie unbeschreibliche Kräfte nach dem Schiff greifen, es zuerst auf eine Wasserschanze setzen und danach zu Tal jagen. Ich wage es nicht, nach achtern zu blicken. Ich weigere mich, dem gläsernen Feind ins Auge zu sehen, und konzentriere mich nur noch auf das Ruder. Schlagartig setzt der Wind wieder ein, die Jacht legt sich abrupt nach Backbord und eine Höllenfahrt beginnt. Das Letzte, was ich auf dem Log erkennen kann, sind 29 Knoten. Dann bricht der Wellenkamm an Steuerbord und nimmt mir die Luft zum Atmen. Ich kneife die Augen zu und halte das Steuerrad mit aller Kraft. Plötzlich wird mir die rechte Hand vom Rad gepresst, mein Lifebelt spannt sich, und Sekundenbruchteile später werde ich mit dem Rücken gegen das Steuerrad geschleudert. Stechen, Brennen, überall ist Wasser, aber noch immer jagt die NAUTICSPORT KAPSCH ins Wellental. Mit aller Kraft schaffe ich es, mich umzudrehen, greife wieder nach dem Rad und drehe bis zum Backbordanschlag. Es ist, als wären die Ruderblätter gar nicht mehr vorhanden. Die Jacht schießt noch für einige Sekunden ins Wellental, dann spüre ich, wie sich der Bug festläuft, doch das Heck wird weiter angehoben. Schon befürchte ich das Schlimmste, da verläuft sich das Wasser von Deck. Die NAUTICSPORT KAPSCH schlägt mit der Backbordseite aufs Wasser, holt über, stützt sich mit dem Großsegel ab und bleibt mit killenden Segeln stehen. Ich versuche, die Situation zu überblicken: Das Rigg sieht gut aus, die

Segel sind noch da und auch das Deck zeigt keine Löcher. Auch die Kommunikationsantennen sind zumindest auf den ersten Blick vorhanden und unbeschädigt. Ich bringe meine misshandelte Lady auf raumen Kurs und blicke durch den Niedergang an Steuerbord. Nun ja, einiges kullert in der Bilge – aber bitte, nach diesem Hammer! Ich wechsle die Seite und spähe durch die Backbordtür. Verdammt, wie konnte das passieren? Im Bilgenwasser schwimmt meine neue HDTV-Kamera. Mit ihr einiges an Zubehör und auch die Speiseölflasche – und zwar leer! Ich ahne Böses. Wenn die Ölflasche tatsächlich aus der tiefen Staukiste an Steuerbord geschleudert wurde, heißt es, dass sie ihren Inhalt wohl im ganzen Navikompartment verspritzt hat! Momentan allerdings ist das verspritzte Speiseöl ohne Bedeutung. Ich stehe am Ruder und kämpfe, steuere, ohne auch nur einen Gedanken an das Chaos im Inneren der Jacht zu vergeuden. Jetzt zählt nur, die NAUTICSPORT KAPSCH unbeschadet aus diesem Inferno zu bringen, egal wohin und egal, wie lange es dauern wird, ich muss es einfach schaffen.

Um 14:50 Uhr hoffe ich, es überstanden zu haben, und wage es, das Ruder an den Autopiloten zu übergeben. Die Wolkendecke ist aufgebrochen, der Regen vorbei und die Sonne wirft ihr gleißendes Licht über den zerklüfteten Atlantik. Ich bin beinahe überrascht, dass es schon vorbei ist, und steige in die Navi. Kaum berührt mein rechter Stiefel den Boden, gleitet er auch schon zur Seite. Ich kann mich gerade noch im Türrahmen festkrallen. Natürlich, das Speiseöl! Mit größter Vorsicht steige ich hinunter, genau in die Beuge der Schlingerleiste, und finde Halt. So, jetzt den zweiten Fuß. Ich knie nieder, taste nach einem Sack mit Reinigungspapier und fische eine Scheuermilchflasche aus der Bilge. Nach einigen Minuten und mehrfachem Ausrutschen habe ich ein kleines Stück des Navibodens zwischen Liege und Motor entfettet. So, jetzt habe ich zumindest einmal Halt, um mich umzusehen. Die Videokamera! So, wie sie in der Bilge schwimmt, drückt es mir aufs Gemüt. Ich verbiege mich, kann sie am Objektiv ergreifen und ziehe sie an mich. Vom Wunschdenken getrieben, hebe ich die Kamera aus der Ölbrühe. „Sollte jetzt kein Wasser aus dem Gehäuse laufen, kann ich sie vielleicht …" – ich bilde mir ein, Neptun lauthals lachen zu hören! Natürlich pritschelt die Brühe aus der Kassettenklappe, dem Akkusockel und …! Ich lege die Kamera wieder auf den Boden und überlege, was ich als nächstes reinige. Plötzlich, wie von Geisterhand gesteuert, dreht die NAUTICSPORT KAPSCH nach Steuerbord. Kursalarm! Ich werde auf den Rücken geschleudert und lande unter dem Kocher. Stinkendes Bilgenwasser spritzt mir ins Gesicht. Dieser verdammte Autopilot! Ich rapple mich auf und will hinaus, aber meine Füße finden keinen Halt. Ich lande auf den Knien, stemme mich in die Backbordtür und ziehe mich hoch. Dann findet mein linker Fuß Halt, ich stoße mich ab und lande Kopf voraus im Cockpit. Dort erwartet mich ein Schauspiel, das ich nicht sofort deuten kann. Der Seegang ist zurückgegangen, aber die See ist gleißend weiß, der Himmel blau und leergefegt, und nur im NE steht ein kleines, weißes Wölkchen mit dunklem Unterrand. Es ist ein Squall, eine Bö, aber nicht irgendeine! Es ist mit Abstand die stärkste, die ich je erlebt habe. Jetzt erst beginne ich zu begreifen. Die NAUTICSPORT KAPSCH liegt auf der Backbordseite, die Segel killen, wir treiben aber mit beinahe sieben Knoten! Was dann passierte, das fühle ich noch heute, und zwar so lebendig, als wäre es gestern gewesen: Eine Welle drückt den Bug nach Steuerbord. Geistesgegenwärtig lasse ich mich fallen und halte mich an einer Leinentasche fest. Der Großbaum donnert über Deck und knallt in die Backstagen. Die Jacht wird hochgerissen und ansatzlos nach Steuerbord gedrückt. Die Drehbewegung wird erst durch das aufschlagende Rigg gestoppt. Ich kralle mich immer noch an die Leinentasche, aber meine Füße stehen schon am Steuerbordwinschsockel. Ich bekomme fast keine Luft. Aber nicht etwa, weil Wasser über mir ist, sondern weil mir die Orkanbö die Nase zupresst. Oder ist es Unterdruck? Absolut hilflos liegen wir da, meine NAUTICSPORT KAPSCH und ich! Ich warte, denke, dass die Bö doch gleich vorbei sein muss, doch sie wird noch stärker. Noch nie zuvor habe ich derartigen Winddruck erlebt. Das Schiff liegt einfach auf der Seite, treibt mit 4,5 Knoten nach Steuerbord voraus und zieht das Rigg durchs Wasser. Ich kann einfach nichts mehr machen, außer mich festzuhalten und zu hoffen. Hoffen, dass das Rigg hält, die Segel nicht aus den Lieken fliegen und mein Boot nicht irreparable Schäden erleidet. Ich habe große Angst, aber keine Angst um Leib und Leben, sondern lediglich um mein Boot, die Technik und um die Regatta! Der Gedanke, dass ich hier an dieser Stelle wegen einer Laune der Natur trotz meines Kampfes scheitern könnte, ist einfach unerträglich.

Das Rigg hält, mit ihm die Segel und auch meine Nerven. Es kommt mir vor wie eine halbe Ewigkeit. Aber am Ende zieht die Bö weiter und wir treiben noch an der Wasseroberfläche, triefend nass, völlig durcheinander gewürfelt und mit zahlreichen technischen und körperlichen Blessuren, aber was zählt das schon in dieser Situation? Ich schalte auf Autopilot und setze mich ins Cockpit. Unter mir ein Chaos aus hunderten Metern Leinen, Fallen, Schoten, Reffleinen, aber egal, jetzt brauche ich etwas Zeit, um durchzuatmen. Ein paar Minuten sitze ich so da. Ab und zu kommt Seewasser über den Bug und läuft ins Cockpit. Ich beobachte den Ozean und warte, dass sich mein Geist wieder sammelt, aber noch sind es nur diverse Puzzlestücke, Gedankenfetzen, die mir durch den Kopf schießen. Also bleibe ich sitzen, versuche zu entspannen und hoffe, dass es überstanden ist.

Der Tag danach

Tatsächlich ist das Schlimmste vorbei. Inzwischen ist die Sonne schon lange versunken und ein imposanter, heller Mond mit „kleinen Dellen" strahlt im Osten, taucht den Südatlantik in wechselndes Licht und weist mir den Weg. Ich bin umgezogen, warm, trocken, satt und stehe am Ruder. Trotz bleierner Müdigkeit, zahlreichen Blutergüssen und stark entzündeten Augen fühle ich mich herrlich, fast wie neu geboren. Im Inneren der NAUTICSPORT KAPSCH herrscht Anarchie. Aber was soll's, ich brauche Tageslicht, um wirklich aufräumen zu können. Vor allem, um das Öl zu binden, muss ich systematisch vorgehen, muss zuvor die Bilgen lenzen, und der Seegang darf nicht mehr so hoch sein. Andernfalls schwappt mir die ölige Brühe immer wieder über schon gereinigte Teilbereiche und ich muss von Neuem beginnen.

Das Wetterdossier ist positiv, und somit sollte ich ab morgen wieder Ordnung auf dem Kutter haben, zumindest einigermaßen. Ich lege mich in voller Bekleidung auf die Navipritsche und versuche zu entspannen. Tatsächlich kann ich zeitweilig einschlafen, aber bei der kleinsten Veränderung fahre ich hoch und springe ins Cockpit. Ich habe dem Kursalarm sehr wenig Spielraum gelassen, und so piepst es fast ständig. Anhand der Rückmeldungen kann ich erkennen, wie weit der Seegang die NAUTICSPORT KAPSCH tatsächlich abdrängt. Ich möchte keinesfalls noch weitere Aufschießer segeln, denn das Lazy-Bag sieht schlimm aus und der Segeltrimm ist schlecht. Zudem fehlen Umlenkblöcke für den Bullenstander, und auch eine Travellerleine des Großschlittens ist zerstört. Sie besteht nur mehr aus einzelnen Fäden, die sich im Stopper nicht mehr fixieren lassen. Provisorisch habe ich den Schlitten mithilfe einer Sorgleine fast mittschiffs gebänselt und das Groß sehr offen getrimmt. Aber alles in allem ist das Rigg wie auch das Deckequipment stark gezeichnet, und ich möchte keine weitere böse Überraschung erleben. Deshalb bin ich auf der Hut und habe nur ein Ziel vor Augen: Keine weiteren Schäden, alles bestmöglich klarieren und ab nach Norden, in die gemäßigten Breiten.

Bei Sonnenaufgang hat sich die Lage weiter entspannt. Der Ostwind weht mit sanften 3 Bft, der Himmel ziert sich mit Schönwetterwolken und die Lufttemperatur beträgt 18 °C. Ich wappne mich für die Putzschlacht. Vorher aber möchte ich das Rigg soweit es geht in Ordnung bringen. Die Travellerleine ist rasch getauscht, und auch das Lazy-Bag lässt sich mit Bänselleinen wieder etwas reparieren. Als ich aber die Reffleine des Großsegels nachsetze, reißt neuerlich die Mastschiene. Diesmal direkt auf Großbaumhöhe. Der unterste Schlitten rutscht sofort von der Schiene. Kunststoffkugeln springen über Deck, und ich versuche, so viele wie möglich wieder einzufangen. Aber das ist mit dem viel zitierten Sack Flöhe vergleichbar, denn die kleinen Flüchtlinge kennen zahlreiche Tricks, um der Festnahme zu entkommen. Die wagemutigsten springen über die Deckskante und tauchen unter, andere verstecken sich unter Leinensortierern und wieder andere tarnen sich im Mastcockpit mithilfe der ebenfalls weißen Leinensäcke. Aber ich bleibe hartnäckig und das Wetter arbeitet für mich, denn es ist ruhig und sonnig. Also genieße ich es richtig, über ein gerades Deck zu kriechen und die Ausreißer aufzuspüren. Mit einigen Brüdern aus der Ersatzteilkiste wird die Zahl wieder komplett und ich kann den Schlitten voll bestückt montieren. Mit einem starken Spanngurt fixiere ich den Schlitten und die Schiene um das Mastprofil. So, hier sollte keine Panne mehr auftreten. Wieder unter Deck lege ich los, pumpe, schrubbe, schmiere und sortiere. Allmählich wird das Ausmaß der Verwüstung sichtbar. Es gibt praktisch keinen trockenen Stauraum an Bord. Auch in den Lebensmittelcontainern ist Wasser, die Elektropaneelen sind stark oxidiert, die USB-Stecker haben Salzkrusten. Ein Sack, gefüllt mit nassem Klopapier, wiegt etwa 50 Kilo. Ich werfe das Papier über Bord, ebenso die offene Packung Knäckebrot und den Inhalt einer Müslidose. Der Deckel dürfte beim Absturz aus der Pantry aufgesprungen sein.

ENE 3 Bft, See 2–3, Barometer 1014 Hpa gleich bleibend, 3/8 Bewölkung, 21 °C.

Hervorragende Bedingungen, nur etwas mehr Speed könnte es sein. Mit 9 Knoten werde ich Dinelli wohl nicht einholen, aber letztlich heißt das übergeordnete Ziel durchkommen, und das ist, wie man sieht, schon schwierig und Competition genug.

Ich mache mich an die Kielreparatur. Mein Plan ist einfach und funktioniert, denn schon vor der Abfahrt hatte ich Überlegungen angestellt, wie ich mögliche Beschädigungen in der Kielkopfführung provisorisch reparieren könnte. Ich beschloss, mehrere Aluminiumstreifen verschiedener Dicke mit an Bord zu nehmen, um damit im Ernstfall Fugen oder Risse zu versorgen. Nun ist der Spalt zwischen Führung und Kiel etwa einen Zentimeter. Ich nehme also eine Aluleiste passender Dicke und verkeile sie, mit Gummibändern gesichert, zwischen dem Kiel und seiner Führung. Der Kräfteschluss ist wieder hergestellt. Ich muss lediglich die Abdeckung weglassen, da das Provisorium herausfallen könnte. Somit macht das Kielkompartment zwar mehr Wasser, aber das Nachjustieren der Aluplatte ist problemlos. Zufrieden koche ich mir „Menü 1", Chinanudeln mit einem Suppenwürfel, viel Curry, Chili und Pfeffer. Danach Kaffee mit Müsliriegel und natürlich Schokolade. Am Horizont sind Schauerwolken, der Wind dreht auf Nord, wird lebhaft und böig, aber an einem Tag wie heute bringt mich nichts mehr aus der Ruhe. Weder Schauerwetter noch die ausgelaufene Shampooflasche in meiner Kosmetiktasche.

Zugabe

Endlich, nach mehr als 16 Stunden Reinigungsdienst, habe ich es einigermaßen geschafft. Die Bilgen und der Naviboden sind beinahe ölfrei. Alle Service- und Essenscontainer sind an ihrem alten Platz, und die Büroarbeit ist abgeschlossen. Das Wetter wird zwar schon wieder schlechter, aber dafür ist es warm. Luft und Wasser sind schon angenehm, und somit ist die Nässe an und unter Deck erträglicher. „Think positive", ist die Devise. Leider trägt das Wetter nichts dazu bei. Nach Mittag wird es abermals rau, Wind und Seegang nehmen zu, und auch das Barometer wandert weiter nach unten. Harte Böen fallen ein, und das genau von vorn. Die abrupten Lastwechsel im Seegang überdehnen den Masttopp und ich entschließe mich, die Vorsegelfläche zu reffen. Um die Genua 1 leichter einrollen zu können, setze ich das Vorstag noch etwas durch und muss mit ansehen, wie das Segel ruckartig von oben kommt, sich für Sekunden in den Salingen verheddert und danach im Atlantik versinkt. Ich weiß zwar noch nicht, was genau passiert ist, aber die Genua muss wieder an Deck. Ich stürze an die Steuerbordreling. Das Segel treibt an der Rumpfkante achteraus. Ich hole die Schot weiter dicht. Somit ist zumindest das Unterliek an Deck fixiert. Danach beginne ich, das restliche Tuch an Deck zu zerren. Hand über Hand, Zentimeter für Zentimeter ziehe ich das steife, scharfkantige Tuch an Bord. Meine Finger verlieren die Kraft, ich werfe mich auf das Segel, versuche mich festzukrallen und zur Schiffsmitte zu rollen. Solcherart gelingt es mir, die Genua wieder an Bord zu hebeln. Danach liege ich da und muss mich erst einmal ausruhen. Nass bis auf die Haut und mit schmerzenden Händen liege ich auf dem Rücken und spähe in den Masttopp. Wenn ich mich nicht täusche, ist der Fallenblock noch oben. Ich drehe mich auf den Bauch und suche nach dem Segelkopf. Tatsächlich, der Niro-Wirbel ist aus dem Block gebrochen, und deshalb ist das Segel von oben gekommen. Dies wiederum bedeutet, dass nun auch mein zweites Toppfall unbrauchbar geworden ist. Wenn ich wieder Toppsegel, also den Code Zero, einen Gennaker oder die Genua 1, setzen möchte, muss ich in den Mast, und zwar bis ganz nach oben.

Quasi als Zugabe verschlechtert sich das Wetter abermals, Regenschauer setzen ein und die Wolkendecke schließt sich. Ich setze Genua 2 zum Groß und gehe unter Deck. Am liebsten würde ich jetzt losheulen, aber ich kann nicht. Also versuche ich, mich sinnvoll zu beschäftigen. Ich schneide den Schaft meiner Neoprenstiefel ab. Schließlich habe ich ja noch ein Paar, und in den Tropen sind die kurzen Neoprenstiefel sicher angenehmer. Die nächste Therapie ist essen. Ich mische Reis mit Thunfisch und suche dann nach Fruchtsalat. Einige dieser köstlichen Dosen habe ich an Bord genommen. Natürlich sind die Dosen viel Gewicht, aber dafür motivierend. Schon von außen sehe ich die Rostbrühe im Container schwappen. Ich schleppe ihn ins Cockpit und leere den Inhalt in die Plicht. Mit der nächsten Welle, die an Deck springt, sind die Dosen sauber, aber keineswegs rostfrei. Tatsächlich sehen sie zum Fürchten aus. Selbst ich zweifle, ob der Inhalt noch genießbar ist. Sowie ich die erste Dose öffne, steigt mir säuerlicher Fäulnisgeruch in die Nase. Angeekelt werfe ich die Dose samt Inhalt über Bord. Die zweite ist noch in Ordnung, und ich leere ihren Inhalt in meine „Gute-Laune-Tasse". Danach setze ich mich auf die Navi und beginne zu löffeln. Während ich die köstlichen Früchte schlürfe, wandern meine Augen über die Displays für Kursanzeige, Autopilot und Geschwindigkeit. Alles im grünen Bereich! Meine Tasse ist ausgelöffelt, ich spüle sie aus, verstaue sie unter der Liege und überlege. Jetzt wäre der richtige Zeitpunkt, um ein bisschen auszuspannen, vielleicht um zu schlafen und neue Kräfte zu tanken. Ich mache noch einen Blick ins Cockpit, danach lege ich mich hin, strecke die Glieder und blicke durch die Deckshausfenster. Die NAUTICSPORT KAPSCH prescht gegenan, die Meilen ticken, und sobald es einmal ruhig ist, werde ich aufentern, um die Fallen wieder einzufädeln. „Ich werde es schaffen, egal, wie lange es dauert und wie schwer es auch ist, aber ich werde es schaffen!" – Mein Blick wandert über das Großsegel zum Vorliek und dann nach oben. Eine Welle springt an Deck und überflutet das Deckshaus. Die Mastkonturen verwischen sich. Sekunden später ist das Wasser abgelaufen. Ich blicke wieder zum Segelvorliek und sehe eine kleine Welle, doch an einer Stelle, wo sie keinesfalls sein sollte – im Mittelteil der Mastschiene. Der obere Teil des Doppelschlittens ist ausgebrochen und baumelt frei am Segelkopf. Ich bin zu müde, um aufzuspringen, ich möchte losbrüllen, aber mir fehlt die Kraft, also bleibe ich einfach liegen, schließe die Augen und beginne zu weinen.

Jede Meile zählt

Mechanisch ziehe ich mich an, gehe an Deck und beginne, das Groß zu bergen.

NE 3 Bft, 6/8 Bewölkung, zum Glück ist der Schlitten des Großsegels nicht verklemmt. Ich demontiere den unteren Teil der Mastschiene, baue zum dritten Mal alle Schlitten aus und beginne, sie gefüllt und in der richtigen Reihenfolge wieder einzufädeln. In der Zwischenzeit steht nur die Genua 2. Gegen 18:00 Uhr Bordzeit kann ich das Groß wieder setzen. Mit nur 5,5 Knoten über Grund segelt die NAUTICSPORT KAPSCH nach NNW, denn ab sofort kann ich das Groß nur noch im zweiten Reff nutzen. Nachts klart es auf, aber der Wind bleibt flau. Jetzt fehlt es mir massiv an Segelfläche, aber unter diesen Umständen kann ich unmöglich in den Mast klettern. Ich sitze an Deck. Düstere Szenarien schießen mir durch den Kopf. Was wird, wenn die Mastschiene abermals bricht oder ich zu schwach bin, um in den Mast zu klettern? Wie gefährlich sind die Risse auf Höhe der obersten Saling, und wie lange kann ich maximal auf See sein, bis die Lebensmittel verbraucht sind? Sollte ich schon zu rationieren beginnen oder einfach weiterkämpfen und so hart wie möglich gegenansegeln?

Der Spannungsalarm reißt mich aus den Gedanken und ich starte den Motor. Willig rumpelt der Diesel los und ich mache einen Rundumblick. Alles scheint unverändert. In der Bilge schwappt die Brühe, das Laufgeräusch ist nervtötend, die Motorblöcke schlagen durch, und die 12-V-Lichtmaschine quietscht. Nur die Kühlwassermenge ist schon wieder sehr bescheiden. Die Ursache ist schnell gefunden: Der Keilriemen für die Seewasserpumpe ist fast gerissen und sitzt deshalb viel zu locker. Ich stoppe den Motor, tausche den Riemen, und das Seewasser sprudelt wieder. Man würde meinen, dass ich diesen stinkenden Rosthaufen, auch Motor genannt, hassen müsste, doch genau das Gegenteil ist der Fall. Der kleine Dreizylinder läuft inzwischen bereits mehr als dreihundert Stunden, und dies unter schwierigsten Bedingungen. Eigentlich sollte ich mich angesichts des Baujahres freuen, dass er überhaupt noch läuft. Also nuschle ich ein „Dankeschön, dass du noch rumpelst", und schließe die Abdeckung.

Fahrtag einhundert!

Dee hat es geschafft. Als sechste bringt sie ihre AVIVA trotz aufgelöstem Großsegel nach 99 Tagen über die Ziellinie. Bei mir beginnt der Hundertste, und es werden wohl noch einige mehr werden. Meine Riggprobleme kosten viel Geschwindigkeit, und ich kann auch nicht absehen, wie weit sich diese noch verschärfen werden. Zudem werden die Ausrüstungspannen nahezu stündlich mehr. Meine Spiegelreflexkamera hat Wasser im Display, ein Klemmstativ ist festgefressen, die Videokamera schreit nach der Reinigungskassette und die Verstellschlüssel blockieren. Zwei Hauptschalter zerbröseln, AIS und Inmarsat-C sind ausgefallen, ein USB-Verteiler meldet Kurzschluss, ein Bordrechner hat Softwareprobleme und die Deckshausfenster werden neuerlich undicht. Dazu gesellen sich ein undichter Benzinkanister im Kielkompartment, der Ausfall meiner letzten manuellen Treibstoffpumpe und …! Umfassend breitet sich Schimmel aus, ich habe Rückenschmerzen, mein Fußpilz meldet sich erneut, die Augen sind entzündet und meine Fingernägel sind dünn wie Papier. Meine Zahnhälse reagieren auf alles, der Gaumen schmerzt … Ich will an dieser Stelle nicht etwa um Mitleid heischen, doch schließlich wollen Sie ja wissen, wie es sein könnte. Und ich erzähle Ihnen, wie es war.

Egal, aktuell herrscht Kaiserwetter, der Wind kommt mäßig aus NE. Die NAUTICSPORT KAPSCH läuft mit 9 Knoten auf Zielkurs, der Himmel ist heiter und das Thermometer zeigt 28 °C. Zudem habe ich ein langes Mail mit Fanpost erhalten. Ich beginne zu lesen, spüre, wie meine Stimmung steigt, und tippe Antworten. Ich bleibe im „Büro", bis mich die Rückenschmerzen auftreiben. Danach creme ich mich ein und gehe an Deck. Auch hier hat diese Marathon-Regatta bereits tiefe Spuren hinterlassen. Ein Ruderstocklager droht zu zerfallen, die

Sat-Antenne klemmt, Solarzellen sind undicht, Fallenstopper ausgerissen, Umlenkblöcke kreischen, Leinensortierer blockieren, die Reffleinen sind steif wie Stahldraht, und die Schoten zeigen tiefe Kerben und Verformungen. Es gibt fast keinen Ausrüstungsgegenstand, der nicht schon Kampfspuren aufweist. Dennoch, ich werde meine alte Lady und mich erfolgreich ins Ziel bringen, davon bin ich nach wie vor felsenfest überzeugt. „So gefällst du mir wieder, du alter Vendée Globe-Pirat", sage ich lautstark zu mir selbst, tätschle liebevoll das Deckshaus und starte meinen Rundgang über Deck.

Die Bewährungsprobe

Endlich, Passatwolken ziehen, der Wind kommt aus dem Ostquadranten und die NAUTICSPORT KAPSCH segelt hart am Wind auf Zielkurs. Der Seegang ist erträglich, heißen Tagen folgen sternklare, laue Nächte. Die Etmale sind annehmbar, Delphine kommen zu Besuch und vereinzelte Schauerzellen sorgen für viel Arbeit und leichte Abkühlung. Noch 1000 Seemeilen zum Äquator. Ich betrachte den Äquator als vorletzten Wegpunkt. Der letzte sind die Azoren, bevor ich endgültig die Koordinaten der Ziellinie auf dem Plotter aktiviere. Der einzige Schatten in diesen Tagen ist mein bevorstehender Ausflug in den Mast. Schon unmittelbar nach dem Verlust des zweiten Vorstages habe ich die Liste geschrieben. Eine Liste aller Dinge, die ich zum Aufentern mitnehmen muss. Unglaublich, wie viele Einzelteile darauf stehen, aber es gibt ja auch genug zu tun: Die Mastschiene sichern, zwei Vorfallen einziehen. Gestern habe ich nochmals die Kletterutensilien ausprobiert. Danach war ich verunsichert, denn obwohl ich wieder täglich etwas Krafttraining mache, ist mein Körper konditionslos. Schon nach wenigen Minuten großer Anstrengung fühle ich die Glieder bleiern werden. Aber wenn es so weit ist, dann werde ich bereit sein. Mental werde ich mich derart einschwören, dass ein Scheitern dieses Vorhabens nur im endgültigen Versagen meines Körpers liegen kann. In meinem Kopf dominiert nur mehr ein Gedanke: Ich muss in den Mast. Aber das Wetter ist zu lebhaft. Ich versuche, mich aufzupäppeln, nehme regelmäßig Vitamintabletten und mampfe Kohlenhydrate, mache Krafttraining. Aber meine Glieder schmerzen fürchterlich. Die Dose mit elektrolytischem Getränkepulver ist leer. Also krieche ich in das Achterschiff, um Nachschub zu holen. Als ich den betreffenden Container öffne, erblicke ich ein Gemisch aus Nüssen, Trockenobst, Fischkonserven und Gewürzen. Dies alles schwimmt in einer dicken, orange-farbenen Brühe. Sie besteht aus Seewasser und dem Inhalt einer Instantpackung. Mit der letzten unbeschädigten Verpackung dieses Drinks verlasse ich das dampfende Achterschiff. Um den gefluteten Container werde ich mich später kümmern. Ich krieche zurück in die Navi. Sofort blicke ich wieder hinaus, aber die Lage ist unverändert. E 4 Bft, See 4, 4/8 Bewölkung und Schauerzellen. Inzwischen segle ich bereits auf 09"30°S und 32°34'W. Die brasilianische Küste verläuft nur 150 Seemeilen westlich. Mit 9 Knoten nähere ich mich der ITC. Laut Wetterbericht sollte sie nur schmal sein. Ich kann davon ausgehen, dass ich in maximal fünf Tagen über den Äquator bin und in das nördliche Passatsystem eintauche. Aber noch ist es nicht so weit, und außerdem muss ich erst in den Mast, um einiges zu erledigen.

Sonntag, 22. 02. 2009, 105. Fahrtag.

Nachts habe ich nicht nur mehrere Radarkontakte, sondern auch schreckliche Kopfschmerzen. Ich nehme 2 Tabletten, trinke viel und versuche, zu entspannen. In den frühen Morgenstunden abermals Alarm. Diesmal kann ich die Lichter eines Frachters an Backbord voraus ausmachen, aber es besteht kein Grund zur Sorge, wir laufen in sehr spitzem Winkel, und der Abstand beträgt mehr als 7 Seemeilen. Ich setze mich an Deck und beobachte so lange die Lichter, bis der Frachter in der nächsten Schauerbank verschwindet. Klebriger Schweiß steht mir auf der Stirn, immer noch habe ich rasende Kopfschmerzen. Das wird wohl mehrere Gründe haben. Stress, Verspannungen – ich nehme noch eine Tablette, trinke einen halben Liter Wasser und lege mich hin.

Der Morgen dämmert und meine Kopfschmerzen sind endlich schwächer. Ich rapple mich auf und versuche mich zu konzentrieren. Kurs und Segelstellung sind o. k., Wind und Seegang haben weiter abgenommen und der Himmel zeigt ein strahlendes Blau. Nur vereinzelt stehen Wolken; aber die sind klein, hell und freundlich. Ich lese den letzten Wetterbericht. Hoffentlich bleibt mir das Leichtwindband voraus auch durch die ITC erhalten! Momentan sieht es nicht schlecht aus; aber in den Doldrums weiß man nie, wie sich die Dinge entwickeln. Was mir auch noch auffällt, sind die ruhigen Schiffsbewegungen. Tatsächlich ist der Seegang sanft und gleichmäßig. Ich blicke zum Masttopp, der relativ ruhig durch die Morgenluft schneidet. Plötzlich jagt mir ein Gedanken durch den Kopf: „Jetzt oder nie!"

Jetzt oder nie!

Das Wetter bleibt mir wohlgesonnen. Um 08:50 Uhr habe ich die Vorbereitungen abgeschlossen. Der wasserdichte Seesack droht zu platzen, denn für meine Reparaturen muss ich einiges nach oben schleppen. Dazu noch Fotoapparat, Videokamera und eine Personal-EPIRB. Man weiß ja nie, was passiert. Ich telefoniere mit Anita und vereinbare ein Zeitfenster von dreieinhalb Stunden. Sollte ich mich bis dahin nicht melden, könnte es Probleme geben. Danach überprüfe ich nochmals die Segelstellung und den Kurs. Alles in Ordnung, der Autopilot summt vor sich hin und die NAUTICSPORT KAPSCH zieht ihren Weg auf Nordkurs. Ich ziehe den Ersatzteilsack an Luv im Großsegel nach oben. Auf Höhe des Segelkopfes lasse ich ihn baumeln, schlüpfe in den Klettersitz, schließe den Lifebelt und lege los. Ich verwende eine Absturzhilfe, die ich auf meiner Kletterleine vor mir herschiebe. In einer daran festgelaschten Trittschlaufe stemme ich mich nun nach oben und hole gleichzeitig den Violinblock dicht, der mich sichert. Danach wieder die Absturzhilfe, hochstemmen, sichern. Mit meinem zweiten Bein umschlinge ich den Mast. Somit verhindere ich, dass mich die Pendelbewegungen nach Lee schleudern. Bis zur ersten Saling geht es schnell, wenngleich ich merke, dass mein Körper einfach müde ist. Egal, ich konzentriere mich auf meine Handgriffe: Hochstemmen, sichern, nachschieben, festklammern … Upps, zum ersten Mal reißt mich ein Schlag nach Lee. Ich kann mich aber an der Zwischenwant erfangen und werde von der nächsten Rollbewegung wieder an den Mast geschleudert. Die ersten blauen

Flecken werden spürbar, aber ich ignoriere jeden Schmerz, schiebe meine Hand nach oben, stemme mich hoch und sichere. Aber seit dem Wegschwingen vom Mast ist irgendetwas anders. Ich überlege, und plötzlich wird mir klar, dass Großsegel und Genua 2 nun back stehen. Ich klammere mich an den Mast und überdenke die Lage. Momentan ist es egal, die NAUTICSPORT KAPSCH zieht nach wie vor dahin. Ruhig und ohne allzu harte Einsätze. Der Seegang ist geglättet und der Horizont ruhig. Im Westen bilden sich Schauerwolken, aber die sind noch sehr klein und auch weit weg. Mein Gefühl sagt mir, dass ich nur eine Wahl habe, nämlich weiterklettern. Wenn ich jetzt absteige, um die Segel zu klarieren, werde ich es nicht mehr in den Masttopp schaffen. Also weiter. Meine Finger brennen und die Nägel reißen ein, aber ich kämpfe mich weiter. Endlich erreiche ich den Segelkopf des Großsegels. Zugleich aber habe ich mein erstes Problem. Durch das ungewollte Schiften baumelt mein Seesack jetzt vom Segeltuch verdeckt an der Leeseite des Groß. Ich versuche, auf den Segelkopf zu klettern, es funktioniert. Dann schlinge ich die Beine um den Mast und klammere mich fest. Nun versuche ich, den Seesack hochzuziehen, aber er ist schwer wie Blei. Vielleicht aber sind auch meine Arme schon entkräftet. Ich ziehe stärker, lehne mich nach Luv und hebe die Leine Stück für Stück nach oben. Dabei verliere ich das Gleichgewicht und rutsche ab. Auch der Seesack fällt zurück nach Lee. Ich bekomme einen Zornausbruch, hechte förmlich über den Großsegelkopf und greife nach dem Seesack. Endlich kann ich ihn packen und an mich ziehen, geschafft! Nun habe ich zwar den Sack in Händen, aber damit ist es nicht getan. Ich muss ihn so befestigen, dass ich ihn auch öffnen kann. Wie genau ich diesen Beutel verklemmt, fixiert und angebänselt habe, kann ich nicht mehr sagen. Schließlich ist er aber offen; ich wühle nach Spanngurt, Klebeband und Kombizange, fädle den Gurt um den Mast und sichere die Mastschiene. Sieht doch gleich besser aus! So, jetzt noch ein paar Fotos und dann weiter. Ich knipse ein paar tolle Perspektiven, verstaue alles wieder im Seesack und löse die Fixierung. Nein! Ich hatte ganz vergessen, wo ich bin und welche Kräfte hier wirken. Kaum ist das letzte Bänsel offen, schwingt der Seesack weit nach Lee. Dort verharrt er einen Augenblick und schwingt zurück in Richtung Mast. In diesem

Augenblick ist guter Rat teuer. Von dem Gedanken angetrieben, nur den Sack nicht zu verlieren oder seinen Inhalt zu zerstören, klemme ich mich vor den Mast. Wie ein Rugbyspieler an der Grundlinie versuche ich, das Schlimmste zu verhindern. Der Seesack kommt rasch näher. Volle Konzentration, denn gleich … Die NAUTICSPORT KAPSCH holt über, der Seesack prallt gegen die Saling und schleudert ins Großsegel. „Jetzt nur nicht aufgehen!" – In diesen Sekunden spüre ich eine Hilflosigkeit wie selten zuvor. Ich hänge hier etwa siebzehn Meter über dem Meer. Alles, was ich machen kann, ist warten und mich festhalten. Wie gerne würde ich ins Großsegel hechten und den Seesack an mich reißen, aber das ist zu gefährlich. Was ist, wenn ich unklar komme, den Halt verliere oder mich verheddere, gegen die Saling oder den Mast geschleudert werde und mich schwer verletze? Es werden bange Sekunden. Der Sack pendelt, aber die NAUTICSPORT KAPSCH läuft wieder ruhig auf Kurs, und so kann ich die Leine wenig später greifen, den Sack abermals an mich ziehen und mit einem Karabiner an den Lifebelt hängen. Uff, das war knapp, aber jetzt weiter. Die kleinen Wolken wachsen, ihre Unterseiten werden dunkler, und vereinzelt säuseln Windzungen im Rigg. Ich klettere, Hand über Hand, Zug um Zug kämpfe ich mich zur obersten Saling. Dort verharre ich, umschlinge den Mast und drücke meine Wange gegen das Profil. Es ist angenehm kühl. Meine Oberschenkel schmerzen höllisch. Mit jeder Schere um den Mast drückt sich die Mastschiene in mein Fleisch, malträtiert die Sehnen und quetscht die Muskeln. Ich drehe meinen Kopf, und meine Blicke fallen auf die Durchführung der Salingbolzen. Die schwarzen Flecken, die ich von Deck aus sehen konnte, sind auf Augenhöhe. Ich starre sie an und erkenne, dass es Risse sind. Nicht etwa Risse in der Schlusslackierung oder im Epoxi. Nein, es sind Risse in der Kohle, genauer gesagt in den Verstärkungsmatten, die hier die Saling sichern und die Kräfte auf das Längsprofil des Masts übertragen. Den Schaden muss die Genua bei ihrem zweiten „Ausflug" angerichtet haben. Als der Decksbolzen brach, hat sich das Segel wie verrückt gebärdet und für kurze Zeit den Masttopp stark verdreht. Wahrscheinlich sind dabei die Risse entstanden. Egal, hier kann ich jetzt nichts machen, also weiter. Die letzten Meter bis zum Masttopp werden zu einer Reise in mein tiefstes Ich. Der Körper will schon lange nicht mehr, meldet Müdigkeit und Schmerzen. Meine Bewegungen sind steif, langsam und verzittert, aber umkehren ist ausgeschlossen. Ich muss weiter hinauf. Es fehlen nur noch wenige Lastwechsel und ich kann den Masttopp greifen, kann mich einhängen, die Beine um den Mast schlingen und mich etwas ausruhen. Die letzten Meter klettere ich wie in Trance. Ich werde um die Backstagen geschleudert, egal. Ich rutsche mit den Beinen ab, egal. Ich pralle mit der Schulter gegen die Mastschiene, auch das ist mir egal, denn hier oben zählt nur mehr der Gipfelsieg. Ich kann nicht sagen, wie lange ich in diesem Zustand klettere, aber irgendwann spüre ich den Toppbeschlag in meiner rechten Hand. Ich greife zu, ziehe mich noch einmal hoch und sichere. Vor mir sehe ich die Scheibe der Backstagenbefestigung. Ein unbeschreiblicher Freudenschauer durchrieselt meinen Körper. „Geschaaaffft", brülle ich, so laut ich kann, und schlinge meine Beine um das Mastprofil. Danach verklemme ich den Oberkörper zwischen Saling und Mast, öffne den Seesack und suche nach der Dyneemaleine, die ich als Vorspann für die Fallen mitgenommen habe. Eine Bö fährt durchs Rigg. Ich blicke zum Horizont, und augenblicklich wird mein Geist wieder mobil. Das, was ich nun sehe, hat mit Ruhe nichts gemein. Aus meinen Wolken sind jetzt Türme geworden, die sich gerade ausbreiten. Pilze mit vereinzelten dunklen Fäden, die bis an die Wasseroberfläche reichen. Ich versuche, den gebrochenen Block aus dem Masttopp zu hebeln, doch er weigert sich. Durch den enormen Anpressdruck beim Aufprall nach dem Schäkelbruch hat sich die Rolle im Laminat verkeilt. Der Masttopp ist teilweise zersplittert. Ich suche nach der Zange. Damit reiße ich das abstehende Laminat vom Mastkopf, und allmählich löst sich auch der Block. Ein letzter Test, ob er jetzt frei ist; o.k. Ich suche nach der Kamera und knipse, was das Zeug hält. Danach noch ein paar Videoaufnahmen, aber es ist höchste Zeit. Der Ozean bekommt die ersten Schattenflecken und die Mastbewegungen werden brutal. Solange ich mich fest verkeilt hatte, war dies nicht so spürbar, aber jetzt, wo ich versuche abzusteigen, werden Kräfte wirksam, die mir Ehrfurcht einflößen. Angst? Ich habe keine Angst, aber ich bin angespannt wie selten. Die Vorstellung, einfach hier im Rigg zu hängen und nicht absteigen zu können, ist nicht gut. Der Gedanke, einen falschen

Handgriff durchzuführen und am Ende abzustürzen, irgendwo im Rigg zu baumeln oder gar an Deck zu fallen, kein viel schönerer.

Wind und Seegang nehmen zu. Die Böen bringen erste Regentropfen, und ich klettere. Ich klettere so schnell ich kann, aber ich muss immer öfter Pause machen. Meine Finger wollen nicht mehr greifen, und die Beine finden keinen Halt. Am Ende werde ich noch einmal böse malträtiert. Die einsetzende Bö ist stärker als die anderen und lässt die Jacht nach Lee krängen. Mit aller noch verbliebenen Kraft versuche ich, mich festzuhalten, aber ich werde trotzdem nach Lee geschleudert. Der Lifebelt kommt dicht, der Kopf wird in den Nacken gerissen, aber der Rumpf ist schon wieder auf dem „Rückflug" Richtung Mast. Die „Landung" wird sehr schmerzhaft. Ich brauche lange, um das letzte Stück an Deck zu klettern, aber dann ist es geschafft. Ich fühle das Deck an meinen Sohlen, öffne den Gurt und lande auf dem Allerwertesten. Ich falle auf den Rücken, den Seesack auf der Brust, und blinzle in den Himmel. Jetzt hoffe ich nur noch, dass der Vorspann hält und ich das Fall an Deck bekomme. Dann ist die Welt, meine kleine stampfende und rollende Welt, wieder in Ordnung.

Das Telefon läutet. Ich binde den Seesack los und krieche in die Navi. Auf allen vieren, aber was soll's, bevor ich stolpere und mich noch mehr verletze. Es ist Siegfried. „Wo ich so lange war?" – „Na, im Mast natürlich!" – Ich werde unfreundlich. „Was glaubst Du eigentlich, ich …! Was? Wie spät ist es?" – Ich ärgere mich über meinen Wutausbruch, versuche zu beschwichtigen. Natürlich freue ich mich über den Anruf! Ich wusste ja nicht, dass ich mehr als vier Stunden unterwegs war. „Ja, ja, ich rufe gleich Anita an und gebe Entwarnung!"

Anita ist hörbar gereizt, aber ich kann es nicht ändern. Natürlich verstehe ich, dass sie sich zu Hause Sorgen machen, wo sie warten und nicht wissen, was hier los ist, aber jetzt ist alles klar! Jetzt muss ich noch das Fall klarieren, und dann kann ich mich endlich ausruhen.

Ich sitze auf der Navibank. Draußen tobt ein sintflutartiger Tropenschauer. Tatsächlich war ich gerade erst an Deck, als auch schon wilde Sturmböen einfielen. Ich konnte nur noch meine Fallleine klarieren, dann bin ich unter Deck geflüchtet. Die NAUTICSPORT KAPSCH segelt zügig auf NE-Kurs. Fauchende Böen lassen sie weit überholen, und der Seegang wird konfus. Meine Oberschenkel sind mit Blutergüssen übersät und meine Finger haben Cuts, wohin das Auge reicht. Mein Lieblingsobjektiv ist ebenfalls beschädigt und auch die Kleidung kann den Ausflug nicht verleugnen, aber schließlich habe ich gesiegt, und das ist jetzt das einzige, was zählt.

Die Nervenschlacht

Hatte ich gehofft, mich nun ein wenig ausruhen zu können, wurden meine Vorstellungen jäh zerschlagen. Noch während ich meine Schwellungen und Schürfwunden versorge, wird mir klar, dass mich die ITC mit ihren Schauerzellen und Flautenzonen eingefangen hat. Nun gut, das war ja zu erwarten. Also streife ich mir das Ölzeug über, setze mich ins Cockpit und döse vor mich hin. Die Schauerwolken ziehen über uns hinweg. Der Wind zappelt und ist umlaufend, mir schmerzen die Glieder, aber ich bin an Deck und arbeite. Im klebrigen Ölzeug versuche ich, die Jacht so gut es geht voranzutreiben. Doch am Abend ist meine Kraft zur Gänze aufgebraucht. Im Cockpit sitzend, fallen mir die Augen zu, und ich verstehe manchmal nicht so recht, was um mich vorgeht. Die Müdigkeit ist so erdrückend, dass ich einfach nur mehr dasitze und auf Displays starre. Nebenbei versuche ich, den Autopiloten so zu steuern, dass ich keine anstrengenden Trimmarbeiten durchführen muss. Die Nacht wird dunkel, stürmisch und nass. Als eine harte Bö einfällt, beginnt das Genuafall erneut zu slippen. Das Vorliek wandert weit nach Backbord, und das Segel wölbt sich bis ins Wasser. Es ist zwar nur der Fallenstopper, der die verformte Leine nicht mehr halten kann, aber dennoch heißt es handeln, und zwar rasch. Ich raume auf und sichere das Fall über die Winsch. Danach versuche ich, das Vorliek nachzuspannen, aber noch ist zu viel Druck im Segel, also weiter aufraumen. Eigentlich will ich nur noch schlafen! Gerade denke ich, wie angenehm es wäre, sich jetzt in die Navi zu verkriechen, da bemerke ich das drohende Unheil: Der Großbaum steigt nach oben! Augenblicklich bin ich hellwach, doch das hilft in diesem Moment auch nicht mehr. Das Achterliek des Groß verformt sich in ein „S", verharrt in dieser Form für Augenblicke und schlägt danach abrupt nach Steuerbord. Geistesgegenwärtig ziehe ich den Kopf ein. Wie eine Riesenkeule rauscht der Großbaum über Deck und knallt in den gespannten Backstag. Das Rigg bebt wie nach einem Mörserangriff. Ich wirble das Ruder herum und luve an, da fährt mir ein Gedanke durch den Kopf: Nicht zurücksteuern, sonst rauscht der Baum bis an die Unterwant und bricht! Blitzschnell drehe ich mich um und greife nach der Großschot. Gerade, als sie lose kommt, beginne ich daran zu ziehen. Jeder Meter zählt! Ich muss den Baum so rasch wie möglich festsetzen. Es kommt mir vor, als wolle die Schot kein Ende nehmen, aber schließlich ruckt es heftig an der Winsch und augenblicklich legt sich die Jacht nach Backbord. Da ich das Ruder frei gelassen habe, läuft der Racer nunmehr in den Wind. Ich greife nach dem Steuerrad und lege Gegenruder. Endlich ist das Fahrverhalten wieder kontrollierbar, und so, als wollte Neptun mich verspotten, ist inzwischen auch der Squall verzogen. Ich klariere noch das Cockpit, dann purzle ich unter Deck. Nur ein paar Minuten Schlaf! Den Autopiloten kann ich aus der Navi fahren, und für mehr fehlt mir jetzt endgültig die Kraft. Dann, 20 Minuten später, koche ich Nudeln, verschütte Nudelwasser, verbrenne mir die ohnehin schon wunden Finger und bin einfach down. Aber ich muss essen, also stürze ich mich über eine Müslipackung. Trinken! Wenn ich meinen Stoffwechsel bei Laune halten will, muss ich trinken, viel mehr trinken! Die Wetterinfo hat noch eine Hiobsbotschaft: Das Fenster in der ITC hat sich komplett geschlossen. Somit erwarten mich nun vier bis fünf sehr wechselhafte, nervenaufreibende und harte Flautentage.

Dienstag, 23. 02. 2009.
Pos. 02°10'S 031°36'W, 2. Tag in der ITC, noch etwa 140 Meilen zum Äquator:
05:30 UTC, NE 0–1 Bft, Böen bis 7 Bft, Tropenschauer, 29 °C, Kurs 000 °, GR2, GE1, Speed 2,5 kn.
Aus einer Schauerbö lösen sich Konturen eines Frachters. Gemächlich sehe ich ihn nach Osten ziehen, bis die nächste Zelle mir

die Sicht nimmt. Als es wieder aufklart, ist er verschwunden, nur das Radarecho bleibt.

12:00 UTC, NW 0–2, 2/8 Bewölkung, 31 °C, Kurs 350 °, GR2, Code Zero, Speed 7 kn.

Doraden an Steuerbord und Bonitos springen vor dem Bug. Warum habe ich kein Angelzeug dabei? Aber ich wäre ohnehin zu müde, um den Fang zu bändigen.

14:00 UTC, NE 0–1, 3/8 Bewölkung, 30 °C, GR2, Code Zero, Speed 3 kn.

Alte Dünung aus SE, Segel schlagen, Wassermacher läuft, Luftfeuchtigkeit 84 %, am liebsten würde ich mich auswinden!

15:10 UTC, Flaute, wolkenlos, Dünung aus NW, 33 °C.

Treiben mit 1,5 kn nach NW, ruhig bleiben ist die Devise!

16:45 UTC, Flaute, wolkenlos, Dünung aus NW, Treiben nach NW 1 kn.

Versuche, mich zu beschäftigen, und arbeite an der Elektrik.

18:45 UTC, SE 1 Bft, 2/8 Bewölkung, Dünung aus NE, Kurs 025 °, Speed 4 kn, Code Zero.

Endlich wieder Bewegung im Schiff. Ich rechne, wie lange es mit vier Knoten noch dauert, bis ich den Nordostpassat erreiche. Das Ergebnis ist vernichtend!

19:20 UTC, Flaute, Schauertürme, Treiben mit 1 kn nach NW.

Langsam, aber sicher, macht mich die ITC mürbe. Um die Vorsegel vor Schäden zu bewahren, habe ich sie geborgen. Das GR2 habe ich mittschiffs gesetzt, um die verheerenden Rollbewegungen zu dämpfen. Das geht zwar auf die Leinen, Blöcke und Stopper, aber hilft mir wenigstens, ein bisschen Ruhe in meine triefende, stinkende und knarrende Aluhöhle zu bekommen. Natürlich protestieren die Beschläge, aber das ist mir lieber, als mich noch mehr Psychoterror auszusetzen.

22:50 UTC, umlaufender Schwachwind, Schauerzellen und ein fürchterlicher Zorn erschweren mir das Leben. Vor etwa zwei Stunden habe ich die zweifellos dümmste Handlung dieses Rennens durchgeführt. Wie so etwas passiert, ist leicht erklärt: Stress, Resignation und Müdigkeit, gepaart mit einem drängenden Bedürfnis – dem Bedürfnis, meine Leine für die Dirk nun endlich zu klarieren. Nach meinem Ausflug in den Mast hatte ich sie leider unklar wieder eingefädelt, und so läuft sie nun in einem Slalom durch die Backstagen. Grundsätzlich ist das kein Problem, zumindest kein akutes. Doch in meinem Seelenzustand hatte ich das zwanghafte Verlangen, irgendetwas Positives zu vollbringen. Ich wollte diesen Tag einfach mit einem Seelenhoch beenden. Also kam mir die Idee, die Dirk mithilfe zweier schwerer Alulatten, die ich mit Tape verklebte, nach oben zu ziehen, ohne dass sie durch den Masttopp ausrauscht. Mithilfe des Gewichts wollte ich die solcherart klarierte Leine danach wieder an Deck bringen. Also begann ich, die verräterischen Alulatten hochzuziehen, und ignorierte dabei alle mahnenden Stimmen. Obwohl die Alulatten schon knapp über Deck verrutschten, zog ich weiter. Obwohl die Alulatten sich schon bei der ersten Saling wild verhängten und sie nur mit Mühe wieder freikamen, zog ich weiter; und obwohl die Alulatten sich wie wild gebärdeten und sich im Rigg verkeilten, zog ich weiter. Am Ende bot mir das Geschehen Einhalt. Die Alulatten waren an der dritten Saling festgekommen. Danach hatte ich einfach keine Chance, sie wieder flott zu machen. Erst jetzt erkannte ich, was ich verbrochen hatte. Aber jetzt war die Misere schon passiert, und ich musste nun stundenlange Vorarbeiten leisten, musste zahlreiche Hilfsleinen riggen und Decksumlenkungen bauen, bis ich diese Latten endlich wieder freibekam.

Der Schock über meine Unbedachtheit sitzt noch tief. Im schlimmsten Fall hätte mir das Experiment einen massiven Riggschaden zufügen können. Ich verordne mir Arbeitspause, schalte mich auf „Sparflamme" und versuche, wann immer es geht, zu entspannen. Ich muss einfach wieder Ruhe finden, um auch auf den letzten Meilen meinen Mann zu stehen.

Wieder auf der Nordhalbkugel

Am 109. Fahrtag, dem 4. ITC-Tag, überquere ich zum zweiten Mal den Äquator. Jetzt bin ich zumindest schon wieder auf der richtigen Halbkugel für den Zieleinlauf. Diese Tatsache beschert mir ein mentales Hoch, und somit sehe ich die Lage wieder etwas positiver. Dennoch, die ITC hält mich noch immer fest gefangen, Dinelli hat seinen Vorsprung weit ausgebaut und ich bin mit neuen Riggproblemen konfrontiert. Der Masttopp lässt sich nicht mehr durchsetzen. Zwar kann ich mit viel Raffinesse das Profil nach achtern spannen, aber dennoch bleibt ein weicher Teil im Toppbereich. Sobald ich Topp-Vorsegel wie den Gennaker oder Code Zero setze, wippt der Mastkopf weit zum Bug. Dies ist ein Verhalten, das nicht mehr kontrollierbar ist. Durch den Seegang können Kräfte wirken, die die normale Segelspannung weit erhöhen. Somit kann ein Aufsetzer den Mast ab sofort um vieles überlasten und den Mastkopf kosten. Aber immerhin, das Wissen um die Problematik ist schon eine wesentliche Hilfe. Wann immer es geht, versuche ich, bei Seegang auf die Toppsegel zu verzichten. Natürlich verliere ich jetzt weiter Speed und Höhe, aber besser 2 Tage später im Ziel als überhaupt nicht.

Mit dem Sonnenuntergang kommen die Böen. Ich reffe, raume 10 Grad auf und bleibe im Cockpit stand-by. Im letzten Dämmerlicht glaube ich, Passatwolken zu sehen – und tatsächlich: Während der Nachtstunden dreht der Schwell auf Ost, und mit dem Sonnenaufgang hat sich auch der Passat eingeweht. Grell und mystisch ist er, so, wie ich ihn kenne. Erst das Morgenrot mit seinen eindrucksvollen Farbnuancen, dann die ersten Sonnenstrahlen, steil und kalt, und dann der Feuerball, energisch und in Eile, sich ins Firmament zu schieben. Natürlich ist es nur eine gekonnte Täuschung, der meine Augen unterliegen, aber auch wenn ich das weiß, ist dieses Schauspiel einfach herrlich. Am liebsten würde ich pro Tag drei bis vier Sonnenauf- und Untergänge miterleben, auf See oder an Land, in der Wüste oder in den Bergen. Für mich ist Sonne nicht nur Licht und Leben, sondern auch ein Launemacher erster Güte. Meine Laune ist im Hoch, während ich die Position des zweiten, mir nicht minder wichtigen Azorenhochs beobachte. So, wie es aussieht, werde ich mit meinem Kurs direkt im Westen rasch vorbeiziehen, doch das ist aktuell nur eine Hypothese. Immerhin sind es noch etwa 2200 Seemeilen bis zum letzten Wegpunkt vor dem Zielsprint. Da kann sich bis zu meinem Eintreffen noch einiges verändern!

Zur selben Zeit ist auch Steve White im Ziel. Als Achter segelt er über die Linie, und ich? Ich freue mich aus ganzem Herzen! Mit

Steve verbindet mich der Weg zur Vendée Globe. Auch Steve hat sein Projekt aus einer äußerst schwierigen Position heraus begonnen. Auch er hat für diesen Lebenstraum alles gegeben, und auch er wäre mit Sicherheit gescheitert, wenn da nicht die Menschen in Les Sables d'Olonne mitgeholfen hätten. Wie bei meiner ersten Teilnahme haben sie praktisch permanent mit ihm gearbeitet und auch dann noch nicht aufgegeben, als wir alle schon die bösesten Szenarien durchdachten. Sie haben sogar noch am Start gewerkelt, aber das ist nur ein Zeichen, wie sie alle hinter diesem Mann gestanden haben. Und Steve hat sich bedankt. In einer Art und Weise, wie es schöner wohl nicht hätte sein können. Er hat die Vendée Globe beendet und mit dieser Tatsache nicht nur die Helfer, sondern eine Lebensart bestätigt. Bestätigt darin, dass man einen Traum nicht nur in einer Variante leben kann. An uns liegt es, die richtige zu wählen und sie auch umzusetzen!

Kapverden querab an Steuerbord

Ich kann sie zwar nur auf der Seekarte erblicken, aber das genügt für heftige Gefühlsausbrüche. Aber noch darf ich nicht ruhen. Gerade jetzt ist es gefährlich, nachlässig zu werden, denn das Material zeigt teilweise Zerfallserscheinungen. Ich wage es auch nicht, das Groß zu reffen. Obwohl der NE mit mehr als 20 Knoten bläst, versuche ich, die Großfläche zu halten. Ich fiere das Achterliek und setze lieber kleine Vorsegel, denn sollte mir die Mastschiene noch einmal brechen, wird die Lage sehr gespannt. Ich traue der Verschraubung einfach nicht mehr, und so möchte ich das Groß so lange wie es geht stehen lassen. Die Rumpfbewegungen sind hart, manchmal fast zu hart. Zeitweise muss ich mich wieder kriechend fortbewegen, aber das kann mich nicht mehr stressen. So kämpfe ich mich von Krisenfall zu Krisenfall und pflege meine Patienten. Egal ob Ruderstöcke, Motorfundamente, Schaltpaneelen oder gerissene Container, für mich ist es in diesen Tagen nicht mehr wichtig, ob ich eine oder dreizehn Stunden eines Bordtages mit der Werkzeugkiste teile. Was zählt, ist einfach jede

Meile, die die NAUTICSPORT KAPSCH in Richtung Ziel läuft. Dieser übergeordnete Gedanke dominiert den Tagesablauf.

Die nächsten Tage sind harmonisch, doch nicht anspruchslos. Der Passat sorgt zwar für stetigen NE, doch manchmal neigt auch er zum Übertreiben. Vor allem, wenn sich Schauerzellen bilden, brist er an den Vorderseiten auf und lässt uns nachher in konfusem Seegang taumeln. Luft und Wasser sind beinahe gleich warm.

Ich genieße es, die müden Knochen auszustrecken. Wann immer es geht, mache ich dies nun im Cockpit, lege mich für Minuten auf den Rücken und beobachte die Wolkenscharen. In Reih und Glied ziehen sie nach Westen. Am Horizont scheint es, dass sie sich drängeln, doch sobald sie näher kommen, ist ihre Formation recht locker. Ich könnte stundenlang hier daliegen, wenn es nicht so nass wäre. Manchmal denke ich, dass Wellen Augen haben, denn wie könnte es sonst sein, dass sich immer dann, wenn ich im Cockpit bin, die Wassermassen an Deck ergießen und mich überfluten? Egal, auch meine „Lieblingsstinker", die fliegenden Fische, sind jetzt wieder da. Möglicherweise haben sie gerade eine Wettkampfserie und die anstehende Disziplin nennt sich „Toilettenkübelspringen"! Wann auch immer ich ins Cockpit komme, finde ich in meinem Stoffwechselbehälter etwas Wasser und zumindest einen Teilnehmer der Zielsprungdisziplin. Zumeist ist er nicht mehr am Leben, denn die Knappheit des Behältnisses ist keine tolle Lebensbasis, aber manchmal kann ich einem Wettkämpfer auch noch zu Hilfe eilen und ihn lebendig wieder über Bord kippen.

Montag, 02. 03. 2009, 113. Fahrtag.

Beinahe habe ich die Kanaren querab an Steuerbord. Sie sind doch in großer Ferne, da ich bereits 1000 Meilen westlich ihrer Länge hart am Wind auf Nordkurs segle. Dinelli steht bereits bei den Azoren, hatte aber großes Pech. Sein Baum ist ab, und auch zwei Rippen sind gebrochen. Ich weiß nicht, wie es dazu kam, aber ich fühle wieder einmal mit den Mitbewerbern. Dennoch: In den nächsten Tagen werde ich wohl Meilen aufholen können, und mit etwas Glück wäre Raphaël auch noch zu überholen. Ich spüre das Regattafieber in mir steigen und bin deshalb ganz besonders auf der Hut. Egal, ob Raphaël nun langsam segelt oder nicht, es ändert nichts am Zustand meines Riggs, der Ruderstöcke oder auch des Motors. Also bin ich gut beraten, meine Energieanfälle nicht am desolaten Mastprofil, sondern anderswo abzureagieren. „Es sind nicht unsere Fähigkeiten, die zeigen, wer wir sind, sondern unsere Entscheidungen und Handlungen!" – Dieser schlaue Satz, von wem gesprochen, weiß ich leider nicht mehr, trifft den Nagel auf den Kopf! 12 Stunden später stehe ich am Ruder. Gischtwolken fegen über Deck und prasseln auf mich nieder, aber wen stört das schon? Das Wasser ist warm, das Log zeigt 13 Knoten und die NAUTICSPORT KAPSCH segelt eben wieder durch eine lebhafte Schauerfront. „Rolling Home", singe ich lautstark vor mich hin und bin schlicht und ergreifend bester Laune.

ENE 6 Bft, in Böen weit darüber, aber die NAUTICSPORT KAPSCH lässt sich nicht beirren. Zu viele wilde Stunden liegen schon im Kielwasser, um der alten Dame mit einer kleinen Schauerfront zu imponieren. Mir ergeht es ähnlich, denn nicht nur, dass für mich die Bootsbewegungen vertraut sind, auch die Geräuschkulisse aus dem Knirschen, Knacken, Ächzen, Zischen und Dröhnen ihrer Ausrüstung klingt mir vertraut. Die Jacht arbeitet hart, der Kiel lässt die Struktur erzittern und das Bilgenwasser steigt. Starker Regen setzt ein. Ich gehe unter Deck, bleibe aber in Alarmbereitschaft. Die Schiffsbewegungen sind jetzt so bockig, dass ich keine Lust zum Kochen habe. Also esse ich in Massen, was ich monatelang aufgehoben habe: Gummikrokodile, Nüsse, Schokoriegel, Soletti und natürlich Knäckebrot. Noch mehr als einen Container dieser schmackhaft-reschen Sesamplatten habe ich an Bord, und somit kann ich zügellos von ihnen essen, lediglich mit der Einschränkung, dass ich zu jedem Kräcker einen Viertelliter Wasser trinke. Es darf auch Tee sein, aber schließlich geht nach einem Sackerl Gummikrokodilen und sechs Scheiben Sesamkräcker gar nichts mehr. Ich habe einen Wasserbauch, schleppe mich ins Cockpit und beobachte den Atlantik.

Das Wetter bleibt sehr unbequem, doch die Meilenleistungen sind gut. Somit ist zwar mein Seelenzustand nun in Ordnung, aber körperlich beginnen meine alten Leiden wieder aufzuleben. Mein Rücken und die Nackenmuskulatur sind sehr verspannt. Davon bekomme ich erneut sehr starke Kopfschmerzen. Ich nehme Tabletten, aber diese helfen nur bedingt. Ich muss also einfach zur Kenntnis nehmen, dass mein Körper nach der langen Zeit auf See erheblichen Verschleiß hat. Ein Ausheilen dieser zahlreichen Wehwehchen werde ich wohl erst nach Abschluss dieses Rennens, nach dem Einlaufen im Zielhafen erwirken können. Diesen Umstand trage ich mit Fassung, wenngleich er meinen Bordalltag deutlich erschwert. Ich schlucke, schmiere und tropfe, aber das Ergebnis ist bescheiden. Natürlich versuche ich, mich aufzulockern, doch bei Kursen hart am Wind und hohem Seegang sind die Möglichkeiten sehr begrenzt. Wann immer ich mich frei an Bord bewege, laufe ich Gefahr, das Gleichgewicht zu verlieren und nach Lee oder in Fahrtrichtung geschleudert zu werden. Unzählige Kanten lauern, und ich bin mir dessen bewusst. Also versuche ich, auch noch die letzten Tage heil oder zumindest ohne neue Blutergüsse und Verstauchungen zu überstehen.

Bewegung in der Wetterküche

Die letzten 1600 Seemeilen sind angebrochen und der Nordatlantik zeigt sein freundliches Gesicht. Der ESE weht mäßig und raum. Deshalb zeigt sich das kleine Großsegel nur wenig leistungsstark und auch die Genua kann da nicht aushelfen. 11 Knoten über Grund, mehr lässt sich einfach nicht herausholen, und da Raphaël schon wieder unterwegs ist, wird sich an der Reihung bis ins Ziel wohl nichts mehr ändern. Den Himmel zieren weiße Schäfchenwolken und die Sonne strahlt mit wohltuender Wärme. Die Wetterlage ist zurzeit nur unzureichend auszuwerten. Hoch- und Tiefdruckgebiete geben sich ein Stelldichein und manche Front ist völlig von der Rolle. So liegt zum Beispiel eine Tiefdruckzelle über Spanien, die abermals ein Tief im Tief geschaffen hat. Andererseits lagert eine wahre Megafront im Westen. Sollte diese weiter Richtung England ziehen, wird das Wetter sich massiv verschlechtern. Bleibt jedoch das Hoch, in dem ich jetzt gerade bin, bestehen, wird es zwar ein langsames, doch ruhiges Finish.

Rich kämpft bereits seit Tagen mit den Druckverschiebungen. In klassischer Manier hat er versucht, die Fronten für seine Kurse auszunutzen, doch die Wetteränderungen eilen ihm voraus. Somit war er für Tage durch ein Flautenloch gebremst, das niemand vorher sehen konnte, weil es einfach gar nicht da war. Auch Raphaël taktiert und zieht noch weit nach Norden. Zur selben Zeit peile ich die Azoreninseln Flores und Corvo an Steuerbord querab. Corvo ist zum Greifen nahe. In nur fünf Seemeilen Entfernung passiere ich die dunkle Felseninsel mit den sattgrünen Flecken. Gleichzeitig sichte ich einen Containerfrachter. Er läuft genau auf Gegenkurs und bläst aus seinen Schloten dicke Abgaswolken. Wie ein schwarzer Pilz verteilen sich die Rußpartikel in der Morgensonne. Sie zeichnen ein bizarres Bild aus Farben und Formen. Ich beobachte den Biggi, wie er hart im Seegang einsetzt. Wann immer sich der Bug in den Atlantik gräbt, entstehen schäumende Kaskaden. Diese werden weit über das Deckniveau geschleudert und an Luv von einfallenden Böen fein zerstäubt. Obwohl ich nicht gerade unter dieser Glocke segeln möchte, ist das Schauspiel eine Augenweide.

Am 11. März hat es auch Rich geschafft. Als ältester Skipper steuert er seine GREAT AMERICAN III über die Ziellinie. Er segelt somit auf den 9. Endplatz. Jetzt ist die Vendée Globe zum „Matchrace" zwischen Raphaël und mir geworden! Aber wenn sich Raphaël nicht schwer verhaut oder ein technisches Gebrechen seine Fahrt beendet, wird er mit hoher Sicherheit vor mir die Ziellinie erreichen. Die Plätze sind also vergeben. Ich bin und bleibe auf Platz 11, und nur noch Neptun könnte das Klassement vereiteln. Für mich ist die Platzierung ein Erfolg, den ich nicht anzunehmen wage. Letzten Endes hat sich meine Taktik voll bewährt, und ich muss nun alles daransetzen, diese Platzierung auch ins Ziel zu bringen. Nach wie vor ist dies die eigentliche Perspektive jedes Vendée Globe-Teilnehmers. Aber die Versuchung, eine Topplatzierung zu erreichen, ist allgegenwärtig. Dies mal hatte sich ein Schlagabtausch entwickelt, dem viele Jachten und auch Skipper auf die Dauer nicht gewachsen waren. Deshalb ist auch Selbstdisziplin ein wesentlicher Faktor für diese Regatta. Nur wer in der Lage ist, sein eigenes Konzept umzusetzen, hat eine Chance auf Erfolg. Und Erfolg bedeutet nicht, um jeden Preis das Feld zu führen oder einen neuen Zeitrekord aufzustellen, sondern in erster Linie, das Projekt abzuschließen.

Aufpassen, aufpassen und nochmals aufpassen, schreibe ich ins Logbuch. Tatsächlich bin ich ständig angespannt und habe nur noch eins im Kopf: Ankommen! Endlich über diese Ziellinie zu segeln und Erlösung spüren. Aber noch ist es nicht vollbracht und deshalb bin ich überdreht, bilde mir ein, die wildesten Geräusche auszumachen und verbringe so die meiste Zeit mit Lauschen und Beobachten. Unglaublich, was man aus dem Klangbild eines segelnden Bootes alles deuten kann. Geschwindigkeit, Krängung, Segelstellung, aber auch der Seegang ist problemlos zu bestimmen.

Am frühen Abend sichte ich zwei Trawler. Ebenfalls ein klares Indiz dafür, dass ich in Richtung Kontinent segle. Ein Bord-PC hat seinen Dienst quittiert. Genau gesagt, ist es ein Softwareschaden, aber leider ist er von mir nicht mehr in den Griff zu kriegen. Somit bleibt der Touchscreen dunkel, aber wozu habe ich den Backuprechner um die Welt geschippert! Im Geiste danke ich Herrn Engelbrecht. Ich schicke tausend gute Wünsche und genehmige mir Gummibären. So nahe vor dem Ziel ist Mäßigung nur schwer zu leben, deshalb esse ich das Sackerl einfach leer. Der Zwickbauch, den ich mir damit schaffe, treibt mich in das Cockpit. Ich gehe Ruder und versuche dabei, meine Bauchdecke zu lockern, aber das ist mit dem unverdauten Gelatineblock in meinem Körper nicht zu schaffen. Deshalb versuche ich, mich abzulenken. Ich beginne, meinen Ankunftstag zu kalkulieren. Tatsächlich könnte es der Samstag werden. Oder nein, der Sonntag ist wahrscheinlicher, wobei …? Wenn sich das Wetter ändert und die Flautenzone größer wird …?

Delphine zeigen sich an Steuerbord. Die Säuger schaffen es, mich etwas abzulenken. Ich knie mich aufs Vorschiff und beobachte, wie die Tümmler mit dem Racer spielen, ihn in ihre Mitte nehmen, um sich gleich darauf mit schnellen Flossenschlägen wieder aus dem Staub zu machen. Wahrscheinlich ist ihnen die Jacht einfach zu langsam. Der Wind droht einzuschlafen, und ich setze die „Geheimwaffe" meiner Segelgarderobe. Der Code Zero ist tatsächlich ein perfekt designtes Tuch. Kaum habe ich den Segeltrimm beendet, legt sich das Vorliek neuerlich in Falten. Ich kann mir diesen Fehler nicht erklären, doch schon Sekunden später zeigt sich die Lösung von allein. Das Segeltuch beginnt am Vorstag hochzuwandern, und jetzt erkenne ich, dass

Das Begrüßungskomitee geleitet die
NAUTICSPORT KAPSCH über die Ziellinie

Die Crew kommt an Bord (oben)
Begleitboote im Kanal von Les Sables d'Olonne (Doppelseite, unten)

Vater und Sohn strahlen um die Wette (oben)

Tausende Fans feiern den erfolgreichen Abschluss der Vendée Globe 2008/09

Eine Magnumflasche Champagner für das Team (oben)
Die Presse stürmt die NAUTICSPORT KAPSCH (unten)

Eine Partnerschule feiert ihren Helden (oben)
Raphaël Dinelli (10. Platz), Norbert Sedlacek (11. Platz) und Rich Wilson (9. Platz) (unten, v. l.)

5 Jahre harte Arbeit haben sich gelohnt

der Niederholer ausgerissen ist. Somit hat nun auch dieses Leichtwindsegel nicht bis zum Ende überlebt. Ich rolle es so gut ich kann über das zerfetzte Vorstag und verstaue das Segel anschließend unter Deck. An seiner Stelle setze ich nun wieder meine Genua und hoffe, dass der Wind schon bald wieder an Stärke zunimmt.

S 1–2 Bft, Bewölkung 7/8, die Luft ist mild, doch das Wasser hat jetzt wieder nur mehr 9 °C.

Der Wind wird immer flauer, aber noch kann ich mit fast 7 Knoten Zielkurs laufen. Die NAUTICSPORT KAPSCH macht gute Meilen über Grund. Ein großer Frachter nähert sich aus Norden. Nach meiner Radarpeilung ist er noch 4 Seemeilen entfernt, doch die Linien sind bereits in aller Deutlichkeit zu sehen. Man könnte glauben, dass der Seitenabstand nur noch weniger als eine Meile ist. Fasziniert blicke ich zu diesem Stahlkoloss mit seinen turmhohen Containersäulen. Wie viele wohl davon an Bord sind? Ich hoffe nur, er lässt mir keinen vor dem Bug ins Wasser fallen! Tatsächlich ist die Kollisionsgefahr mit Treibgut eine unkalkulierbare Größe und in dieser Phase meines Abenteuers ein sehr großer Stressfaktor.

Meine Telefone läuten immer öfter. In den meisten Fällen sind es Glückwünsche. Natürlich freue ich mich über jeden einzelnen von ganzem Herzen, doch sie kommen allesamt zu früh! Klar weiß ich, dass die Menschen, die mich jetzt kontaktieren, einfach ihre Freude und auch Anerkennung kundtun wollen, aber ich, ich wage es noch nicht, in diesem Lob zu baden. Denn was ist, wenn doch noch irgendetwas vorfällt und mich aus dem Rennen wirft?

Freitag, der 13., wird ein toller Segeltag. Das Etmal ist mit 170 Meilen zwar bescheiden, aber dafür fühle ich mich einfach überglücklich. Der Plotter sagt noch 40 Stunden. Also muss sich Sonntag ausgehen, und das wäre einfach der optimale Abschluss dieses Megaabenteuers. Mein Hauptsponsor und viele Fans haben schon zugesagt, am Tag der Ankunft vor Ort zu sein, um mich und meine alte Lady zu empfangen.

Ich setze mich aufs Achterschiff und beginne, die IMOCA-Transparente an der Reling festzulaschen. Danach suche ich im Vorschiff nach Regattaflaggen. Beinahe vier Monate ist es her, dass ich sie zwischen Segeln und diversen Leinenrollen weggestaut habe. Jetzt schicke ich mich an, sie abermals zu setzen. Ich bin auf „Wolke Sieben" und einfach überglücklich.

Samstag, 14. 03. 2009, 125. Fahrtag und noch 21 Stunden bis ins Ziel. Dies glaubt zumindest mein Plotter zu wissen. Ich laufe gerade durch die Schifffahrtsstraße zwischen Kap Finistère und dem Kanal. Schiffe wie auf einer Perlenkette, nach Nord und Süd. Manche drehen ab in die Biskaya oder kommen aus der Richtung, wo ich hin will. Da La Rochelle nur wenige Meilen östlich von Les Sables liegt, läuft auch der Schiffsverkehr etwa parallel zu meinem Kurs. Also aufpassen. Wenngleich das Radar mir ein klares Bild meiner Umgebung liefert, ist hier größte Vorsicht angebracht. Egal ob Treibgut oder Fischernetze, am Ende muss ich einfach meine letzten Meilen mit der allergrößten Vorsicht absegeln.

Am frühen Nachmittag ist auch für Raphaël die Vendée Globe erfolgreich abgeschlossen. Bei schönem Wetter segelt er die FONDATION OCÉAN VITAL über die Ziellinie und sichert sich den 10. Wertungsplatz.

Alle Wetterinfos, die ich bekomme, sind unzutreffend. Ich werde noch unruhiger, als ich ohnehin schon bin, und überlege meine Möglichkeiten. Natürlich weiß ich, dass sich Wetterkapriolen wenig um die Analysen kümmern, aber feststeht, dass ich morgen in Les Sables d'Olonne sein muss. Ich bin es meinen Freunden, meiner Familie, den Sponsoren und meinen vielen Fans ganz einfach schuldig. Am Nachmittag bestätigen sich meine Vermutungen. Das Hoch ist durchgezogen und der Wind hat sich auf Nord gedreht. Somit sollte ich bis morgen Nachmittag im Ziel sein.

Um 16:55 UTC kreuze ich meinen Ausgangskurs und darf mich somit Nonstop-Einhand-Weltumsegler nennen. Ich werde melancholisch, tätschle meiner NAUTICSPORT KAPSCH das Deckshaus und drücke ihr ein dickes Bussi auf die Steuersäule. Jetzt gilt es wirklich nur noch ein paar Meilen abzusegeln!

Der Wind dreht weiter auf NE. Genau das habe ich befürchtet. Ich spüre, wie sich meine Laune rasch verschlechtert. Ich sehe einen letzten Hoffnungsschimmer im Bezug auf Wind und Wetter. Zum einen könnte der Wind nach dem Sonnenuntergang ein bisschen rückdrehen und zum anderen soll sich auch ein Hoch im Hoch gebildet haben. Somit könnte ich tatsächlich morgen mit den letzten Luftströmungen in Les Sables d'Olonne ankommen. Das Barometer steht auf 1025 Hpa und dies bedeutet, dass ich, falls ich es morgen tagsüber nicht schaffe, wohl auch die Nacht auf See verbringen muss. Tatsächlich dreht der Wind nach Sonnenuntergang ein wenig rück, und ich versuche, möglichst hoch am Wind zu laufen. Die Küste westlich von Les Sables d'Olonne ist für die lokalen Winde sehr bekannt und könnte mir somit auf den letzten Meilen ein bisschen Schützenhilfe geben. Harte Böen fallen ein, ich stehe am Ruder und versuche, alles aus dem Rigg herauszuholen. Manchmal glaube ich, dass meine alte Lady zu viel Tuch trägt. Deshalb bereite ich mich vor, um einzureffen. Das Manöver geht Minuten später baden, und das im wahrsten Sinne des Wortes. Ich bin zerrissen zwischen Zornausbrüchen und mentalem Niederschlag. Warum nur habe ich nicht vorher …? Ich lasse alle Segel unverändert und versuche einfach auszusteuern. Rundum stehen oder fahren Trawler mit verwirrender Beleuchtung. Vor allem durch die starken Arbeitslampen ist es manchmal fast nicht möglich, die Positionslichter zu deuten. Meine Nerven sind gespannt wie die Kielleinen. Ich weiß nicht, wie oft ich in dieser Nacht das Radardisplay abgelesen habe, um es mit meinen visuellen Eindrücken im Cockpit abzugleichen.

Noch 45 Seemeilen bis Les Sables d'Olonne, aber ich kann meinen Zielkurs nicht mehr halten. Bereits jetzt stehe ich um etwa 10 Seemeilen zu weit südlich, und das stimmt mich traurig. Ich versuche mir einzureden, dass es doch letztlich überhaupt keine Bedeutung hat, ob ich um zehn Uhr vormittags oder um vier Uhr nachmittags die Ziellinie passiere, aber mein Gehirn will diese Argumente nicht hören. Es will das Abenteuer endlich abgeschlossen wissen und die Erleichterung verspüren. Die Erleichterung darüber, es geschafft zu haben. Es will nach 125 Tagen endlich wieder abschalten, diesen einzigartigen Lebensabschnitt ins geistige Archiv verschieben und mir durch den Erfolg neue Kräfte generieren. Kräfte, die sich meiner Umwelt in großer Lebensfreude, Begeisterung und innerer Zufriedenheit für zukünftige Vorhaben offenbaren.

Am Ziel der Träume

Sonntag, 15. 03. 2009, 07:30 UTC.

Ich fahre eine Wende, gehe abermals hart an den Wind und beobachte den Plotter. Es ist zum Aus-der-Haut-Fahren. Es sieht so aus, als müsste ich die ganze Strecke bis Les Sables d'Olonne aufkreuzen. Ich setze die Regattaflaggen, um mich abzulenken. Es ist beinahe wolkenlos. Die Kondensstreifen zahlreicher Flugzeuge durchziehen den tiefblauen Himmel über mir mit dünnen weißen Linien. Es herrschen nur geringe Luftverschiebungen, und deshalb werden diese Streifen erst nach Längerem zu transparenten Walzen, die sich allmählich verflüchtigen. Auch dieses Schauspiel der Natur kann mich nicht trösten. Ich laufe, wie mein Racer, „nicht auf Sollkurs"!

Die Regattaleitung meldet sich und will den Ankunftszeitpunkt wissen! Aber was soll ich ihr sagen? Der Wind ist zappelig, und nach den Wettervorhersagen ist fast alles möglich, also versuche ich, die Ankunftszeit mit „früher Abend" anzugeben. „Nein, nein, so lange darf es nicht mehr dauern", findet da der Chef der Regattaleitung. „Der Wind wird drehen! Also, wir erwarten Dich gegen 16:00 Uhr", spricht's und hat schon aufgelegt. Ich telefoniere mit Siegfried. Er schwört mir Stein und Bein, dass es an Land recht lebhaft aus Nordwest bläst, aber bei mir wird es allmählich immer ruhiger. Ich muss essen. Das Einzige, was mich jetzt noch bei Laune halten kann, ist essen. Ich suche in den dunklen Tiefen meiner Backskiste für ganz besondere Momente. Plötzlich halte ich ein Glas Pastete in Händen. Na bitte, echte Gänseleber. Jetzt noch ein paar Scheiben frisches Knäckebrot, dann kann ich wenigstens dem Gaumen Gutes tun.

Die Segel schlagen, die Sonne sticht von einem wolkenlosen Himmel und ich falle in ein tiefes Loch. Daran konnte auch die Gänseleber nichts mehr ändern! Resignation verbreitet sich in meinem Kopf. Ständig läutet jetzt ein Telefon, aber auch das, auch viele Glückwünsche und Anfeuerungen können diesen Lauf nicht stoppen. Noch lächerliche 15 Meilen fehlen mir zum Wegpunkt vor der Ziellinie, und Neptun hat den Wind ganz einfach abgedreht. Wenn ich tatsächlich liegen bleibe, müssen zahlreiche mir liebe und wichtige Personen wieder nach Hause. Nicht alle haben einen Zeitpolster, um auch noch morgen oder übermorgen da zu sein. Meine Gefühle fahren Achterbahn. Anita meldet sich. Wir besprechen das Ankunftsprotokoll, sobald die NAUTICSPORT KAPSCH im Ziel ist, aber ich kann mich jetzt nicht konzentrieren. Meine Blicke sind auf die Trimmfäden fixiert. Die Genua hängt schlaff am Vorstag, und das Groß steht nur durch seine Lattenprofilierung. Der Seegang ist gleich null, und nur die träge Dünung aus Nordost läuft sich noch aus. In majestätischen Bewegungen gleitet meine Lady schlecht und recht auf Nordostkurs. Aber was heißt Nordostkurs!? Ich habe in den letzen paar Minuten ein paar Windzungen benutzt, um damit wenigstens die Rollbewegungen zu dämpfen … Kaum habe ich dies geistig aufgenommen, bin ich auch schon an Deck. Tatsächlich, die Brise kommt jetzt aus dem Nordquadranten, und falls alle meine Infos stimmen, wird der Wind noch weiter drehen und gegen Abend zunehmen. Ich fühle, wie ich augenblicklich wieder optimistisch werde. Trimmen, trimmen und nochmals trimmen. Der Wind dreht weiter auf NW, endlich kann ich wieder Zielkurs anlegen, und nur noch 13 Meilen trennen mich vom Ziel. Allmählich zeigen sich auch wieder kleine Schuppen auf der Dünung. Mit jeder Meile, die ich näher unter Land gelange, nimmt die Brise zu und dreht auf West. Es ist unglaublich! Tatsächlich hätte ich nicht mehr damit gerechnet, diesen Küstenwind zu ergattern, aber jetzt, jetzt ist er da und meine Lady läuft mit halbem Wind und 9 Knoten Richtung Ziellinie. Ich flippe förmlich aus, weiß nicht, ob ich lachen oder weinen soll und hechte zwischen Steuerrad und Naviecke hin und her. Ich rufe Siegfried an und plappere fast ohne Unterbrechung. „Ja, ja, natürlich wird es sich jetzt ausgehen!"

Das Tuten einer Hupe reißt mich aus meinen Gedanken. Ich fahre hoch: Nichts zu sehen! Ich blicke wieder in die Navi, um den Kurs aufs Ziel zu kontrollieren. Alles in Ordnung, nur noch ein paar Meilen und dann hab ich es tatsächlich heute noch geschafft. Abermals hupen, dann höre ich die ersten Zurufe, und noch bevor ich darauf reagieren kann, schiebt sich eine Motorjacht an Backbord aus der Dünung. Im selben Augenblick erkenne ich Willy, wie er am Bug steht und aus Leibeskräften winkt. Der Skipper dreht in einem weiten Bogen und setzt sich in mein Kielwasser. Langsam schiebt der Bug sich näher und jetzt kann ich auch noch andere Personen auf der Flightbridge sehen. Alle winken und schreien, Pfiffe, ich winke ebenfalls und rufe lautstark: „Hallo!" – Plötzlich nähert sich ein rotes RIB. Tatsächlich, es ist unser Crewboot. Am Steuer kann ich meinen Freund Jean-Pierre und seine Crew erkennen. Im Vorschiff kauern Marion, Anita, Harald und Thomas! Auch mein Hauptsponsor ist mit an Bord, um mich auf See, noch vor der Ziellinie zu sehen.

Motorjachten und Ausflugsschiffe, Schlauchboote und Segelboote! Ich kann es gar nicht glauben, dass sie alle wegen mir gekommen sind! Laufend kommen Jachten auf und fügen sich in den Begleittross. Noch aber ist die Ziellinie nicht erreicht. Plötzlich möchte Neptun es noch einmal richtig spannend machen. Der Wind schralt abermals, und ich kann keinen Zielkurs fahren. Neuerlich beginnt für mich, nein besser für uns alle, das Gezitter. Ich wende und versuche, weiter unter Land zu kommen. Es folgen etwa dreißig lähmende Minuten. Dann sieht es aber endgültig so aus, als wird es mir gelingen. Das Wasser rund um mich ist aufgewühlt und schäumt. Wo ich auch hinschaue, erblicke ich Menschen, die ich kenne. Winken, rufen, klatschen, ich weiß nicht mehr, wo mir der Kopf steht. Rasch nähert sich die Küste. Ich bitte Thomas, mir den Seitenraum zu säubern. Dann bringe ich den Racer durch den Wind, fahre eine letzte Wende. Schnell alle Schoten wieder dicht. Die wirklich allerletzten Meilen sind nun angebrochen. Ein Heer von Booten läuft mit mir der Ziellinie entgegen. Das offizielle Raceboot kommt in Brausefahrt und dreht ebenso wie eine Ausflugsfähre in mein Kielwasser. Fotografen kämpfen um Motive, TV-Kameras surren. Ich gehe auf das Vorschiff, um die Zielbojen besser im Auge zu behalten. Dabei bekommt das Fotoshooting eine neue Dimension. Ich weiß nicht mehr, wohin ich zuerst winken oder lachen soll. Ich setze mich auf meine Satantenne. Ein Ultraleichtflugzeug ist über uns und wackelt mit den Flügeln! Ich werfe einen Blick auf meinen Plotter. Der Kurs ist richtig und in wenigen Minuten wird es tatsächlich so weit sein. Wenn sich nun nicht alle bösen Geister gegen mich verschworen haben, sollte vor dem Ziel auch wirklich nichts mehr schiefgehen.

Ich kann es nicht mehr sagen, ob ich dann das Zielsignal gehört habe. Ich weiß nur noch, dass plötzlich unser Crewboot längsseits kam und einer nach dem anderen an Deck sprang: Küsse, Schulterklopfen, Umarmungen und ein Meer von Eindrücken. Die Segel fallen, Harald steht am Ruder, Marion strahlt von einem Ohr zum anderen, und Anita will mir etwas über die Signallichter erklären: „Wo sind die roten Fackeln?" – Ich kann es nicht mehr sagen, aber Marion wird fündig. Ich bin umringt von lachenden und schreienden Gesichtern. Verbissen möchte ich meine Gefühle deuten, aber das ist momentan nicht möglich. Ich will mich konzentrieren, aber es gelingt mir nicht, stattdessen werde ich zum Bug geschoben. Im Augenwinkel sehe ich, dass wir uns schon der Hafeneinfahrt nähern. Wie schon am Starttag ist die Mole voll mit Menschen. Mit einer solchen Menge habe ich nicht gerechnet. Im Nachhinein erfahre ich, dass viele Wartende den Glauben an mein Ankommen bereits verloren hatten und enttäuscht nach Hause gegangen waren. Die Medien hatten meine Ankunft eben schon mit 16:00 Uhr verkündet, aber dem aktuellen Wetter war das egal.

Die Sonne schickt sich an, hinter die Kimm zu sinken, und von allen Seiten wehen Applaus, Schreie und lautes Hupen. Ich gehe auf das Vorschiff, um mein erstes Interview zu geben. TV-Vendée ist schon bereit, und auch der ORF steht lachend an der Deckskante. Es wird ein fahriges Gespräch, denn in mir kämpfen Gefühle und Wahrnehmungsvermögen um die Führung. „Wie ich mich fühle, nun nach 126 Tagen?" – „Natürlich super, aber wie genau, das kann ich jetzt nicht sagen!" – Danach ergreife ich zwei Fackeln und entsichere die Zünder. Ich warte, bis sich meine alte Lady zwischen beide Molenköpfe schiebt, und knie mich zum Vorstag. Zuerst ein Küsschen für die Dame und dann der „Freundschaftsknuff" mit beiden Fackelzündern. Mit lautem Fauchen schießen Flammenzungen aus den Röhren, die ich in Händen halte. Ich stehe auf und stelle mich zum Bugspriet. Applaus schwillt an, und immer wieder dringt das „Bravo" an mein Ohr. „Norbert, Norbert hierher, Norbert …" – Natürlich wollen alle hier ein Foto schießen, aber ich kann mich nicht klonen. So gut es geht, versuche ich, die Position zu wechseln, um fast jeder Perspektive eine Chance zu geben. Dazwischen immer wieder Journalisten, die ihre Fragen rufen. So gut es geht, versuche ich zu antworten. Das erste Fackelpaar ist abgebrannt. Ich stecke es in einen Wasserkübel und zünde das nächste. Zugleich kann ich im Publikum ein Meer von rot-weiß-roten Fahnen sehen. Es sind Franzosen, die gerne meine Nationalflagge schwingen und sich mit mir freuen. Sie freuen sich mit „ihrem Binnenländer, der jahrelang als Tramwaybimmler" durch die Gegend fuhr, bevor er hierher nach Frankreich kam und Freunde fand. Inzwischen sind es nicht nur Freunde, die mir zujubeln. Es ist ein Land und seine Menschen, die die Seefahrer verehren, egal mit welchem Reisepass sie abfahren oder ankommen.

Wir nähern uns dem Schwimmponton der Vendée Globe-Jachten. Der Steg ist voll mit Journalisten, Fans und offiziellen Würdenträgern. Gekonnt steuert die Crew den Racer längsseits. Leinen werden übergeben, und noch bevor ich's mich versehe, bin ich abermals umringt. Der Präsident des Départements ist ebenso eingetroffen wie der Bürgermeister. Rich und Raphaël zerren an der Reling, und eine Schulklasse ist außer Rand und Band. Die Journalisten kämpfen um die Plätze ebenso wie die Fans, die dem Skipper ihre Hände reichen. Der Präsident drückt mir eine Flasche in die Hand, doch es ist nicht irgendeine Flasche. Es ist die Magnum-Schampus-Flasche, die alle leeren dürfen, wenn sie es geschafft haben. „Egal ob Erster oder Elfter", um meine Freunde zu zitieren. „Jeder, der ins Ziel kommt, hat das Gleiche vollbracht! Er hat die Welt umsegelt, allein, nonstop und ohne Hilfe von außen!" – Ich werde über den Steg bugsiert, denn vor der Vendée-Bühne geht es rund. Schreie, Fahnen, strahlende Gesichter und immer wieder „Bravo!"

Das Interview wird kurz, dann geht es weiter ins Pressezelt. Inzwischen habe ich die Orientierung fast verloren. Ich gehe einfach so, wie ich geschoben werde, setze mich auf Sessel, die auf mich warten, und antworte auf Fragen, die durch das Festzelt schallen. Das Nächste, was ist das Nächste, was ich machen werde, will ein Journalist nun wissen. – „Ich werde eine Dusche nehmen, denn die habe ich wirklich nötig!"

Epilog

Es wird noch eine lange Nacht, in der ich überhaupt nicht müde werde. Mein Hormonhaushalt ist offensichtlich so verwirrt, dass ich einfach keinen Schlafbedarf verspüre. Anders hingegen meine Freunde. Allmählich leert sich unser Festsaal, und am Ende bin ich bei den Letzten dieser Party, die in den frühen Morgenstunden heimwärts ziehen. Tags darauf beginnt der große physische Einbruch. Ich fühle mich erschlagen und spüre, wie der Körper einfach Pause machen will. Somit vergehen nun die Tage mit viel schlafen, essen und mich pflegen. Ich muss versuchen, möglichst zügig wieder fit zu werden. Zwei Wochen später ist der erste Trubel dann vorbei. Zwar habe ich noch einige Wehwehchen, doch mein Körper hat sich wieder recht gut eingeschwungen. Mental bin ich noch immer auf dem Höchststand, und das ist auch wichtig, um die körperlichen Leiden zu bekämpfen.

Die Finger huschen über Tasten, und das Manuskript des Buches, das Sie in Händen halten, wächst und wächst. Geistig bin ich immer noch im tiefen Süden, doch sobald ich leicht den Kopf anhebe, kann ich Wellensurfer sehen. Mit viel Geschick versuchen sie, die Wellenkämme zu erklimmen, um dann die Brandung nutzend loszusurfen. Es ist der Strand von Hendaye am Ende der Biskaya, der direkt vor mir liegt. Ich sitze auf dem Balkon von Marions Apartment und genieße diesen Ausblick. Er inspiriert mich und macht Laune nachzudenken. Woran ich denke? Nun, ob den Surfern hier wirklich so kalt ist, wie sie aussehen, ob mir die Sonne morgen wieder einen tollen Tag beschert und ob ich für 2016 einen neuen Open 60 baue …

Anhang // Teilnehmerliste Vendée Globe 2008/09

Platz	Skipper	Boot
1	Desjoyeaux Michel	Foncia
2	Le Cléac'h Armel	Brit Air
3	Guillemot Marc	Safran
3	Riou Vincent	PRB
4	Davies Samantha	Roxy
5	Thompson Brian	Bahrain Team Pindar
6	Caffari Dee	Aviva
7	Boissières Arnaud	Akena Vérandas
8	White Steve	Toe in the Water
9	Wilson Rich	Great American III
10	Dinelli Raphaël	Fondation Océan Vital
11	Sedlacek Norbert	Nauticsport-Kapsch
ABD	Jourdain Roland	Veolia Environnement
ABD	Le Cam Jean	VM Matériaux
ABD	Malbon Jonny	Artemis
ABD	Dick Jean-Pierre	Paprec-Virbac 2
ABD	Hatfield Derek	Algimouss Spirit of Canada
ABD	Josse Sébastien	BT
ABD	Eliès Yann	Generali
ABD	Golding Mike	Ecover
ABD	Dejeanty Jean-Baptiste	Groupe Maisonneuve
ABD	Peyron Loïck	Gitana Eighty
ABD	Stamm Bernard	Cheminées Poujoulat
ABD	Wavre Dominique	Temenos II
ABD	Basurko Unai	Pakea Bizkaia
ABD	Beyou Jérémie	Delta Dore
ABD	Thomson Alex	Hugo Boss
ABD	Bestaven Yannick	Aquarelle.com
ABD	Thiercelin Marc	DCNS
ABD	de Pavant Kito	Groupe Bel

Segelnr.	Dauer
FRA101	84j 3h 9m 8s
FRA62	89j 9h 39m 35s
FRA25	95j 3h 19m 36s
FRA85	Redress given 01/09/2009
FRA40	95j 4h 39m 1s
GBR32	98j 20h 29m 55s
GBR222	99j 1h 10m 57s
FRA14	105j 2h 33m 50s
GBR55	109j 0h 36m 55s
USA37	121j 0h 41m 19s
FRA77	125j 2h 32m 24s
AUT36	126j 5h 31m 56s
FRA29	Retirement 02/02/2009 13:00 UT
FRA118	Retirement 01/06/2009 18:10 UT
GBR100	Retirement 01/04/2009 10:00 UT
FRA06	Retirement 01/01/2009 15:36 UT
CAN84	Retirement 12/29/2008 15:27 UT
EUR888	Retirement 12/29/2008 14:00 UT
FRA22	Retirement 12/20/2008 11:00 UT
GBR3	Retirement 12/16/2008 07:47 UT
FRA8	Retirement 12/16/2008 07:15 UT
FRA80	Retirement 12/15/2008 18:10 UT
SUI7	Retirement 12/15/2008 17:03 UT
SUI9	Retirement 12/13/2008 14:15 UT
ESP26	Retirement 12/07/2008 13:34 UT
FRA35	Retirement 11/26/2008 01:08 UT
GBR99	Retirement 11/13/2008 13:30 UT
FRA1	Retirement 11/11/2008 19:20 UT
FRA1000	Retirement 11/11/2008 10:00 UT
FRA360	Retirement 11/11/2008 09:31 UT

IMOCA Mono 60 – NAUTICSPORT KAPSCH

Architekt:	B. Nivelt/N. Sedlacek
Werft:	Garcia/N. Sedlacek
Material:	Aluminium/Conticell
Baujahr:	1995/2003
LüA:	18,28 m (60')
Wasserlinie:	17,69 m
Breite:	5,15 m (16'10'')
Tiefgang:	4,5 m (14'9'')
Gewicht:	10 t
Kiel:	Pendelkiel, 3 t
Mast:	Alucarbon, 24 m (78'9'')
Maschine:	Yanmar 27 PS
Segelfläche am Wind:	248 m²
Segelfläche vor dem Wind:	410 m²
Anzahl der Segel:	11

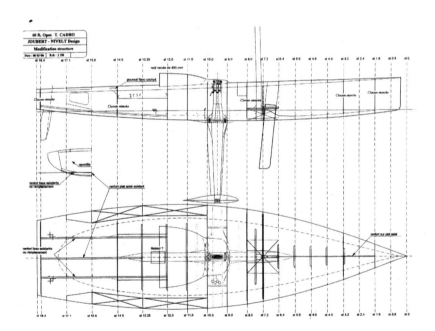

Navigation

Das Reglement sieht einen vollen Satz herkömmlicher Seekarten und auch Leuchtfeuerverzeichnisse an Bord für die gesamte Route vor. Praktisch navigiert wird ausschließlich mit PC-Navigation. An Bord der NAUTICSPORT KAPSCH sind zwei Industrierechner Marke Engelbrecht eingebaut. Sie haben nicht nur Touchscreens und 12-V-Versorgung, sondern sind wasserdicht und brauchen keine Kühlung. Somit sind sie äußerst resistent und stromsparend. Die Rechner haben zudem keine Festplatte, sondern Festspeicher. Dadurch können ihnen auch die härtesten Erschütterungen nichts anhaben. Vor allem nachts hat sich meine Chronoswiss Timemaster mit einem 24 Stunden Zifferblatt, das stark fluoreszierend ist, sehr gut bewährt. Die Uhr benötigt weder Batterie noch zusätzliche Beleuchtung und ist dennoch auch im Dunkeln sehr gut lesbar.

Kommunikation

Um die Übermittlung der aktuellen Infos sowie von Foto- und Filmmaterial zu sichern, waren vier Kommunikationssysteme an Bord. Es sind dies jeweils ein Inmarsat-B-, -Mini M- und -C-Terminal sowie Iridium in doppelter Ausführung. Für die klassischen Schiff–Schiff-Verbindungen ist UKW an Bord. Dabei haben sich vor allem wasserdichte ICOM-Handfunkgeräte bewährt.

Wetter

Grundsätzlich darf mit allen öffentlichen, für jedermann zugänglichen Wetterseiten gearbeitet werden. Die Auswertung der Wetterinfos wird an Bord vorgenommen. Der Zonenüberblick für die jeweils aktuelle Position erfolgte über ClearPoint Weather. Zudem liefert Météo France automatisch zweimal täglich das Wetterupdate und den Eisreport bei Eisaufkommen im Routenbereich.

Stromversorgung

An Bord der NAUTICSPORT KAPSCH sind großflächig Solarmodule installiert. Wenn diese Stromquelle nicht ausreicht, erzeugt der Dieselmotor Energie. Für den Notfall in Form eines Ausfalls des Solarsystems und/oder der Maschine war ein kleiner Koffergenerator mit an Bord.

Bekleidung

Die Bekleidung ist bei der Ausrüstung ganz oben einzustufen, gilt es doch, das gesamte Rennen mit praktisch einer Kleidergarnitur zu segeln. Sie besteht aus Thermounterwäsche, einer Lage Fleece, atmungsaktivem Ölzeug und einem Flotation-Overall. Dazu diverse Shirts und Shorts für die Tropen, Handschuhe und Stiefel. Die Kleidung ist einer der wesentlichen Faktoren, wenn es um die Fitness und die Einsatzfreude des Skippers geht. Nur wenige Hersteller haben hierfür Komplettkollektionen, Marinepool hat diese seit vielen Jahren. Darin enthalten sind die Erfahrungen aus zahlreichen Extremprojekten, die laufend in die Kollektionen einfließen. Das Ergebnis ist nicht nur Qualität und Funktionalität, sondern auch ein optimales Preis-/Leistungsverhältnis.

Überlebensausrüstung

Neben den herkömmlichen Rettungsmitteln wie Schwimmwesten, Signalkörper, Seenotrettungsbojen, die auch auf Jachten für die große Fahrt vorgeschrieben werden, haben wir ein umfangreiches Sortiment spezieller Ausrüstung an Bord. Dazu gehören unter anderem zwei Rettungsinseln, ein Überlebensanzug, EPIRBs für diverse Rumpföffnungen, falls die Jacht über Kopf geht, Radarbojen, Personal EPIRBs, die praktisch immer am Skipper sind, ein großes Sortiment an wasserdichten GPS-Empfängern, Handfunkgeräten, Taschenlampen, Snaplights, Notrationen an Trinkwasser, Powernahrung und zahlreiche auf den Skipper abgestimmte persönliche Gegenstände.

Körperpflege

Wird auf einem Minimum betrieben, dies aber möglichst regelmäßig und gründlich. Ein ungepflegter, verwahrloster Körper, gespickt mit Entzündungen und Infektionen, würde nur wenig Leistung bringen. Als unumgänglich betrachte ich deshalb die Pflege des Mundraumes, der Genitalien, Augen, Ohren, Schleimhäute und im Besonderen der Hände und Füße. Rasieren ist für mich wichtig, zahlreiche Mitbewerber lassen ihre Bärte sprießen. Letztendlich ist der Körper des Skippers das mit Abstand wichtigste Werkzeug an Bord, um die Jacht voranzutreiben. Als Toilette stehen das Cockpit und diverse Pützen zur Verfügung.

Essen und Trinken

Den Durchschnittsverbrauch bei einer Vendée Globe berechnen wir mit zumindest 4500 Kalorien täglich. Natürlich schwankt dieser aus mehreren Gründen. Zudem lässt sich die Fahrzeit auch nur schätzen, denn etwaige Verzögerungen wegen Schäden oder persönlicher Probleme sind eine völlig unbekannte Größe. Ich hatte für 140 Tage plus „schwere Panne" Lebensmittel an Bord. In Summe hätte ich somit etwa 170 Tage auf See bleiben können, siehe Stauliste. Ich teile die Lebensmittel in Basisnahrung, die täglich auf dem Menüplan steht, Kraftnahrung und Brainfood. Diverse Vitamintabletten, Kalzium, Magnesium und Traubenzucker runden die Nahrung ab.

Schlafen

Der Schlaf kommt bei einem Unternehmen wie der Vendée Globe mit Sicherheit zu kurz. Die hohen Fahrgeschwindigkeiten, Schiffsbegegnungen und Wetteränderungen zwingen den Skipper dazu, beinahe permanent wachsam zu sein. Zu dem sorgt nur ein ständig optimierter Segeltrimm für bestmöglichen Kurs bei höchster Geschwindigkeit.

Deshalb diktieren in erster Linie Wetter und Kurs den Tagesablauf und somit auch das Schlafvolumen, das bei mir pro Tag durchschnittlich 4,5 Stunden betragen hat. Die Schlafphasen haben eine Länge von maximal 20, durchschnittlich 15 Minuten. Alle wesentlichen Bordinstrumente verfügen über Alarmsignal.

Lebensmittelliste

Bezeichnung	Pkg Grösse	Anzahl	
Ananasstücke	340g	24	
Backerbsen	200g	5	
Balisto	9 stkx20g	2	
Beerentee		1	
Biskotten	400g	6	
Butterkeks Vollkorn Brand	400g=2x200g	9	
Butterringe	400g	3	
Chiliflocken		1	
Chinanudeln	120g	250	
Chips	160g	7	
Crisps - Brotchips	250g	16	
Curry		4	
Currypowder	200g	1	
Dextro 3er	9x47g	3	
Emmentalerscheiben	250g	5	
Erbsen	400g	12	
Erdnüsse	200g	15	
Expressreis	250g	15	
Fadennudeln	1kg	2	
Feinschmeckersauce	19g	3	
Fruchtcocktail	250g	12	
Fruchtcocktail	425g	24	
Früchtelebkuchen	450g	4	
Frühstücksfleisch	340g	6	
Gewürzmischung		1	
Goudascheiben	250g	5	
Gourmetsauce		2	
Grießnockerlsuppe	57g	3	

KCAL/100G	KCAL GESAMT	
65	5304	
576	5760	
500	1800	
383	9192	
420	15120	
547	6564	
	105000	
596	6675,2	
400	16000	
369	4682,61	
290	3625	
200	9600	
607	18210	
148	5550	
351	702	
323	184,11	
65	1950	
100	10200	
350	6300	
300	6120	
295	3687,5	
361	617,31	

Bezeichnung	Pkg Grösse	Anzahl	
Gummizeug	300g	10	
Haferflocken	500g	10	
Haselnuss-Schnitten	10x21g	2	
Haselnüsse	200g	5	
Heringsfilet in Sauce	200g	8	
Honig	500g	2	
Hühnersuppe	90g	9	
Instant Zitronentee		1	
Instantbrühe 1 x Gemüse + 2 x Huhn	120g	3	
Jacobs Cronat		2	
Jagdwurst	150g	4	
Joghurtmüsli	500g	18	
Kaffee entkoffeiniert		2	
Kaffee lösbar		1	
Kakao	800g	2	
Kartoffelpüree	500g	6	
Keks-Karamell-Riegel	406g= 7x2	1	
Kidneybohnen	410g	12	
Knäckebrot	250g	4	
Knoblauchsuppe	77g	7	
Knuspermüsli	600g	2	
Kräutersalz	175g	1	
Küchenkräuter	25g	2	
Leberaufstrich	150g	6	
Light Flakes	500g	1	
Limettensaft		1	
Mais	285g	12	
Makrelenfilets	125g	6	
Mandelkerne	200g	5	

KCAL/100G	KCAL GESAMT	
330	9900	
341	17050	
550	2310	
500	5000	
281	4496	
500	5000	
340	2754	
490	1764	
219		
420	37800	
382	6112	Portion 10g – 36kcal für 160 Tassen
62	1860	
467	1896,02	
250	12300	
337	3370	
401	2161,39	
445	5340	
270	135	
340	3060	
381	1905	
92	3146,4	
281	2107,5	
500	5000	

Bezeichnung	Pkg Grösse	Anzahl
Mandelspekulatius	300g	3
Marzipanriegel	100g	6
Meersalz	0,5kg	3
Milchpulver	300g	5
Minis Cocos	350g/14stk	2
Mischobst	450g	3
Mister Choc	750g	2
Müslibasis	1kg	10
Müsliriegel	200g/8x25g	35
Napolischnitten gemischt	3x65g	4
Ovomaltine	500g	1
Pfeffer schwarz		1
Pfefferrahmsauce	25 g	3
Rauchfleischaufstrich	150g	2
Rind-/ Gemüsesuppe	12x5g	3
Rindsuppe	132g	2
Rindsuppe im Glas	154g	2
Salsa Sauce	500ml	1
Salzstangen	300g	5
Sardinen	125g	8
Sauerkraut	500g	5
Schmelzkäse natur	16x = 400g	1
Schokotafeln	100g	21
Schwarztee		5
Senf		3
Softcake	300g	10
Sojasauce	500ml	2
Streifengummi Wrigley	18gx7	6
Sultaninen	250g	5
Sunrice Tafel	200g	5

	KCAL/100G	KCAL GESAMT	
	480	4320	
	450	2700	
	330	4950	
	480	3360	
	300	4050	
	565	8475	
	334	33400	
	410	28700	100kcal/Riegel
	450	3510	
	360	1800	
	351	263,25	
	229	687	
		160	
		340	
	106	530	
	250	3750	
	281	2810	
	12	300	
	271	1084	
	555	11655	
		300	
	392	11760	
	150	1500	
	500	6250	
	260	2600	

Bezeichnung	Pkg Grösse	Anzahl
Süßstofftabletten		1
Tee		1
Teegetränk		4
Tunfisch in Gemüse	185g	10
Tunfisch in Öl	185g	10
Toastscheiben leicht	250g	5
Tortilla Chips	300g	2
Trockenfrüchte - Aprikosen	250g	6
Trockenfrüchte - Studentenfutter	200g	6
Trockenfrüchte Äpfel	100g	1
Trockenfrüchte Aprikosen	200g	5
Trockenfrüchte Hawaii Mix	125g	7
Trockenfrüchte Melone	150g	1
Truthahnfleisch	300g	5
Tuc Cracker	3x75g	6
Vanillepudding	5x	2
Walnusskerne	200g -2stk	3
Wasa Knäckebrot	200g	42
Feinkristallzucker	1kg	2
Würfelzucker	1kg	3
Zimtinos	750g	1
Zitronensaft		1
Zwieback	200g	10
Zwieback Landgut	3x150=450g	10
Zwiebelsuppe	55g	3

	KCAL/100G	KCAL GESAMT	
	89	107,5	
	281	5198,5	
	185	927,5	
	124	744	
	158	2370	
	500	6000	
	248	248	
	158	1580	
	361	3158,75	
	350	525	
	154	2310	
	590	2220	
	600	3600	
	400	33600	
	400	8000	
	400	12000	
	413	3097,5	
	411	8220	
	396	17820	
	277	457,05	
		628 749,09	

Glossar

Abbergen	eine oder mehrere Person/en von Bord holen
Abdrehen	den Kurs ändern
Abfallen	Kursänderung weg vom Wind, Wind fällt danach seitlicher oder von hinten ein
Achtern	hinten
AIS	Automatisches Identifikations System
Antifouling	Unterwasseranstrich gegen Bewuchs
Auffieren	Kontrollliertes Loslösen einer Schot
Aufentern	in den Mast klettern
Aufklarieren	an Bord aufräumen
Aufraumen	siehe Abfallen
Aufschießen	das Boot in den Wind steuern
Backbord (bb)	vom Heck zum Bug gesehen die linke Seite eines Schiffes
Bänsel	kurzes, dünnes Seil
Ballastbombe	Gewicht am unteren Ende der Kielflosse
Bergeschlauch	strumpfartige Hülle für den Spinnaker
Beaufort (Bft)	Maßeinheit für die Windstärke
Bilge	unterster Platz im Schiff, an dem sich Wasser und Öl sammeln
Bilster	spinnakerähnliches Vorsegel
Bö	starker Windstoß
Boje	Schwimmkörper
Bug	vorderer Teil eines Schiffsrumpfes
Bugspriet	Bugsverlängerung zum Befestigen des größten Vorsegels
Bullenstander	Sicherungsleine für den Großbaum
Decksstringer	Längsaussteifung des Decks
Dichtholen	flacheres Trimmen der Segel
Drift	durch Strömung oder Wind verursachte Bootsbewegung
Dünung	nach- bzw. vorlaufende Wellen
Dyneema	Hochleistungskunststofffaser aus Polyethylen
EPIRB	Notfunksender
Epoxi	Epoxidharz, das unter Zugabe einer zweiten Komponente aushärtet
Etmal	die in 24 Stunden zurückgelegte Wegstrecke, „Tagesetmal"
Fahrt über Grund	die Geschwindigkeit, mit der sich die Jacht über Grund bewegt

Fall	Leine zum Setzen der Segel
Fender	Gummiballons, die man an die Bordwand hängt, um Beschädigungen zu verhindern
Fock	kleines bis mittleres Vorsegel
Freibord	Differenz zwischen Wasser und Deckskante
Fuß	Längenmaß, 1 Fuß = 30,5 cm
GE1	zweitgrößtes Vorsegel für Amwindkurse
GE2	drittgrößtes Vorsegel für Amwindkurse
Gegenanbolzen	gegen die Windrichtung segeln
Gegenansegeln	Segeln mit Kurs hart am Wind
Gennaker	sehr großes Leichtwindvorsegel
Genua	großes Vorsegel
Groß	Hauptsegel, zwischen Mast und Großbaum fixiert
Großbaum	horizontales, am Mast befestigtes Profil zur Führung des Großsegels
Gut	bewegliches Tauwerk, das die Bedienung der Segel und des Riggs ermöglicht
hart am Wind	so steil wie möglich gegen den Wind segeln
Heck	hinterer Teil eines Schiffsrumpfes
Hohe Kante	luvseitige Rumpfseite der Jacht
IMOCA	Klassenvereinigung der 50 und 60 Fuß Einrumpfboote
Iridium	weltumspannendes Satellitenkommunikationssystem
ITC	Intertropische Konvergenzzone
Joche	verbindende Fixierung des Rumpfes mit dem Kiel
Kabbelig	unruhige, konfuse Wasseroberfläche
Kardele	Teil einer geschlagenen Leine
Kentern	Umkippen des Bootes um zumindest 90°
Kielbombe	siehe Ballastbombe
Kimm	die auf dem Meer sichtbare Grenzlinie zwischen Wasser und Himmel
Klarieren	Leinen ordnen und sortieren
Knoten	Maßeinheit für die Bootsgeschwindigkeit, 1 Knoten = 1 Seemeile pro Stunde = 1,852 km/h
Koje	Schlafplatz an Bord
Kompartment	Abteil, auf Rennjachten wasserdicht
Kranen	die Jacht mithilfe eines Kranes ins bzw. aus dem Wasser heben

Krängung	seitliche Neigung des Bootes
Kreuzen	Zickzackkurs gegen den Wind
Lage	Schräglage des Bootes durch Winddruck
Lazy-Bag	besteht aus der Hülle des Großsegels, die am Großbaum befestigt ist und Leinen, die vom Großbaum auf den Mast führen und das Bergen bzw. Setzen des Großsegels erleichtern
Leckagen	ungewollte Öffnungen, durch die Wasser in das Schiffsinnere dringen kann
Lee	die dem Wind abgeneigte Bootslängsseite
Leine	nautischer Ausdruck für Seil
Lenzen	Auspumpen des in das Boot eingedrungenen Wassers
Log	Instrument zum Messen der Bootsgeschwindigkeit
Logbuch	Nautisches Tagebuch, das alle wesentlichen Vorfälle und Beobachtungen an Bord festhält
Luv	die dem Wind zugeneigte Bootslängsseite
Masttopp	oberes Ende des Mastes
Navi	Navigationsbereich unter Deck
Niedergang	Eingang unter Deck
Niederholer	Leine, die das Aufsteigen des Großbaumes verhindert
Pantry	Schiffsküche
Patenthalsen	ungewolltes Halsen des Bootes
Pendelkiel	seitlich bewegbarer Kiel
Plicht	Arbeitsplatz des Skippers an Deck
Ponton	schwimmender Steg, der meist durch Ketten an seiner Position verankert ist.
Pütze	Eimer für den Bordgebrauch
Raumer Wind	Wind, der von schräg hinten kommt
Reffen	Verkleinern der Segelfläche ohne Segelwechsel, z. B. Einbinden bzw. Einrollen eines Teils des gesetzten Segels
RIB	Festrumpfschlauchboot (Rigid (Hull) Inflatable Boat)
Rigg	stehendes Gut, das den Mast befestigt
Saling	seitliche Mastabspannung
Schelf	Tiefenbereich des Ozeans, 0 bis ca. 300 m
Schiften	eine Halse ohne den Kurs zu wechseln, lediglich die Segel werden auf die andere Seite getrimmt
Schoten	Leinen zum Dichtholen eines Segels
Schott	Trennwand im Inneren des Schiffes
Schralen	Änderung der an Bord spürbaren Windrichtung zum Bug

Schwell	Seegang eines nicht aktuelen WIndsystemes
Seemeile	nautisches Längenmaß = 1852 m
Segelgarderobe	Sammelbegriff für alle an Bord befindlichen Segel
SNCF	französische Seenotrettungsorganisation
Spanten	Querversteifung des Bootsrumpfes
Spinnaker (kurz Spi)	großes Ballonförmiges Segel aus sehr leichtem Segelmaterial, das auf Kursen mit Wind von Achtern (hinten) gefahren wird
Spring	Festmacherleine, die das Vorwärts- bzw. Rückwärtstreiben der Jacht am Steg verhindern soll
Squall	Sturmbö
Stagen	Mastabstützungen, die zum Bug bzw. zum Heck führen
Stagreiter	Clips zum Befestigen eines Vorsegels am Vorstag
Steuerbord (stb)	vom Heck zum Bug gesehen die rechte Seite eines Schiffs
Stocker	Rollvorrichtung für Vorsegel
Trailer	Anhänger
Trawler	Schleppnetzfischer
Trimmen	Einstellen der Segel
Überholen	Instandhaltung einer technischen Einrichtung
Überläufer	wenn sich die Leine auf der Winsch nicht von unten nach oben schraubt, sondern sich auf der Winsch verwickelt
UTC	Weltzeit
Violinblock	mehrscheibiger Block
Vollzeug	Segeln unter ungerefften Hauptsegeln
Vorliek	Vorderkante eines Segels
Vorliekstrecker	Vorrichtung zum Spannen der Vorderkante eines Segels
Vorschiff	vor dem Mast gelegener Teil des Schiffskörpers
Vorsegel	Segel, das vor dem Mast gefahren wird
Wanten	seitliche Mastabspannungen
Winsch/winschen	Seilwinde zur Übertragung großer Zugkräfte

DAS ABENTEUER AUCH ALS DVD

90 Minuten spannungsgeladene, authentische Einblicke in eines der größten Abenteuer unserer Zeit.

Zahlreiche Liveinterviews und Hintergrundinformationen machen diese DVD zu einem Muss für jeden Wassersport- und Abenteuerinteressierten.

www.vendeeglobe.at

EIN ATEMBERAUBENDER BERICHT

978-3-7015-0521-0

Nah an den Menschen wollte Peter Schurz sein, als er eine Kulturreise in den Jemen unternahm. Wie weit er in ihre Lebensgewohnheiten eintauchen sollte und dass ihn dies sogar sein Leben kosten könnte, ahnte er zu Beginn nicht.

Ein spannender und persönlicher Bericht, nicht nur über die Entführung, sondern auch über die politischen und gesellschaftlichen Hintergründe sowie die vielschichtige Problematik des Jemen.

Orac   www.kremayr-scheriau.at   **Orac**

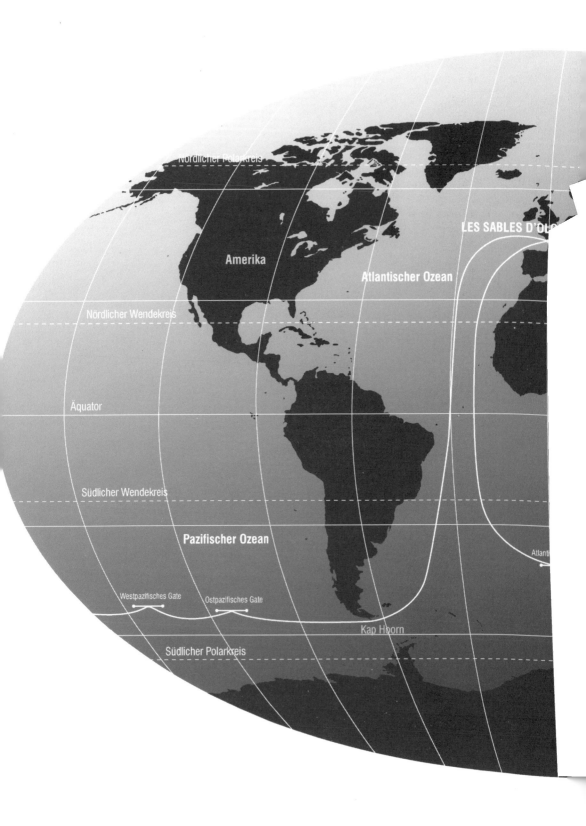